EUROPAVERLAG

INGRID FREIMUTH

LEHRER ÜBER DEM LIMIT

Warum die Integration scheitert

EUROPAVERLAG

2. Auflage 2018

© 2018 Europa Verlag GmbH & Co. KG, München
Umschlaggestaltung und Motiv:
Hauptmann & Kompanie Werbeagentur, Zürich
Satz: BuchHaus Robert Gigler, München
Redaktion: Rüdiger Dammann
Druck und Bindung: Pustet, Regensburg
ISBN 978-3-95890-184-1
Alle Rechte vorbehalten.

»Wenn unser Geist vom Zorn beseelt ist,
verlieren wir den besten Teil des menschlichen Geistes:
die Fähigkeit, zwischen richtig und falsch
zu unterscheiden.«

(DALAI-LAMA, WORTE DER WEISHEIT 2017)

»Es gibt keine Toleranz gegenüber denen,
die die Würde anderer Menschen infrage stellen.«

(ANGELA MERKEL, 2015)

INHALT

VORBEMERKUNG

Es gibt mindestens einen Grund für mich, den vielen Menschen dankbar zu sein, die 2015 besonders massenhaft nach Deutschland kamen.

Anscheinend wurden sie von der Mehrheit der Deutschen ausnahmslos als Flüchtlinge vor entweder Bomben oder Hungertod betrachtet, aber ich war eher skeptisch und vermutete bei vielen ganz andere Einreisegründe. Würden Flüchtlinge sich so benehmen? Mit ihren weggeworfenen Pässen die Toiletten von Aufnahmeeinrichtungen verstopfen? Ihre vom Aufnahmeland in warmen Unterkünften zur Verfügung gestellten Betten auseinanderreißen, um zu versuchen, mit Metallstangen unwesentlich andersgläubige Mitbewohner und deutsche Polizisten zu erschlagen? Eine lange Liste mir zu Ohren gekommenen absonderlichen Verhaltens könnte ich hier vorstellen, aber darum geht es mir nicht. Mir geht es um die themenorientierte Gruppenbildung unter Deutschen, die ich zum besseren Verständnis verkürzt so beschreiben möchte: Wenn du Einwanderer nicht bedingungslos gutheißt, dann bist du ein Ausländer hassender Rassist.

Für viele sieht es so aus, als sei die Reduktion schwelender Meinungsfindungsprozesse auf »wen du nicht toll findest, dessen

Feind bist du« 2015 plötzlich aus dem Gutmenschenhimmel gefallen. Ich sehe das anders, ich habe seit den 1980er-Jahren erlebt, wie meine Versuche, meine Wahrnehmung ungewöhnlicher und störender Verhaltensweisen von Einwanderern zu verbalisieren, gnadenlos von meinem privaten und politischen Umfeld zurückgewiesen wurden. Ohne dass sie das ulkig gefunden hätten, verstiegen sich selbst einige alte Freunde bis zu der Definition, ein Nazi sei schon derjenige, der Kritik an ausländischen Verhaltensweisen im deutschen Alltag übe. Einerseits ist das seit 2015 schlimmer geworden, und das gefällt mir gar nicht. Andererseits beginnen sich mehr mutige Stimmen zu erheben, von denen ich mich in meiner eher neutral beobachtenden Weltsicht unterstützt fühlen kann. Diese Stimmen erhalten Futter durch Informationen über Auffälligkeiten bei Einwanderern, die aufgrund ihrer steigenden Zahl nun auch mit weiteren Teilen der Bevölkerung in Berührung kommen. Bis 2015 waren derartige Informationen vorwiegend den Insidern zugänglich, die in direktem Kontakt mit der entsprechenden Klientel standen, zum Beispiel Lehrern, Polizisten, Ärzten.

Dass dieses Thema nun viele Menschen bewegt, hat dazu geführt, dass sich für mich allmählich mehr Gesprächspartner finden, bei denen Verständnis für meine Sichtweise aufkeimt und die mit mir der Meinung sind, dass Integration nur zwischen Menschen gelingen kann, die vergleichbare Wertvorstellungen teilen, und dass ein Einwanderungsland Vorgaben machen sollte, an denen sich Einwanderer zu orientieren haben.

Es gibt einige Anzeichen dafür, dass unsere politisch korrekte Meinungsbildung in Deutschland von einer kindlich gebliebenen Weltsicht bestimmt wird. Darin setzen wir voraus, ausnahmslos alle Menschen seien mit den Persönlichkeitsstrukturen gesegnet, denen wir selbst idealerweise auch entsprechen möchten: edel, friedlich und gut, lern-, arbeits- und integrationswillig, durchtränkt von sozialem Verantwortungsbewusstsein und beseelt vom Streben nach Erhaltung und Förderung demokratischer Grundwerte.

Im Sozialstaat kultivieren wir immer neue Bereiche, in denen unsere Mitmenschen bei ihrer Alltagsbewältigung unterstützt und auch materiell gefördert werden. Dabei blenden wir nicht nur die Möglichkeit aus, dass Menschen ins Land kommen könnten, eben weil sie diese Vorzüge des Sozialstaates genießen möchten, sondern wir wollen auch nicht sehen, dass wir wahrscheinlich mit so viel sozialstaatlicher Fürsorge einigen Langzeit-»Leistungsempfängern« die Eigeninitiative abtrainieren, mit der sie durchaus selbst für sich sorgen könnten. Stattdessen beobachte ich immer wieder, wie die sozialstaatlichen Vorgaben bei einigen meiner Schülerinnen und Schüler eine Gewöhnung an den passiven Versorgungszustand verursachen.

Das hat nicht nur fatale Auswirkungen auf ihre Leistungsbereitschaft – mit zunehmender staatlicher Versorgung schwindet offensichtlich bei den Zuständigen auf der Ebene der »Versorgungsverteilung« bereits der Gedanke, für den Fall von Fehlverhalten bei den Empfängern möglicherweise Sanktionen anzuwenden.

In Theorie und Praxis der Pädagogik betrachten wir mit unserer oben beschriebenen kindlich gebliebenen Weltsicht auch das Werden und Reifen junger Menschen und haben uns darauf geeinigt, sowohl die Idee als auch die Anwendung von Strafen aus dem Bereich »Erziehung und Lernen« auszublenden. Obwohl beispielsweise in der Justiz, im Straßenverkehr und gern auch zwischen Staaten selbstverständlich negativ sanktioniert wird, tun wir in pädagogischer Theorie und Praxis starrsinnig so, als sei der Verzicht auf Sanktionen der einzig zielführende Weg, um permanent Regeln verletzende Menschen zu sozial verträglichem Verhalten zu bewegen.

Dabei vernachlässigen wir »sträflich« die Tatsache, dass die Schülerinnen und Schüler, die in Schulen Probleme schaffen, oft in Wertvorstellungen sozialisiert wurden, die sich an Kriterien von Rangordnung orientieren. Milde im (Jugend-)Strafrecht und das Fehlen von Strafen in schulischen Zusammenhängen werten sie als Anzeichen demokratischer Weichei-Gesinnung, auf die sie mit Verachtung herabsehen. Meines Erachtens brauchen wir deshalb einen klaren Sanktionskatalog, damit Schule und Bildungsmöglichkeiten wieder von allen respektiert werden.

Ja, meine neuen Gesprächspartner sind ein Grund, den vielen Einwanderern dankbar zu sein. Ich hoffe sehr, dass wir gemeinsam eine menschenfreundliche Mitte zwischen den Positionen »blindes Willkommenheißen« und »ablehnendes Ressentiment« formulieren und leben können. Solch ein von Ideologie befreiter Blick kann nur förderliche Auswirkungen auf unseren zukünftigen Umgang mit problematischen Schülerinnen und Schülern haben, bei denen Lehrer und Erzieher bisher – eher hilflos – mit Förderprogrammen Verhaltensänderungen zu bewirken hoffen.

Mit dem vorliegenden Text verstehe ich mich als Zeitzeugin. Bis 1976 unterrichtete ich als Lehrerin und Diplom-Pädagogin an einer integrierten Gesamtschule im Raum Frankfurt und als Ausbilderin von Referendaren in der zweiten Phase der Lehrerausbildung, Sekundarstufe 1.

Danach lebte ich einige Jahre auf einer griechischen Insel und gewann dort Einblicke in von Rangordnungskriterien geprägte Einstellungen, die auch das Denken in anderen südlichen (und muslimischen) Ländern bestimmen und deren Auswirkungen im Spektrum deutscher pädagogischer (und vermutlich auch sozialstaatlicher) Wertvorstellungen bislang übersehen werden.

Seit den 1980er-Jahren arbeitete ich bis 1998 an verschiedenen Haupt- und Realschulen in Frankfurt am Main, wo ich auch in der Lehrerfortbildung tätig war. Bei der Gestaltung von Fortbildungskursen und Pädagogischen Tagen für alle Schularten konnte ich mich vergewissern, dass schulische Alltagsprobleme sich zwar an Hauptschulen teilweise besonders drastisch darstellen, ansonsten aber mehr oder weniger abgeschwächt in allen Schulformen vorkommen. Die Ursachen dieser Probleme liegen meines Erachtens in hartnäckig öffentlich nicht wahrgenommenen Veränderungen bisheriger gesellschaftlicher Wertvorstellungen, die sich kontraproduktiv auf Lernprozesse in Schule und Persönlichkeitsentwicklung auswirken und die nur unzureichend von Lehrerinnen und Lehrern bewältigt werden können. Deshalb gilt es, die Grundlagen zu überarbeiten, auf denen unser pädagogisches Denken basiert: Zu der Idee ausschließlicher, kritikloser Förderpädagogik sollte sich unbedingt der Gedanke hinzugesellen, dass Förderung auch Forderungen beinhaltet. Werden staatlich/schulische Regeln ignoriert, dürften durchaus negative Sanktionen folgen, zu denen für mich auch der Ausschluss von weiterer Teilnahme an Förderprogrammen denkbar wäre. (Im Kapitel »Rangordnung« schildere ich Auswüchse des wenig zielführenden Programms »Internationale Sozialpädagogische Einzelbetreuung«.)

Bei meiner Beschreibung des schwierigen Schulalltags ergeht es mir ein wenig wie dem Kind im Andersen-Märchen »Des Kaisers neue Kleider«, dem es überlassen bleibt, mit der eigenen Wahrnehmung den Blick seiner Mitmenschen über das politisch korrekte Wunschdenken hinaus auf das tatsächliche Alltagsgeschehen zu lenken. Allerdings gäbe es heutzutage für Hans Christian Andersen einiges zu staunen, denn im zeitgenössischen Deutschland hinkt der Vergleich insofern, als hier dieses Kind auf seine spontane Äußerung hin wahrscheinlich sofort mit interpretierenden Zuordnungen wie »rassistische Hetze« malträtiert werden würde, sodass es schockiert seine Wahrnehmung dementieren und sich öffentlich dafür entschuldigen müsste.

Als ich noch Lehrerin in Hauptschulklassen war und über meine Erlebnisse mit erschreckenden Verhaltensweisen von Schülerinnen und Schülern aus vorwiegend nicht deutschen Herkunftskulturen reden wollte, stieß ich regelmäßig auf offene Ablehnung, auch im Freundeskreis. Was ich mir von der Seele reden wollte, durfte ich »so« nicht sagen. Bei Freunden und besonders dort, wo ich mich politisch beheimatet fühlte – das waren einmal die Gewerkschaft Erziehung und Wissenschaft (GEW), Grüne und SPD –, konnte ich regelmäßig ein Reiz-Reaktionsmuster erleben, das durchaus mit dem der pawlowschen Hunde vergleichbar war, das also automatisch eintrat, wenn ich versuchte, über meine belastenden Schulerlebnisse zu sprechen. Der pawlowsche Reiz in diesem Vergleich bestand in einigen Wörtern, die ich benutzte, etwa »türkische Schüler«, »Ausländer«, »Macho«. Die Reaktionen waren teilweise geifernde Zurechtweisungen, so als befände ich mich nicht nur in schwerem Unrecht, sondern als müsse mir erst noch sozusagen der Unterschied zwischen Karl May und Karl Marx nähergebracht werden. Die Reaktion war (und ist bis heute) zuallererst die stereotype Mahnung, dass nichts und niemand pauschalisiert werden dürfe, und darauf folgt(e) regelmäßig eine Abschwächung oder sogar Abwertung meiner Wahrnehmung und eine automatische Rechtfertigung der Ereignisse und Verhaltensweisen, durch die ich mich beeinträchtigt und geschwächt fühlte.

Ein Beispiel: Mit meinem alten Freund Heinz spazierte ich während eines Mainufer-Festes am Fluss entlang und wurde Zeugin folgender Szene: Vor uns ging ein großer Deutscher, eingerahmt von zwei gut aussehenden Frauen, alle drei in ein freundliches Gespräch vertieft. Ihnen kam ein kleiner Südländer entgegen und sagte etwas zu den Frauen, das er besser nicht gesagt hätte.

Entsprechend rügte daraufhin der große Mann und Frauenbeschützer den Kleinen. Entschuldigte sich jetzt der Kleine, um sich anschließend verlegen zu trollen? Nein, im Gegenteil, er zeigte den Körpereinsatz, den ich von einigen Hauptschülern kannte: Mit einem beachtlichen Satz sprang er nach oben und rammte seinen Schädel dem Großen krachend ins Gesicht. Der angegriffene Mann taumelte und hielt die Hände vor seine Nase, Blut rann zwischen den Fingern. Die beiden Frauen schrien, der Kleine machte weiter, boxte und trat auf den Taumelnden, Blutenden ein und rief dazu, keiner hätte ihm etwas zu sagen, besonders dieser Kerl hier nicht, der mit zwei Frauen angebe.

Die Szene weckte nun meine pawlowschen Lehrerinnenreflexe, automatisch reagierte ich und brüllte den Schläger an:»Sofort Schluss, das reicht jetzt. Hör auf und geh weiter!«Daraufhin hörte er auf und ging weiter. Die beiden Frauen kümmerten sich um den Blutenden, und ich setzte, zitternd vor Empörung, mit Heinz den angefangenen Weg fort, immer am Fluss entlang.

»Oh, wie ich das nicht leiden kann«, sagte ich,»das war eine Szene wie auf dem Schulhof. Diese irregeleiteten Machos sind jedes Mal tief in ihrer Ehre gekränkt, wenn jemand völlig zu Recht ihr Verhalten kritisiert.«

Nun kam allerdings auch die ebenfalls reflexartige Reaktion von Heinz in Form einer automatischen (politisch korrekten?) Rechtfertigung des Aggressors. Heinz sagte nämlich:»Du darfst aber doch nicht vergessen, dass wir seinerzeit diese Menschen als Gastarbeiter ins Land geholt haben!«

»Ja, was zum Kuckuck hat das denn jetzt damit zu tun, dass der Kerl sich schlimmer aufführt als die Axt im Wald? Der benimmt sich jetzt und hier falsch, und dafür hat er höchstpersönlich die Verantwortung, die wird doch durch die Biografie seiner Vorfahren nicht geringer.«

Der Rest war ein Streitgespräch der mir bekannten Art, und

ich hatte Glück, dass Heinz Wert auf unsere Freundschaft legte. Andere vor ihm hatten wegen ähnlicher Meinungsverschiedenheiten schon die Freundschaft zu mir beendet bzw. auf Eis gelegt. Es war immer das gleiche Muster: Sie konnten meine Erfahrungen inhaltlich nachvollziehen und auch verstehen, aber irgendwie hatten sie die gesamte Thematik im Bereich des Verbotenen eingelagert. Sie unterstellen bis heute – bewusst oder unbewusst –, dass ausnahmslos jeder Mensch nach den gleichen Prinzipien funktioniert wie sie selbst. Allein die Idee, andere seien nicht vom gleichen Leistungs- und Erkenntnisstreben beseelt wie sie selbst oder hätten gar grundlegend andere sozial relevante Wertvorstellungen, verbannen sie in Strafräume ihres Unterbewusstseins.

Ein anderes Beispiel: Podiumsdiskussion in Frankfurt/Main, unter den Teilnehmern ein Pädagogikprofessor und eine bekannte türkischstämmige Frauenrechtlerin und Kopftuchgegnerin. Als es um Abgrenzungstendenzen muslimischer Schülerinnen und Schüler bei schulischen Veranstaltungen ging, wiegelte der deutsche Professor ab: Die Probleme würden hier übertrieben dargestellt. Darauf Zuhörermeldungen, darunter eine Hauptschullehrerin, die zitternd (vor Empörung? Lampenfieber?) darauf verwies, dass die Problembeschreibung keineswegs übertrieben sei, im Gegenteil, die tägliche Arbeit in der Hauptschule sei teilweise nicht zu leisten, und es sei sehr wohl ein Problem, dass muslimische Schülerinnen zum Beispiel nicht an Klassenfahrten teilnehmen dürften. Darauf entgegnete der Pädagogikprofessor: »Ja, wenn natürlich die Lehrerinnen und Lehrer wenig motiviert sind …«

Bis heute grübele ich darüber nach, wie die psychische Struktur dieser Menschen beschaffen ist, mit deren Hilfe sie eine undurchdringliche Wand der Ablehnung gegen jedwede Informationen darüber aufgebaut haben, dass es Unterschiede zwischen Menschen geben könnte, die schlicht wahrnehmbar sind und überhaupt gar keine diskriminierende Konnotation haben. Woher kommt so eine maßlos abwehrende Reaktion auf Beschreibungsversuche brisanter gesellschaftlicher Veränderungen? Und wie kann dieser Konsens des Leugnens immer wieder hergestellt und gehalten werden, ohne dass die Hersteller und Halter fürchten, sich lächerlich zu machen?

Aus eigener Erfahrung weiß ich, dass es wirklich verdammt wehtun kann, wenn man gute Überzeugungen ändern muss, die leider der Realität nicht standhalten können. Aus Gründen der Schmerzvermeidung versucht man lieber zuerst, die Realität umzuinterpretieren. Ich kann das deshalb so gut verstehen, weil ich mich diesem Prozess selbst stellen musste: Meine für mittelschichtsozialisierte Schüler bis heute wertvollen und gültigen pädagogischen Grundhaltungen, Meinungen und Überzeugungen waren für den erfolgreichen Umgang mit Hauptschülern weitgehend unbrauchbar.

Die Schwierigkeit des Umdenkens bestand nicht im Umdenken selbst, das hätte ja ein kreativer Prozess sein können. Die Schwierigkeit bestand darin, dass meine pädagogischen und gesellschaftlichen Glaubenssätze zu Teilen meiner Identität geworden waren. Mit meinem beharrlichen Glauben an demokratische, partnerschaftliche Erziehung und selbsttätiges, kreatives Lernen konnte ich mich für eine bessere Pädagogin halten als die mir fragwürdigen Konservativen mit ihrem lebensfeindlich festgeklopften, eher fantasielosen Menschenbild. Mit meinen Überzeugungen fühlte ich mich flexibel im Fluss des Lebens, meine Überzeugungen bedeuteten mir die Hoffnung auf Verbesserung unser aller Lebensqualität. Mit meinen Überzeugungen fühlte ich mich in geistiger Nähe zu den großen Kritikern des deutschen konservativen Denkens, Tucholsky, Heine und ihren vorbildlichen geistigen Bundesgenossen. Kurz, mit meinen Überzeugungen gehörte ich zu den Guten – und dann waren die anderen doch die Bösen, oder?

Mit dem stärker werdenden Verdacht, dass Hauptschüler seit den 1980er-Jahren nicht mehr so waren und entsprechend nicht mehr so behandelt werden konnten wie noch ihre Vorgänger in den 1970er-Jahren, beschlich mich ein Gefühl von beschämender Niederlage. In den Kollegien und Ministerien wurde gekämpft: Es gab (und gibt) das Lager der Konservativen und das Lager der, sagen wir mal, kreativen Reformer, die gern öfter mal etwas Neues ausprobieren. Wenn ich nun zugeben müsste, dass sich meine fortschrittlichen Unterrichtsmethoden im Umgang mit den heutigen Hauptschülern aus unterschiedlichen Herkunftsländern als kontraproduktiv herausstellten, hieße das nicht, die Konservativen ins Recht zu setzen? Wäre es nicht im Sinn der Aufrechterhaltung von Ideen einer kreativen, partnerschaftlichen Erziehung besser, wenn ich so täte, als bildete ich Hauptschüler in Gruppenarbeit zu kritischen, selbstständigen, mündigen Bürgern aus, die mit ihren in meinem wertvollen Unterricht erlernten Fertigkeiten zum gesamtgesellschaftlichen Wohl beitragen würden? Und ist es nicht genau das, was seit Jahren von ansonsten durchaus ernst zu nehmenden Politikern versucht wird, wenn sie planen, Hauptschüler möglichst unauffällig in Gesamtschulen verschwinden zu lassen? (Und wie sieht übrigens das Selbstbild von Lehrerinnen und Lehrern aus, die sich mit der ungerechtfertigten Vergabe guter Noten für schlechte oder nicht vorhandene Leistungen ihrer Schülerschaft andienen?)

Hauptschüler benahmen sich in ihren Grenzen ganz gut, wenn ich sie streng kontrollierte, rigide Arbeitsformen (und auch Strafkataloge für Fehlverhalten und Leistungsverweigerung) anwandte und dabei in aller Vorsicht kleinste Häppchen Sachwissen anbot, von denen sie sich nicht überfordert fühlen mussten. Nur selten war bei den Schülern ein Bemühen um Wissenszuwachs erkennbar. Stattdessen wurde und wird ständig um die Position in der Gruppe gerungen. Wer mit viel Mühe (wobei die Mühe meistens einseitig vonseiten der Lehrerin erbracht wurde) einen kleinen Lernfortschritt erreicht hatte, brachte diesen nicht etwa förderlich in den Unterricht ein, sondern er beschämte und erniedrigte damit Schwächere –»Ey, du Wichser, bist du blöd? Waaas, hast du immer noch nicht kapiert?«

Vermutlich hat mein jahrelanger Aufenthalt auf einer griechischen Insel meinen Blick für die kulturelle Andersartigkeit so geschärft, dass ich meine, einer typischen Verhaltensprägung der entsprechend problematischen Hauptschüler auf der Spur zu sein, die ich bei ihrem Namen nennen möchte: Rangordnung. Zwar wird dieser Begriff vorwiegend im Reich der Tiere, des Adels und des Militärs verwendet, aber wir können uns alle das Richtige darunter vorstellen: Wesen, deren Verhaltensmuster von Rangordnungskriterien bestimmt werden, kämpfen ständig um den nächsthöheren Platz in der Rangabfolge. Aggressive Körpersprache und verbales Drohverhalten sind dabei in Hauptschülerkreisen deutlich wichtiger als intellektuelle Anstrengung oder pfiffiger Sprachgebrauch.

Auf der Insel konnte ich in freundlicher Umgebung beobachten, wie die Ranghohen die Rangniederen behandeln: Ranghohe lassen sich bedienen; sie schicken Rangniedere, ihnen etwas zu holen, wofür sie sich durchaus selbst bewegen könnten – etwa (ungefähr aus dem Griechischen übersetzt):»Hey, Blödmann, hol mir Zigaretten vom Kiosk«, während beide etwa zehn Meter vom Kiosk entfernt sitzen und Kaffee trinken; der Rangniedere gehorcht gut gelaunt und zeigt keine Anzeichen von Unzufriedenheit, er kennt seinen Platz und füllt ihn aus.

Wenn ich also im Rangordnungsdenken viele Helfer habe, die mich gern bedienen, dann bin ich in der Ranghierarchie ein Alpha. Und das übertragen wir jetzt auf unser deutsches Schul- und Sozialstaatssystem, wo sich Scharen von Sozialarbeitern und Lehrern einfühlsam und höflich um die aufsässigsten Machos bemühen. Je aufsässiger und krimineller, desto höher der Personalstab behördlicher »Diener« für die ranghöchsten »Alphas« in Sachen Fehlverhalten. Die in Deutschland zum Standard gehörenden sozialstaatlichen Leistungen könnten bei entsprechend rangordnungsorientierter Klientel also als hohe Rangzuweisung missdeutet werden; und unsere Sozialarbeiter werden von ihren vorgesetzten Dienststellen geradezu dazu angehalten, demütige Unterwerfungsgesten im Sinn von »Deeskalation« anzuwenden.

Wenn wir umdenken könnten, wenn wir, statt uns mit dem stereotypen Klageruf »Der Staat muss für die Integration der Einwanderer mehr Geld in die Hand nehmen« zufriedenzugeben, endlich den an Rangordnungskriterien orientierten Problemjugendlichen (und Problemerwachsenen) adäquate Regeln verbindlich entgegenstellten – ich wette einen Duden gegen einen Döner, dass dies die Integrationsdebatte in Deutschland zielführend beeinflussen würde.

In der jahrelangen Diskussion um Integration und Schulleistung ist bisher nicht thematisiert worden, dass Wesen, die im Rangordnungsdenken gefangen sind, zutiefst verunsichert werden, wenn sich ein von ihnen so definierter »eigentlicher« Alpha – zum Beispiel ein Lehrer – wie ein Rangniederer verhält. Sie interpretieren das von der Alphaerwartung abweichende Verhalten zwangsläufig als Demutsgeste. Zeigt aber der Alpha in ihren Augen ein solches Demutsverhalten, löst er damit Aggressionen bei ihnen als den tatsächlich Rangniederen aus.

Insofern unterscheiden sich meine Beobachtungen und Schlussfolgerungen von der Sichtweise (ansonsten durchweg von mir hoch geschätzter) kritischer Autorinnen und Autoren aus muslimischen Kulturkreisen, die im Ernst von Diskriminierung ihrer Jugendlichen in Deutschland sprechen – in Schule und Berufsausbildung; in solcher in meinen Augen grundlos behaupteter Ausgrenzung sehen sie eine Ursache für die aggressive Abschottung muslimischer Jugendlicher gegen die christliche Mehrheitsgesellschaft.

Als hätten wir Lehrerinnen und Lehrer unsere Schülerinnen und Schüler nicht immer wieder flehentlich gebeten, doch wenigstens mal ein bisschen im Unterricht mitzuarbeiten und ein paar Hausaufgaben zu machen, damit wir ihnen ein Abschlusszeugnis ausstellen könnten. Als hätten wir nicht jahrelang versucht, ihnen die Vorzüge sozial verträglichen Verhaltens nahezubringen, während sie mit mehr oder weniger Erfolg versuchten, uns zu beleidigen und zu bedrohen. Als wären wir nicht bis zur Erschöpfung in liebevoller Einstellung dem grundsätzlichen pädagogischen Fördergedanken gefolgt. Unsere Schützlinge aber blieben bei ihrer Leistungsverweigerung und in der erstarrten Abwehrhaltung des Machos, der sich den »Weicheiern«, die ihm »eh nichts tun können«, überlegen fühlen möchte, indem er bestimmt, was jeweils Sache ist. Sie verließen die Schule mit einem entsprechend schlechten Abgangszeugnis und fühlten sich dann allerdings auch gern diskriminiert.

Es wird höchste Zeit, dass die bislang unsinnig kräfteraubende Arbeitssituation für Lehrerinnen und Lehrer in zielführende Bahnen gelenkt wird. Dazu bedarf es einer kritischen Betrachtung der momentanen Arbeitshindernisse: Die stillschweigend vorausgesetzten pädagogischen Prämissen müssen überdacht werden, besonders die des Sanktionsverzichts. Dabei sollte es sich um Sanktionen handeln, die von den Schülern auch als solche wahrgenommen werden. Die bislang zur Verfügung stehenden Strafmöglichkeiten sind eher dazu geeignet, bei den Hartgesottenen unter den Schülern Heiterkeitsausbrüche hervorzurufen: eine schriftliche Rüge der Klassenkonferenz? Peanuts! Vorübergehende Versetzung in eine Parallelklasse? Großer Spaß mit neuen Bewunderern! Schulverweis? Der musste in Frankfurt/Main durch den Hausjuristen des Schulamts abgesegnet werden, der wiederum nur zustimmte, wenn ein Delinquent Schüler gefährdet hatte. Weder Bedrohungen und Beleidigungen von Lehrern noch tätliche Angriffe auf sie rechtfertigten für unseren Hausjuristen Schulverweise. Wir müssen aber solch unerklärlichen Sonderstatus der Pädagogik als sanktionsfreien Raum mit Blick auf die Realität innerhalb und außerhalb von Schule einschränken.

Die Respektsposition der Unterrichtenden sollte unbedingt durch behördliche Vorgaben gestärkt werden. Bislang wird die Lehrerposition immer weiter geschwächt durch in meinen Augen pädagogisch kontraproduktive Vorgaben, wie etwa des Datenschutzes zur Geheimhaltung von Schülerdaten. So dürfen beispielsweise Schülerakten keine Informationen über Verurteilungen oder kriminelle Aktivitäten enthalten. Bei jedem neuen Schüler müssen seine Lehrer also selbst herausfinden, ob er gefährlich sein könnte. Auch die Polizei darf selbst in aktuellen Fällen keine Informationen weitergeben. Körperverletzung? Drogen? Waffen? Wen schützt der Datenschutz?

Obwohl es bei den seit vielen Jahren andauernden Auseinandersetzungen über die ultimativ richtige politische Korrektheit schwierig erscheint, halte ich es doch für möglich, Unterschiede in Verhalten, Einstellungen und – bei nicht wenigen Schülern – auch immer wieder die Bereitschaft zu spontanen Emotionsexplosionen festzustellen und zu beschreiben. Wenn ich es nun wage, auf vorsichtige Weise meine Erfahrungen und daraus abgeleitete Überlegungen zu formulieren, befinde ich mich automatisch in dem Dilemma, das gut meinende, politisch korrekte Mitmenschen mir zuschieben, indem sie ausnahmslos jede noch so kleine Äußerung von mir unter Pauschalisierungsverdacht stellen: Beschreibe ich einen Schüler mit türkischen Wurzeln, muss ich mich wegen ihres Verdachts rechtfertigen, ich meinte damit alle Türken. Zeige ich mich dem Verhalten eines Einwanderers gegenüber kritisch, muss ich mich gegen die Beschuldigung wehren, ich verbreite rechtes bis rechtsradikales, allgemein ausländer-feindliches Gedankengut. Ich kann dem nur entgegnen: Es hilft ja nichts. Wirksame Arbeit an den Phänomenen wird erst dann möglich, wenn wir sie beim Namen nennen können. Haben wir das nicht schon als Kinder bei »Rumpelstilzchen« gelernt?

Zu den zu benennenden Phänomenen gehören immer mehr Einflüsse aus muslimischen Traditionen, wie beispielsweise Kleiderordnungen, die teilweise im christlich-abendländischen Kulturkreis mit Vermummung verwechselt werden können, und hierarchische, frauenfeindliche Ideologien. Hier sind seltsame Ausweichreaktionen bei Gesetzgebern und Rechtsprechern er-kennbar. Wo politische Entscheidungen zu klaren gesellschaftli-chen Regeln verhelfen könnten, werden genau diese Entschei-dungen in pädagogische Räume verschoben. Über die Erlaubnis muslimisch-religiös begründeter Verhüllungsmode sollen bis heu-te weder Bund noch Länder, sondern jeweils einzelne Schulen entscheiden. Und in Frankfurt/Main beispielsweise wurde von zuständigen Kommunalpolitikern 2015 in einem Einzelfall musli-mische Gesichtsvermummung im Unterricht gutgeheißen – mit der Option, dass die Unterrichtenden mit pädagogischen Mitteln die Vermummte zum Ablegen der Burka bewegen sollten.

So werden uns Lehrerinnen und Lehrern auf vielen Ebenen mit dem Auftrag zur Lösung Probleme weitergereicht, an denen sich Politiker und Juristen nicht die Finger verbrennen möchten. Gleichzeitig mangelt es uns aber erheblich nicht nur an wirksa-men Mitteln zur Durchsetzung, sondern auch an Programmen in der Lehrerausbildung und -fortbildung, die uns für den bislang kaum zu bewältigenden Berufsalltag qualifizieren.

Zwar gibt es inzwischen viele Bücher zu Fragen und Proble-men von Schule, Erziehung und Integration – und manche habe ich gern und mit Interesse gelesen –, doch hatte ich dabei stets den Eindruck von zu viel Fülle, zu viel Sowohl-als-auch, zu wenig

Klarheit. Mit dem hier vorgelegten Text möchte ich exemplarisch, anhand von realistischen Szenen und Betrachtungen aus den Erfahrungen vieler Jahre, eine bildhafte Innensicht des Lehreralltags und seiner seit vielen Jahren widrigen Umstände und Begleiterscheinungen geben – in der Hoffnung, dadurch neue Diskussionen und vielleicht sogar zielführende Veränderungen anregen zu können.

TOD EINES LEHRERS

Im September 1999 starb mein Kollege Klaus Dieter einfach so, als er gerade mal 47 Jahre alt war. Er kam nachmittags aus der Schule nach Hause, setzte sich aufs Sofa und sank tot zur Seite.

Der Rettungswagen, den seine Frau gerufen hatte, stand noch vor dem Haus, als ich dazukam. Auch ein Polizeiwagen. Blaulichter durchblitzten die Dunkelheit des frühen Abends. Im Flur der Wohnung zwei uniformierte Polizisten, später noch zwei Kripobeamte in Zivil, taktvoll, freundlich. In Deutschland wird beim plötzlichen Tod eines jüngeren Menschen automatisch die Polizei eingeschaltet. Sie muss untersuchen, ob es sich um Mord oder natürliches Ableben handelt. Auch muss der Tote obduziert werden.

Klaus Dieters gemütliche Wohnung ein Tatort? Eher doch: Tatort schulische Arbeitsbedingungen. Aber die kommen bislang nicht zur Anklage.

Klaus Dieter lag rücklings mit nacktem Oberkörper auf dem Wohnzimmerteppich, einige Hemdknöpfchen um sich verteilt, die wohl bei dem vergeblichen Versuch, ihn zu reanimieren, abgerissen waren. Klaus Dieter sah sehr blass aus, ernst und konzentriert, als dächte er mit geschlossenen Augen nach, wie er es auch im Leben manchmal getan hatte. Bis dahin hatte ich ihn nur als Aufrechten wahrgenommen. Nicht nur äußerlich, sondern auch in seiner Gesinnung.

Er hatte im Lehrerzimmer immer am gleichen Platz gesessen, absichtlich in größter Entfernung von der Gruppierung der pädagogischen Betonköpfe, die zwar formaljuristisch überwiegend korrekt ihre Arbeit taten, die sich aber erkennbar keine Gedanken darüber machen wollten, wie Schule zu einem allen Schülern förderlichen, lebendigen Ort werden könnte. Solchen Kollegen begegnete ich während meiner Tätigkeit in der Lehrerfortbildung an vielen Schulen, einzeln oder in Gruppen. Ihr enger Blick aufs Leben blendet alles aus, was ihnen nicht ins Schema passt, und sie verschanzen sich hinter dem Begriff »Sachzwang«, um kreatives, eigenverantwortliches Handeln zu meiden. Zu liebevollem Mitfühlen sind sie nicht begabt und unterkühlen dadurch ihre Umgebung.

Sie reden meistens zu laut und sind unangenehm distanzlos: Ihre Nasenspitze beinahe an deine Nasenspitze gedrückt, schreien sie auf dich ein. Wenn es dir gelingt, den Nasenabstand zu vergrößern, stechen sie gestikulierend mit ihren Zeigefingern Löcher in deine Aura und versuchen weiterhin, dich durch Lautstärke zu lähmen. Vielleicht ist ihre Einstellung die richtige, denn sie sterben selten an Herzinfarkt.

Klaus Dieter gehörte zu den Leisen, Nachdenklichen, Gutmeinenden. Wir konnten zusammen lachen, aber im Lauf der Zeit war er immer sarkastischer geworden. Wir glaubten anfangs beide an die unbedingte Gültigkeit reformpädagogischer Grundsätze: Gruppentische statt Frontalunterricht, Schülerselbstständigkeit statt lehrerzentrierte Unterweisung, Schüler motivieren statt manipulieren, freiheitliche Gleichberechtigung statt autoritärer Zwang.

Nur einmal im Pausenhof sah ich ihn, den Aufrechten, kurz in der Horizontalen. Er hatte mit mir neben der Bepflanzung am Rand des Schulhofs gestanden, ins Gespräch vertieft, als mit grellem Gekreisch einige südländische Mädchen auf uns zurannten. Sie liefen nebeneinander in einer lockeren Reihe und verfolgten eine Mitschülerin. Diese Mädchen aus dem 9. Schuljahr schlugen genauso rücksichtslos und brutal drauf wie die gleichaltrigen Jungen, und sie waren gewiss nicht der Anlass zu Veranstaltungsreihen der Lehrerfortbildung im Bereich: »Benachteiligung von Mädchen in koedukativen Lerngruppen«. Sie sahen uns durchaus da stehen, waren aber zu respektlos (und einige vermutlich auch zu dick), um abzustoppen, und rannten Klaus Dieter einfach um. Er fiel vornüber ins Gebüsch, rappelte sich mit meiner Unterstützung wieder in die Aufrechte, klopfte sich welke Blätter und Erde vom Anorak, während ich mich über diese unverschämten Mädchen ereiferte.

Damals bereits ziemlich am Ende meiner Nervenkraft, wollte ich meinen gedemütigten Kollegen gerächt sehen, wollte die Gewalttäterinnen erst bestraft und dann noch gut erzogen wissen. Das war ja wohl das Letzte, dass sie einen Lehrer einfach umrannten, während sie ihm und mir dabei in die Augen sahen. Selbstverständlich hätten sie noch Gelegenheit zum Ausweichen gehabt. Aber zum Körpereinsatz rangordnungsorientierter Menschen gehört eben auch dies: keinen Millimeter der eigenen Richtung ändern – stattdessen andere zum Ausweichen nötigen. (Erst kurz zuvor hatte mich ein mir auf dem Bürgersteig in bodenlangem Hemd entgegenkommender alter Araber mit herrischen Gesten zur Seite scheuchen wollen, in der Bedeutung: Geh mir aus dem Weg, du niederes Wesen, dieser Bürgersteig ist der alleinige Platz für mich und meine Wichtigkeit. Allerdings reagierte er positiv, als ich ihm mit geschwenktem Zeigefinger »Nein« bedeutete und unbeirrt auf ihn zuging. Er lachte irgendwie anerkennend, als er ein wenig zur Seite wich, sodass wir problemlos aneinander vorbeikamen. Wir lächelten uns an, als wir unsere entgegengesetzten Wege fortsetzten.)[1]

Klaus Dieter winkte nur resigniert ab. »Du hast ja recht«, sagte er mit müder Stimme, »aber ich kann mich heute gar nicht aufregen. Ich nehme seit einiger Zeit Betablocker gegen hohen Blutdruck. Deren wunderbar beruhigende Wirkung will ich jetzt nicht durch Aktionen abschwächen, bei denen am Ende doch nichts herauskommt.«

Tage vor der Beerdigung zeigte mir sein Sohn den Grabplatz auf dem alten Friedhof im Ortsteil Fechenheim, den die trauernde Familie für Klaus Dieter ausgesucht hatte. Ein ruhiges, geschütztes Plätzchen war das, hell und erholsam, wie er es im Leben nicht hatte finden können. Wir saßen auf einer Friedhofsbank. Lichtflecken der Septembersonne huschten aus der Baumkrone über uns. Christian, Student für das Lehramt, dachte über seine eigene Zukunft nach.

»Ich studiere trotzdem zu Ende«, sagte er traurig, »obwohl ich glaube, dass der Beruf meinen Vater umgebracht hat. Ich werde von Anfang an darauf achten, mir meine Kräfte gesünder einzuteilen. Das Schlimme ist ja, dass wir in der Ausbildung nichts lernen, was uns auf die realen Schwierigkeiten des Berufs vorbereitet. Mein Vater hat doch immer alles aufgehoben. Als ich mit dem Lehrerstudium in Frankfurt anfing, konnte ich mir fast nahtlos alle Bücher von ihm ausleihen. Meine Professoren benutzen heute dieselbe Literatur, die mein Vater vor dreißig Jahren im Studium brauchte. Wahrscheinlich gibt es keine neueren Ansätze als die aus den Siebzigerjahren, nach der Studentenbewegung.«

---

1 Ende 2017 berichtete mir eine Berliner Freundin, sie habe erlebt, wie ein arabisch aussehender junger Mann eine ihm auf dem Bürgersteig entgegenkommende Frau anherrschte: »Du Frau! Du andere Seite!« Dabei zeigte er mit ausgestreckten Armen auf den Bürgersteig der gegenüberliegenden Straßenseite.

Ich weinte leise. Klaus Dieter fehlte mir. »Es ist noch schlimmer«, schluchzte ich, »hinzu kommt, dass unsere Ausbildung vom politisch korrekten Wolkenkuckucksheim geprägt ist, in dem man davon ausgeht, dass aus jedem Schüler ein guter Schüler werden kann, wenn er nur von außen genug gefördert wird. Aber die Schüler sind doch keine Goldminen, deren Schätze allein durch äußere Einflüsse gehoben werden können; man muss doch auch ihre unterschiedlichen Kapazitäten sehen. Und ihren individuellen Willen, überhaupt etwas zu leisten! Es ist unerträglich, dass anscheinend niemand wissen will, was wir Lehrer jeden Tag in der Schule erleben. Wir haben mit Schülern zu tun, die wie wilde Wölfe um Rangordnungsplätze kämpfen; wir kriegen immer mehr ausländische Schüler in die Klassen, die total aggressiv die mittelalterlichen Wertvorstellungen ihrer Herkunftskulturen vertreten. Allein das ist nicht zu bewältigen, aber wir müssen nach außen so tun, als hätten wir alles im Griff.«

»Genau«, sagte Klaus Dieters Sohn, »Wolfsrudel ist ein guter Vergleich. Mein Vater hat diese Verlogenheit nicht ausgehalten, dass er nirgendwo sagen durfte, was wirklich los ist. Dass er hilflos mit dem Rücken zur Wand vor Schülern steht, die ihn nur dann respektieren, wenn er den Alphawolf gibt. Die es einen Scheiß interessiert, irgendwas zu lernen, deren Gehirne auch irgendwie anders funktionieren als die von den Schülern, die wir bisher kannten. Auf die man Druck ausüben muss, der in unserem System nicht ausgeübt werden darf. Und den mein Vater auch nicht ausüben wollte. Und dann die Kollegen, die so tun, als kämen sie zurecht, die es für eine Niederlage halten, wenn sie Schwierigkeiten zugeben. Und erst recht der unfähige Schulleiter! Meine Mutter hat in der Schule schon klargemacht, dass der sich von der Beerdigung fernhalten soll.«

Ein kleiner Sonnenfleck zitterte auf seinem blassen Gesicht und ließ die Tränenspur auf seiner Wange glitzern. In der Grabreihe vor uns wischte eine alte Frau liebevoll mit einem Papiertuch an einem marmornen Grabstein, der aus einem schmalen, efeubewachsenen Rechteck ragte.

»Ich habe so oft mit ihm darüber geredet, wie unerträglich es ist, dass wir aufpassen müssen, wem wir von unseren Erlebnissen in der Schule erzählen«, sagte ich und wunderte mich, wie zittrig meine Stimme klang. »Im Grunde kann man nur mit denen reden, die persönlichen Kontakt zu unserer Klientel haben, meistens Sozialarbeiter und Polizisten, besonders aber mit Lehrern, weil die als Einzige zusätzlich zu allen Problemen im Umgang mit diesen Menschen ihnen auch noch Lerninhalte nachprüfbar im Langzeitgedächtnis verankern sollen. Aber wer nicht den direkten Kontakt hat, bei dem stoße ich auf großes Unverständnis und Ablehnung. Unsere Erlebnisse sind sozusagen politisch nicht korrekt und dürfen deshalb auch nicht wahr sein. Ich muss doch Angst haben, für ausländerfeindlich gehalten zu werden, eventuell für eine politisch weit rechte Sumpfpflanze.«

Christian nickte mehrmals zustimmend und ließ seinen konzentrierten Blick dabei auf der Alten ruhen, die inzwischen über die Mitte des Grabsteins polierte.

Mit immer leiserer Stimme redete ich weiter: »Seit Jahren grübele ich darüber, in welcher Form ich das aufschreiben und veröffentlichen könnte, was uns in der Schule krank macht, ohne dass ich dafür hysterische Prügel wegen ›Nestbeschmutzung‹ bekomme. Ich sollte doch Entwicklungen beschreiben dürfen, die für alle Beteiligten nachteilig sind, ohne dass ich Angst vor feindseligen Reaktionen haben muss. Es macht mich fertig, dass teilweise meine eigenen Freunde, die in edleren Berufen arbeiten, nichts von dem wissen wollen, was ich täglich erlebe. Es würde mir bestimmt helfen, wenn ich mich trauen würde, das aufzuschreiben, aber ich bin noch nicht so weit.«

Klaus Dieters Sohn beugte sich zu mir, ein Sonnenkringel

tanzte auf seinem blonden Haar. Eindringlich sah er mich an. »Schreib es einfach trotzdem auf«, sagte er ernst, »wenn du es für dich nicht kannst, dann schreib es doch bitte für meinen Vater. Und wenn es nicht anders geht, dann eben unter Pseudonym.«

Erst mehr als zehn Jahre nach diesem Gespräch konnte ich mich ans Schreiben wagen. Ich möchte für Klaus Dieter schreiben, der tot ist, und für die Kolleginnen und Kollegen, die am Rande der Erschöpfung teilweise unter unzumutbaren Bedingungen ihren schweren Berufsalltag erdulden. Und besonders für diejenigen Hauptschülerinnen und Hauptschüler, deren in ihren Herkunftskulturen geprägte Wahrnehmung der Welt sie mit Verachtung auf schulische und sozialstaatliche Förderangebote reagieren lässt. Demokratischer Unterrichtsstil, materielle und ideelle Förderung sowie Verzicht auf Strafen sind wahrscheinlich in ihren Augen Demutsgesten von Rangniederen. Deshalb sollten wir ihnen besonders in Schulen mit klaren Regeln, vermutlich auch – bei Bedarf – mit Härte und Strafen begegnen dürfen. So bestünde eher eine Chance, dass sie ihre traditionelle Rangordnungsfixierung überwinden und unsere gewachsenen Wertvorstellungen von Freiheit, Gleichberechtigung und individueller Selbstverantwortung erst überhaupt wahrnehmen und später hoffentlich verinnerlichen und in die Zukunft tragen können.

Auf der abgelegenen griechischen Insel, auf der ich einige Jahre verbrachte, ehe ich in Frankfurt wieder als Lehrerin arbeitete, lebten wir unter ähnlich einfachen Bedingungen, wie es viele Türken und Marokkaner taten, bevor sie sich unter die Fittiche des deutschen Sozialstaats begaben. Weil ich viel von meinen griechischen Nachbarn und Freunden gelernt habe, kann ich gut verstehen, warum in Deutschland die Menschen mit vergleichbarer Herkunft in manchen Hauptschulen so ausufern. Aber es sind nicht die Hauptschüler allein. Sie sind nur die Spitze eines Eisberges, der gewachsen ist aus realitätsfernen gesetzlichen und behördlichen Vorgaben, stur vorsätzlicher Blindheit im Bereich dessen, was als »politisch korrekt« gilt, und unverantwortlichem (karrierebewusstem?) Festklammern meinungsbildender Berufspädagogen und Politiker an seit fast fünfzig Jahren wiedergekäuten Wunschvorstellungen von Schule und Lernen – und Gesellschaft.

Im August 2007 traf ich auf der Insel zur Sommerferienzeit eine Lehrerin aus Hamburg. Gymnasium. Grau und blass fuhr sie nach drei Wochen Urlaub wieder ab, war kaum am Strand gewesen, weil sie fast die ganze Zeit in ihrer Unterkunft blieb, um zu schlafen. Wir kennen uns seit etwa zwanzig Jahren, aber sie schaffte es nicht, bei mir vorbeizukommen. Zu erschöpft für Kontakte.

Gleichzeitig machte eine Sozialarbeiterin Urlaub, die in Süddeutschland arbeitet. Vorschule. Ein Wall von Wut und Resignation über die ständig wachsenden Überforderungen durch ihre Arbeitsbedingungen und über Unverschämtheiten von Kindern und Eltern machte sie unfähig, überhaupt über ihre Arbeit zu sprechen.

Ein letzter Anstoß für mich, diesen Text zu schreiben, war schließlich die vor einigen Jahren erfolgte Offenlegung der verzweifelten Situation der Rütlischule in Berlin. Bis heute bin ich fassungslos über die anschließenden abwiegelnden Auskünfte, die in allen Bundesländern von Schulämtern und von Hauptschulen an Zeitungsreporter gegeben wurden. Aus hessischen Schulämtern sickerten Stellungnahmen, die besagten, hier gäbe es keine mit der Rütlischule vergleichbaren Probleme. In Hessen seien die Lehrerinnen und Lehrer motiviert und hätten alles im Griff. In der *Frankfurter Rundschau* gab es einen Artikel, in dem eine Frankfurter Hauptschule als Ort des Friedens beschrieben wurde. Bunte Fotos zeigten Kinder, die kleine Streicheltiere in den Händen hielten und brav erzählten, wie gerne sie zur Schule gingen.

Ehe die Berliner Rütlischule Thema geworden war, stand ich in ebendieser Frankfurter Hauptschule bei Schulschluss im Treppenhaus vor dem Sekretariat und wartete auf einen Kollegen. Fluchend, schreiend und sich gegenseitig schubsend polterte der Schülerstrom die Treppe hinunter, dem Ausgang und der Freiheit des Nachmittags entgegen. Sammler von Vulgärausdrücken für Geschlechtsverkehr und Geschlechtsorgane hätten hier reiche Beute machen können. Ein baumlanger Kerl von einem Schüler riss im Gehen eine Cola-Dose auf, schüttete sich mit zurückgelegtem Kopf eine ordentliche Portion in den Mund und warf auf der Ebene des Sekretariats die Dose knallend auf den Boden. Cola spritzte in alle Richtungen. Ich war froh, weit genug entfernt zu stehen und nichts abbekommen zu haben.

Um die rote Dose bildete sich eine braune Lache neben dem Schwall der treppabwärts rauschenden Schüler, in dessen Mitte sich hinter dem Dosenwerfer auch ein fast kahlköpfiger Lehrer nach unten bewegte. Er rief dem Cola-Ferkel hinterher: »Hol dir einen Lappen und wisch das weg!«

Der Schüler schenkte dem Lehrer einen geringschätzigen Blick, federte lässig ein paar weitere Stufen nach unten und brüllte: »Wisch doch selbst, du Wichser!«

Und wie reagierte der Lehrer? Er tat so, als hätte er nichts gehört. Aber ich sah, wie sein kahler Schädel sich vom rosigen Normalzustand in bläuliches Rot verfärbte, während er mit dem Schülerstrom unterhalb der Sekretariatsebene aus meinem Blickfeld verschwand.

VORBEUGENDER KOMMENTAR

Als ich den vorstehenden Text über den Tod meines Kollegen geschrieben hatte, zeigte ich ihn Freunden und Bekannten und erhielt von einigen so typische, an vorgefertigtem politisch korrektem Denken orientierte Reaktionen, dass ich mich zu folgendem Hinweis inspiriert fühle: Ich möchte in klaren Worten sagen und schreiben dürfen, was ich erlebt habe und was ich daraus schlussfolgere. Und ich darf im Deutschen schlicht beschreibende Wörter benutzen, die in anderen Sprachen unverändert existieren, wie etwa »foreigner« im Englischen oder »xenos« im Griechischen für »Ausländer«, »Fremder«. Aus meinem Vorgehen also, dass ich mich nicht dem für mich unglaubwürdigen Zeitgeist anpassen möchte in dem Glauben, mein Sprachgebrauch adele mich als gute Deutsche, wenn ich mich vernebelnder statt präziser Wörter bediene, möchte ich mir von niemandem den Strick drehen lassen, an dem einige Probeleser basteln wollten, als ich ihnen den Text zeigte.

»Das kannst du so nicht sagen!«, war ihre erste Reaktion.

»Wie meinst du das? Was genau soll ich nicht sagen können?«

»Ja, zum Beispiel: südländische Mädchen im Zusammenhang mit negativen Beschreibungen wie ›grelles Gekreisch‹ und ›Draufschlagen‹. Das geht nicht. ›Südländisch‹ geht übrigens gar nicht. Das klingt ausländerfeindlich. Und diskriminierend.«

»Moment mal. Die kommen aus Ländern, die südlich von Deutschland liegen. Südländer sind Menschen, die in Ländern südlich von Deutschland leben, erst recht, wenn sie südlich von Europa leben. Und Nordländer ...«

»Jetzt tu doch nicht so, du weißt, dass wir so nicht mehr reden. Wir vermeiden es, Unterschiede anzusprechen, die als Diskriminierung interpretiert werden können.«

»Seit wann ist eine Himmelsrichtung diskriminierend? Außerdem gibt es doch Unterschiede. Wie soll ich die beschreiben, wenn ich dafür keine Wörter nehmen darf?«

»Du darfst eben nichts beschreiben, wo Ausländer schlecht bei wegkommen.«

»Halt, ich glaube, wenn du so denkst, darfst du auch nicht mehr ›Ausländer‹ sagen.«

»Richtig, aber es ist schon mühsam, immer ›Menschen mit Migrationshintergrund‹ zu sagen.«

»Wieso wirfst du mir eigentlich Ausländerfeindlichkeit vor? Konsequent müsstest du sagen: Das klingt menschenmitmigrationshintergrundfeindlich.«

»Ach, komm, darum geht es doch nicht. Es geht darum, den Rechten kein Futter für ihre Ausländerfeindlichkeit zu liefern. Du darfst nichts schreiben, woraus sie mit aus dem Zusammenhang gerissenen Zitaten Polemik gegen Ausländer machen können.«

»Das heißt in letzter Konsequenz, dass ich darauf verzichten muss, meine Erfahrungen als Zeitzeugin zu beschreiben. Oder soll ich aus Rücksicht auf Neonazis nur ausgewählt Kritisches aus der Schule plaudern? Am Ende noch aus Rücksicht auf Islamisten keine Probleme mit muslimischen Schülern erwähnen? Wo sind wir denn? Ist demokratische Meinungsfreiheit der Angst gewichen, schlafende Hunde zu wecken? Wenn ich jetzt, wo ich es formulieren kann, nicht aufschreibe, was ich erlebt habe, stehe ich bei mir selbst im Feigheitsverdacht.

Wir Deutschen haben eine eigenartige Tradition öffentlicher Verschwiegenheit: Im Dritten Reich wimmelte es nachträglich nur so von Regimekritikern, die sich allerdings nur im privaten Rahmen, heimlich, hinter vorgehaltener Hand geäußert haben wollten, bevor sie draußen wieder politisch korrekt die Hakenkreuzfahne schwangen.

Das Gleiche in der ehemaligen DDR. Es wird erzählt, wie unter vertrauenswürdigen Freunden und Nachbarn im Verborgenen gegen das Regime gewettert worden sein soll, um sich anschließend nach außen vorsichtshalber wieder regimekonform zu äußern.

Und so erlebe ich es seit vielen Jahren in meiner Umgebung: In aller Heimlichkeit wird Kritik an sozialstaatlichen Auswüchsen geübt, und über die Realitätsferne pädagogischer Prämissen werden Witze gerissen. Aber ganz leise, denn ›das darf man ja nicht laut sagen‹. Mit dieser ungesunden Tradition müssen wir Schluss machen, und ich will dazu beitragen.«

»Na ja, viel Glück. Was du schreibst, lässt sich ja ganz gut lesen, und im Prinzip stimmt es auch, was hier steht. Trotzdem, heutzutage müssen wir vorsichtig sein. Hast du schon mal über ein Pseudonym nachgedacht?«

Meine Probeleser haben des Weiteren den Hinweis angeregt, zu beschreiben, dass es selbstverständlich auch gute Momente im Schulalltag gab und gibt. Natürlich haben wir auch zusammen gelacht und uns miteinander wohl gefühlt, aber der Fokus dieses Textes liegt auf den Schwierigkeiten und Missständen, die in meinem Erleben (und dem vieler Kolleginnen und Kollegen) überwogen und deshalb absichtlich hervorgehoben werden.

Im Lauf der Jahre, die ich brauchte, ehe ich mich an diesen Text wagen konnte, wurden viele Begriffe geändert. Wo bis in die

Jahrtausendwende kritische Anmutungen mit der verbalen Keule »Ausländerfeindlichkeit« gestoppt werden konnten, kann das heute mit »Rassismus« und »Pauschalisierung« gelingen. Deshalb möchte ich nachdrücklich darauf hinweisen, dass ich hier exemplarisch nur eigene Erlebnisse beschreibe. Pauschalisierend kann ich lediglich sagen, dass ich zu allen Zeiten meines Lebens herzlich gern Kontakt sowohl mit schon seit Generationen hier lebenden Deutschen als auch mit Hinzugewanderten aus allen Teilen unseres Planeten hatte und habe, sofern sie aus Überzeugung das Verhalten an den Tag legen, das in meiner Sozialisation als die sozial verträgliche, freundliche und achtsame Grundlage menschlichen Miteinanders vorausgesetzt wird.

PAUSCHALISIERUNG

Welcher Unglücksrabe hat damit angefangen, zu jeder noch so kleinen Aussage oder Vermutung zu einzelnen oder Gruppen von Ausländern oder allem, was sich auf etwas oder jemand Nicht-Deutsches beziehen könnte, oder – besonders schlimm – auf Menschen mit muslimischem Hintergrund gleich ein Pauschalisierungsverbot hinzuzubeten? Wer konnte Massen von ansonsten durchaus intelligenten Menschen dazu verführen, mit dem Reflex »Das darfst du jetzt aber nicht pauschalisieren« ihre Menschenliebe beweisen und gleichzeitig jede kritische oder einfach nur beobachtende Wahrnehmung killen zu wollen? Alle Privatpersonen, die sich politisch im Spektrum von SPD, Grünen bis Linken bewegen, tun es schon lange, aber inzwischen haben sich auch CDU-Wähler ehrgeizig nachahmend eingeklinkt. Politiker und Medienvertreter tun es mit wenigen Ausnahmen seit einer ganzen Weile auch, und zwar mit peinlich anmutender Akribie.

Viele Veröffentlichungen, die sich irgendwie kritisch oder auch nur beschreibend mit Einwanderern befassen, vergeuden viel Papier und Leserzeit mit händeringenden Versicherungen, wie ausländerfreundlich alles gemeint sei und wie überhaupt nie und nimmer diskriminierend. Zum Beispiel der lesenswerte Bericht einer Polizistin:»Deutschland im Blaulicht«, die sich bei der Schilderung ihres desolaten beruflichen Alltags nicht davor drücken kann, von Clanverpflichtungen und islamischen Ideologien geprägte Einwanderer als wesentliche Ursache von allerlei Konflikten zu benennen. Gefühlt berichtet sie aber nur auf jeder fünften Seite, mindestens vier Seiten braucht sie bei jedem Beispiel, um zu versichern, wie tolerant und vorurteilslos sie besonders gegenüber Ausländern sei.

Oder die Broschüre:»Refugee Guide, Orientierungshilfe für das Leben in Deutschland«, in der knapp und neutral in mehreren Sprachen deutsche Gepflogenheiten beschrieben werden, die für Einwanderer aus unterschiedlichen Kulturkreisen nicht selbstverständlich sind: zum Beispiel Pünktlichkeit, zum Beispiel Händeschütteln oder Begrüßungsküsschen zwischen Frauen und Männern, Mülltrennung, Straßenverkehrsregeln, Notrufnummern. In meinen Augen eine ganz vernünftige, gut gemeinte Orientierungshilfe – wäre da nicht die Abschlussbemerkung mit vorbeugender Unterwerfung unter die Pauschalisierungs- und Diskriminierungsangst: Da»einige der Hinweise als überheblich oder abwertend empfunden werden können ... wurde diese Orientierungshilfe in enger Zusammenarbeit mit Menschen aus verschiedensten Ländern verfasst (mit Menschen aus Syrien, Afghanistan, Sudan, Ägypten, Palästina und anderen Ländern sowie mit Menschen, die kürzlich nach Deutschland immigriert sind). Pro Asyl hat den vorliegenden Inhalt ... für einwandfrei befunden, und etliche Zuwanderer haben betont, eine solche Infobroschüre bislang vermisst zu haben. Die Einbindung von Geflüchteten beim Entwurf dieses Guides war von großer Bedeutung. Mit den Geflüchteten wurde auch viel darüber gesprochen, inwieweit diese Orientierungshilfe als überheblich und abwertend wahrgenommen wird. Diese Annahme wurde von den Geflüchteten deutlich zurückgewiesen. Im Gegenteil, es wurde um Informationen wie diese gebeten.«

Es gibt inzwischen viele Beispiele dafür, wie die ängstliche Unterstellung, die deutsche Bevölkerung sei bis kurz vor dem Platzen überfüllt mit bösartigen Pauschalisierungsbedürfnissen, zu seltsamen Spielarten im Umgang mit Informationen führen kann.

So ist eine Vertreterin der Linken von Einwanderern durch eine Vergewaltigung gedemütigt und verletzt worden, aber sie hat dieses ihr angetane, schreckliche Unrecht erst sehr lange nach der Tat zur Anzeige gebracht, weil sie vermeiden wollte, dass pauschal alle Einwanderer als mögliche Vergewaltiger betrachtet werden könnten. Wie kommt sie eigentlich auf die Idee, dass Menschen automatisch so reagieren würden? Da ist sie es doch, die ihre eigenen Fantasien pauschalisiert.

Diese Einstellung hat auch dazu geführt, dass in letzter Zeit bei Medienberichten über Kriminalität ein Täter nur noch als »Mann« mit Altersangabe beschrieben wird. Mit dem Ausblenden von Informationen über die Herkunft von Schurken aller Art soll beim Leser Vorurteilen gegenüber Zugewanderten entgegengewirkt werden: Der Mensch soll nur als Mensch betrachtet werden, seine Herkunft darf keine Rolle spielen. Das ist ein schöner Ansatz, der leider bei mir automatisch zu dem pauschalen Verdacht führt, bei jedem so verkürzt beschriebenen Täter handele es sich höchstwahrscheinlich um einen Migranten.

Ich erzählte kürzlich einer Bekannten, dass ich dabei bin, einige meiner Erlebnisse mit türkischen und marokkanischen Schülern aus den 1980er/90er-Jahren aufzuschreiben, in denen ich aus heutiger Sicht die Anfänge von Problemen zu erkennen glaube, die allmählich auch in Politik und Gesellschaft thematisiert werden, von den etablierten politischen Parteien und Medien allerdings immer noch sehr zögerlich. Sie hätte mich daraufhin fragen können: »Was hast du denn erlebt?«, oder sie hätte sagen können:

»Oh, wie langweilig, erzähl das doch lieber jemandem, der sich dafür interessiert!« Sie hätte sich jede mögliche Reaktion, die ihr das Universum zur Verfügung gestellt hätte, aussuchen können, aber sie entschied sich für den stereotypen, bei mir inzwischen gründlich unbeliebten Reflex: »Also, ich mag das ja nicht, wenn immer gleich so pauschalisiert wird.«

Pauschalisiert wird in meiner Wahrnehmung allerdings überwiegend in den politischen Kreisen, die sich für die Abschaffung von Pauschalisierung engagieren. Ich erinnere mich, dass zur Zeit der Masseneinwanderung nach Deutschland im Ostteil des Landes ein afrikanischer Asylbewerber erstochen vor einer Flüchtlingssammelunterkunft aufgefunden wurde. Kaum war die Meldung durch die Informationskanäle getickert, gab es spontane (?) Demonstrationen in vielen deutschen Großstädten gegen Rassismus und Ausländerfeindlichkeit. Ich bin selbst eine vehemente Gegnerin von Rassismus und Ausländerfeindlichkeit, aber an einer solchen Demonstration hätte ich mich erst beteiligt, wenn eindeutige Informationen darüber vorgelegen hätten, aus welchen Motiven der Täter dem Opfer das Leben genommen hatte. Tatsächlich führten die polizeilichen Ermittlungen zu einem Landsmann als Täter, dem keinesfalls Rassismus und Ausländerfeindlichkeit als Tatmotive unterstellt werden konnten. Wie schade, dass unsere übereifrigen Wächter politischer Korrektheit nicht über Humor verfügen. Sie hätten sonst eine kleine Anschlussdemo veranstalten können mit Plakataufschriften wie: »Sorry, unsere Antirassismus-Demo war voreilig«. Aber anscheinend ist das Einzige, was sie tun können: so tun, als wäre nichts gewesen.

Nach entsprechenden Ereignissen flimmern unser Bundespräsident und unsere Kanzlerin immer mal wieder beschwörend in meiner Fernsehstube und mahnen mich, ich solle auf keinen Fall denken, alle Einwanderer seien Vergewaltiger und/oder Terroristen. Warum sagen sie das? Kann es sein, dass sie mich für blöd halten? Und warum äußern sie sich übrigens immer nur dann so, wenn sich Einwanderer und/oder Moslems »vorbeibenommen« haben?

Ein Pilot setzt sein Flugzeug vor einen Berg in Frankreich, um sich selbst und alle, die sich in seiner Maschine befinden, zu ermorden. Da warte ich vergeblich auf eine kleine Ansprache während der Nachrichten, ich solle nun aber bitte nicht pauschalisieren und alle Piloten für depressive Mörder halten. Oder umgekehrt, wenn ein Pilot in Amerika auf dem Fluss landet und dabei das Leben aller Flugzeuginsassen rettet – da könnte man doch hinterher auch warnen: Jetzt aber bloß nicht pauschalisieren, nicht alle Piloten sind Helden.

Wenn ich schon dabei bin, mich auf Informationen aus dem Fernseher zu beziehen, möchte ich unbedingt dies noch hinzufügen: Richtig veräppelt fühlte ich mich 2015, als während des Massensturms von Einwanderungswilligen ein Mädchen im Rollstuhl gezeigt wurde, nach Augenschein knapp 15 Jahre alt, das gerade auf einer griechischen Insel angekommen war und durch Kamera und Mikrofon allen Deutschen mitteilte, sie und alle Neuankömmlinge seien friedliche Menschen, vor denen doch niemand Angst haben müsse.

Ich hatte keine Angst vor ihr. Also hat sie pauschalisiert. Aber wer hat sie zu dieser unpassenden Aussage inspiriert? Ein junges, körperbehindertes Mädchen aus Aleppo im Rollstuhl auf der Flucht nach Deutschland – kann sie da allein und von sich aus auf die absurde Idee gekommen sein, die Menschen in ihrem Zielland könnten Angst vor ihr haben?

Nicht, dass ich meine Tage ausschließlich mit Fernsehen verbringe, aber zufällig sah ich dieses Mädchen ungefähr ein Jahr später wieder, als sie von Markus Lanz in seiner Spätabendsendung dramatisch nach ihrer Flucht befragt wurde. Sie begann aufgekratzt und gut gelaunt zu erzählen, was für ein großer Spaß es gewesen sei, mit ihrer Schwester durch Europa …, wurde aber energisch von Herrn Lanz unterbrochen und in Richtung »schweres Schicksal, gutes Kind« gelenkt.

Da sollen wir nun wiederum doch pauschalisieren und glauben, jeder Einwanderer sei ein nur knapp mit dem Leben davongekommener Flüchtling und jeder Mensch, der in Deutschland z.b. einen syrischen Pass vorzeigt, sei ein echter Syrer und als qualifizierte Bereicherung des Arbeitslebens in Deutschland eingereist.

Schon in den 1990er-Jahren erlebte ich in meinem Unterricht neben echten Kriegsflüchtlingen (etwa aus dem ehemaligen Jugoslawien) auch solche, die auf die Frage »Warum bist du in Deutschland?« antworteten: »weil Fleisch billig, Haus gut und kostet nicht«. Die Frage entstand im Deutschunterricht beim Einüben der Struktur »Warum? – Weil …«, und die Schüler, die so antworteten, kamen damals genauso aus Jugoslawien wie diejenigen, um die wir Lehrerinnen uns sorgten, weil sie erschütternde Verhaltensweisen zeigten, als deren Ursache wir Kriegstraumata vermuteten.

Ein jedes Phänomen hat eben sehr viel mehr als nur einen Aspekt, unter dem es betrachtet werden kann. Aber die Sogkraft unseres unterschiedslos fördernden Sozialstaates war auch damals schon ein missliebiges Thema für ein Tischgespräch mit brav politisch korrekt denkenden Bürgern.

INTENSIVKURS
»DEUTSCH
ALS FREMDSPRACHE«

Bevor in den 1990er-Jahren Intensivkurse eingerichtet wurden, stopfte man die Kinder und Jugendlichen, die ohne Deutschkenntnisse ins Land gekommen waren, in allen Schularten ungefähr altersgerecht in die Regelklassen und hoffte auf Lehrer und Lehrerinnen, die sie beim Deutschlernen unterstützen konnten und wollten. Als die Anzahl der Einwanderer und Flüchtlinge stieg, wurden an einigen Schulen Intensivkurse eingerichtet, in denen junge Neuankömmlinge möglichst in einem Jahr genug Deutsch lernen sollten, um ihren Fähigkeiten entsprechend anschließend im Schulsystem verteilt zu werden.

In der Frankfurter Haupt- und Realschule, in der ich Anfang der 1990er-Jahre arbeitete, weigerten sich meine Deutschkollegen, den ersten Intensivkurs zu übernehmen. Niemand war dafür ausgebildet und Mehrarbeit ein heikles Thema. Die Kollegen kamen zu dem Schluss, ich hätte mich an der Schule des Lebens für den Umgang mit exotischen Ausländern mehr qualifiziert als sie, und so wurde ich zweifache Klassenlehrerin, einmal in Intensivkursen und außerdem in einer obligatorischen Klasse mit im Lauf der Jahre entweder Haupt- oder Realschülern.

In vielen Intensivkursen saßen babygesichtige knapp Zehnjährige mit fast erwachsenen, teilweise schon bärtigen Klassenkameraden undurchschaubaren Alters zusammen. Laut Ausweis war keiner älter als vierzehn. Das war die offizielle Altersgrenze, unterhalb derer man noch im normalen deutschen Schulsystem gebührenfrei den Intensivkurs Deutsch besuchen konnte. (Wer diese Altersgrenze überschritten hatte, musste damals einen Deutschkurs in der Erwachsenenbildung selbst bezahlen. Eine zu der Zeit aufkeimende Diskussion, das wirkliche Alter zugewanderter Schüler durch spezielle medizinische Untersuchungen feststellen zu lassen, für die man lediglich ein Röntgenbild der Handknochen benötigte, wurde von Datenschützern aus Sorge um die Würde der Zuwanderer schnell erstickt.)

Die Intensivkursschüler kamen von überall her, unter anderem ohne Eltern aus dem Iran, als unter Chomeini Fünfzehnjährige zum Kriegsdienst eingezogen wurden. Sie kamen ebenfalls ohne Eltern aus Afghanistan, als Kabul von russischem Militär zerstört wurde. Junge Menschen aus Afrika mit Namen, deren Länge die Namensrubrik meines Lehrerkalenders sprengte. Kinder und Jugendliche aus der Türkei, darunter meine erste Schülerin, die ihre Haare unter dem muslimischen Kopftuch und den Körper unter bodenlangen Polyesterbahnen versteckte. Einige wenige kamen aus Griechenland, Russland, Amerika, Japan, Sri Lanka und schließlich scharenweise aus dem damaligen Jugoslawien, als dort der Krieg tobte.

Schon am ersten Tag meines Intensivkursunterrichts verstand ich selbst nicht mehr, warum ich die Gruppe nur zögerlich übernommen hatte. Feine, wohlerzogene, intelligente junge Menschen waren unter den Schülern; es war mir eine Freude, mit ihnen arbeiten zu dürfen. Der Umgang mit ihnen wurde zu meiner Erholung von den aggressiven Verhaltensweisen der Hauptschüler, und generell hatte ich Freude daran, kulturell bedingte Eigenarten im kommunikativen Verhalten zu entschlüsseln. Mir war bekannt, dass Griechen ein Nein in einer Mimik ausdrücken, die mit dem deutschen Ja verwechselt werden kann: hochgezogene Augenbrauen über geschlossenen Augen, während sie in Zeitlupe nach oben nicken. Neu war mir, dass in manchen asiatischen Ländern Zustimmung mit zartem Seitwärtswackeln des Kopfes ausgedrückt wird statt mit europäischem Vorwärtsnicken. Europäer bewegen ihre Köpfe seitlich, wenn sie zweifeln. Als ich zum ersten Mal von lächelnden asiatischen Schülern so freundlich angewackelt wurde, glaubte ich, die Kinder machten sich über mich lustig.

Aber auch grobe Kerle waren dabei, die nicht lernen konnten oder wollten und die in den ersten Monaten die höflichen, respektvollen Verhaltensweisen, mit denen sie in Deutschland angekommen waren, ablegten und sich die gleichen aggressiven Dreistigkeiten erlaubten, die sie auf dem Schulhof bei den alteingesessenen Mitschülern erlebten. Gelungene Integration der besonderen Art?

Während meiner Zeit auf der griechischen Insel gab ich eine Zeit lang Englischunterricht in der Dorfschule. An meinem ersten Schultag stellte mich der Lehrer den Schulkindern vor. Vorstellen bedeutete für mich, dass er mit mir in die Klasse gehen, den Kindern meinen Namen sagen und ihnen viel Spaß beim Englischlernen wünschen würde. Vorstellen bedeutete aber für den griechischen Kollegen, dass er mich in den Klassenraum begleitete, meinen Namen sagte und dann rasch die Bankreihen auf und ab ging, um jedem Jungen schnell und fest ins Gesicht zu schlagen. Nach diesem Überfall sagte er:»So mache ich es, ehe ihr frech geworden seid. Aber wenn einer von euch die Frau ärgert, schlage ich richtig zu.« Er wünschte mir freundlich alles Gute und ließ uns wie versteinert zurück. Ich dachte mir allerlei aus, die stocksteif auf mich fixierten Kinder ein wenig aufzulockern und hoffentlich auch mal zum Lachen zu bringen, aber sie sahen mich nur unbewegt ernst an und meldeten sich militärisch stramm. Mehrere Stunden ging das so, bis ein Mädchen schüchtern fragte:»Ist es erlaubt, dass wir lachen?« Erst als sie meine offizielle Erlaubnis zum Lachen wirklich glauben konnten, entspannten sie sich etwas, und wir fühlten uns wohler miteinander.

In den Frankfurter Intensivkursen verhielten sich die Schüler in den ersten Tagen so wie die Kinder der Inselschule, eingeschüchtert und gedrillt in den Schulen ihrer Herkunftsländer. Sie sprangen vom Stuhl und standen stramm, wenn ich den Raum betrat. Standen auch einzeln sofort stramm neben ihrem Stuhl, wenn ich sie ansprach. Sie schwätzten nicht mit Banknachbarn und taten eifrig alles, was ich ihnen auftrug.

Mit dieser Eigenschaft, dem Eifer, zeigten sie mir, was wir in Deutschland verloren haben, wo Schulkinder spätestens am Ende der Grundschule ihren Ehrgeiz darauf lenken, die Coolen zu mimen, die schon alles gesehen, gekauft und gegessen haben. Im Vergleich zu den Anfangsqualitäten ausländischer Schüler wirkten ihre deutschen Mitschüler wie Kontaktgestörte, die zur rechten Zeit weder zuhören noch antworten, noch Augenkontakt halten konnten. Bei heutiger deutscher Sozialisation und auch im deutschen Bildungssystem lernt man offenbar schnell, Eifer durch »coole« Generalverweigerung zu ersetzen.

Wenn die Intensivkursschüler genug Deutsch konnten, erfuhr ich von einigen Strafen in ihren Heimatschulen. Ein Afrikaner, der mit 150 Kindern einen Klassenraum geteilt hatte, musste mit nackten Beinen auf spitzen Steinchen knien. Ein türkischer Junge zeigte mir die Narben auf seiner Kopfhaut. Stockschläge vom Lehrer. Das waren erschütternde Informationen. Wer in Deutschland hätte sich träumen lassen, dass es auf unserem Planeten immer noch Vertreter solcher Brutalitäten im Erziehungswesen gab?

Diesen in ihren Kulturen misshandelten Schülern gegenüber war ich besonders aufmerksam und freundlich, aber je nach Sozialisationshintergrund reagierten die Schüler unterschiedlich auf mein entgegenkommendes Verhalten. Die Schüler auf der griechischen Insel wurden lockerer in meiner Gegenwart, lachten über meine Scherze und machten bald auch selber welche. Sie blieben gleichzeitig unter der Fuchtel ihres Lehrers, ihrer Eltern und Dorfnachbarn und verhielten sich dauerhaft tadellos höflich, freundlich, zurückhaltend.

Die wahrscheinlich durch ihre Sozialisation nach Unterschichtnormen gröber strukturierten Intensivkursschüler in Frankfurt zeigten jedoch sehr bald gravierende Verhaltensänderungen. Nachdem sie einige Wochen den angstfreien Einflüssen des deutschen Schulsystems und seiner konsequenzenlosen Pädagogik ausgesetzt waren und täglich im Pausenhof erlebten, was andere alles aushecken konnten, ohne je bestraft zu werden, verloren sie den Respekt vor den Lehrern und begannen aggressive Rangordnungskämpfe untereinander und teilweise auch mit Lehrern.

Den feiner strukturierten Neuankömmlingen, die sich entsprechend ihres Sozial- und Leistungsverhaltens eher nach Mittelschichtnormen sozialisiert zeigten, ging das nicht so; wir teilten offenbar gemeinsame Wertvorstellungen. Sie blieben höflich und beteiligten sich nicht an Schlägereien oder emotionalen Exzessen, sondern belächelten mit distanzierter Überlegenheit ihre ungehemmten Mitschüler, wenn die sich nach einer Schlägerei in der Pause im Klassenraum schon wieder gegenseitig an die Gurgel wollten. »Schlagen dumm, wer kann denken, muss nicht kämpfen«, sagte Ali nach drei Monaten Intensivkurs. Er war in Kabul auf das französische Gymnasium gegangen, las auf eigenen Wunsch selbstständig im ersten Halbjahr des Intensivkurses einen deutsch-französischen Text aus »Warten auf Godot« und fragte ab und zu nach seltenen kleinen Wörtern: »Was bedeutet:

jedoch?« – während andere aus der Klasse sich immer noch mit Wortbildkarten aus den Anfangstagen quälten und »das Brot«, »die Tomate« nicht erinnern konnten.

In diesem Kurs begegnete ich Menschen, die extrem viel Zeit brauchten und Mühe aufwendeten, um letztlich kaum wahrnehmbare Lernfortschritte zu machen. Nach meinen Erfahrungen in einer integrierten Gesamtschule war ich gut vertraut mit Fragen innerer Differenzierung in heterogenen Lerngruppen; ich hatte sie zum Thema meiner Diplomarbeit beim Abschluss meines Studiums der Pädagogik gemacht. Aber nun musste ich feststellen, dass meine Qualifikationen nicht ausreichten, um einige lernschwache Intensivkursschüler zu objektiven Lernfortschritten zu motivieren. In jenen Tagen begannen meine Zweifel an der pädagogischen Prämisse, fast jeder Mensch könne fast alles lernen, wenn er nur durch geeignete Anleitung einer geschickten und liebevollen Lehrperson motiviert und in seinem positiven Selbstwertgefühl gestärkt werde.

Seit meinen Erfahrungen auf der griechischen Insel war ich in der Lage, Unterschiede zwischen Menschen zu erkennen, die eigentlich nicht sein durften, die mir kleine Schuldgefühle verursachten, weil doch alle Menschen vor Gott gleich sind, weil ich niemandem in die Seele schauen kann und weil ich über niemanden urteilen möchte. Trotzdem: Manche schauten schon beim ersten Eindruck so trübe, so dumpf entspannt, dass mir schwante, sie würden trotz eventueller großer Mühe nur wenige einfache Wörter und nicht alle wesentlichen grammatischen Strukturen behalten können. Andere dagegen schauten sehr keck aus aufmerksamen Augen, verharrten aber in der ausweglosen Welt der Machos, in der es nicht darum geht, zu lernen und sich zu entwickeln, sondern einzig darum, mit Selbstdarstellung zu imponieren und hoffentlich den Rangordnungsplatz des Lehrers zu übertrumpfen. (Das war in mancher Hinsicht sicher schon immer so.

Aber aus dem einst üblichen Gerangel bei der Gruppenfindung sind heute regelrechte Kämpfe geworden, bei denen Unterlegene nicht mehr geschont werden.)

Sie erinnerten mich an Adonis, einen meiner erwachsenen Einzelschüler, die auf der griechischen Insel bei mir Englisch lernten. An Adonis' Beispiel hatte ich schon erforschen können, mit welch effektvollen Methoden ein echter Macho es fertigbringt, sich selbst am Lernen zu hindern. Adonis war ein Ranghoher, der gar nicht so viel rauchen konnte, wie er hätte Rangniedere zum Kiosk schicken können, um sich Zigaretten holen zu lassen.

Adonis wollte nicht in der Gruppe lernen, sondern bestand auf Einzelunterricht. Erst dachte ich, ihm ginge es darum, mit mir allein zu sein, um ungestört mit mir flirten zu können. Aber das war es nicht. Wenigstens nicht nur. Adonis wollte keinen Menschen wissen lassen, dass es irgendetwas gab, das er nicht konnte. So weit war das durchaus nachvollziehbar, aber er ging weiter: Selbst ich, seine Lehrerin, sollte nicht merken, dass er nicht alles wusste, nicht alles besser wusste als alle anderen. Er war der Größte, der Wichtigste. Die anderen dienten ihm nur als Publikum, dem es zu imponieren galt. Ein Macho kann keine Fragen stellen, ein Macho beeindruckt seine Umwelt mit Antworten, am besten schon bevor jemand fragt!

Wenn Adonis von Winterstürmen bedrängt zum Privatunterricht durch meine Haustür gefegt wurde, steckte sein Schulheft längs gefaltet in der Gesäßtasche seiner Hose, fast vom Anorak verdeckt. Legte er das Heft auf den Tisch, an dem wir lernten? Vielleicht noch einen Schreibstift daneben? Nein, das Heft blieb stecken, und er setzte sich drauf. Wie um es vor mir geheim zu halten. Er räkelte sich in eine vorteilhafte Haltung, die seine Schokoladenseiten zur Geltung brachte, und versuchte, mich in ein Gespräch zu verwickeln. Auf Griechisch.

»Hello, Adoni, how are you today?«, versuchte ich.

Er hüstelte und bat um ein warmes Getränk.

»Tell me in English, please.«

Er unterhielt mich mit einem Schwank aus seinem heutigen Arbeitsleben. Auf Griechisch.

Ich gab ihm Salbeitee.

Er bat um einen Schuss Whiskey in den Tee. Auf Griechisch.

Ich schenkte ein. Gastgeberinnenpflicht.

»Where is your exercise-book?«, fragte ich scheinheilig.

»No book«, gab er ebenso scheinheilig zurück.

Ich schüttelte den Kopf und deutete in die Richtung, in der ich das Heft gesehen hatte. Seufzend rückte er es heraus. Wir sahen nach, welche Wörter wir zuletzt aufgeschrieben hatten.

Island, harbour, cat. Ich hatte die Insel gemalt mit dem Hafen und allen Einzelheiten, die für Gespräche mit Touristen relevant waren. Es fiel ihm extrem schwer, sich die fremden neuen Wörter zu merken. Er grübelte über dem Bild der Katze und versuchte, meine Frage: »What is this?« möglichst zu überhören. Er konnte nicht sagen: »Ich weiß es nicht«, oder fragen: »Wie heißt das Wort noch gleich?« Er musste souverän bleiben und so tun, als wüsste er alles. Er tippte auf das Katzenbild und behauptete: »Päll! This päll!« Lehnte sich zufrieden zurück und wehte verführerische Blicke über den Tisch.

»No, it is not«, beharrte ich. »This is a cat. *Cat*.«

»Hab ich doch gesagt«, schwafelte er mit großartigem Lächeln und tippte das Katzenbild so fest an, als wollte er es in die Tischplatte bohren. »Cat. This cat.«

»Nein, tut mir leid, aber so stimmt es immer noch nicht. Du musst sagen: »This *is a* cat.«

»Ach komm, jetzt lass aber mal gut sein. Wenn ich sage: ›This päll‹ verstehen mich die Touristen doch auch.«

»Nur, wenn du ›cat‹ sagst.«

»Sag ich doch. Cat.«

Vergleichbare Dialoge erlebte ich oft auch bei Schülern in Frankfurt, nur mit dem Unterschied, dass die Schülermachos mich unerträglich laut und aggressiv mit ihren beliebigen Behauptungen nahezu bespuckten.

Der Unterricht mit Adonis auf der Insel verlief hingegen in angenehm freundlichen Bahnen, bis wir einverständlich damit aufhörten – ich in der verblüffenden Erkenntnis, dass keiner eine Fremdsprache lernen muss, dem es zuallererst um beeindruckende Selbstdarstellung geht. Nach unseren mühsamen Unterrichtsstunden konnte er einige Gegenstände auf dem Kneipentisch benennen. Bread, cigarettes, glass, fork … Das mit der Katze und erst recht mit der Syntax hatten wir bleiben lassen.

Weil das Bedürfnis nach Kommunikation in vielen Fällen ein eher einseitiges ist, nämlich das Bedürfnis, selbst zu Wort zu kommen, statt anderen zuzuhören, hatte Adonis es sehr leicht, bei Touristen als Englisch sprechend durchzugehen. Voraussetzung war die Beantwortung der Frage: »Do you speak English?«, mit einem klaren: »Yes!« Danach gestaltete Adonis die Situation zum automatischen Selbstläufer. Jemand sprach langatmig auf ihn ein, während Adonis ihn aufmerksam und zugewandt ansah. Dabei spiegelte er wie ein therapeutischer Profi den Gesichtsausdruck seines Gegenübers, sodass der sich angenommen fühlen konnte wie selten sonst in seinem Leben. Adonis nickte auch oder schüttelte den Kopf an den passenden Stellen. Drohten Pausen einzutreten, hatte er seine überzeugenden kleinen Auftritte. »Bread?«, fragte er und reichte den Brotkorb. Oder er bot mit »Cigarette?« seine Packung an.

Einmal sah ich zu, wie jemand seine Lebensgeschichte an ihn hinredete. Ein langes, kompliziertes Leben. Mit stark österreichischem Akzent. Adonis hielt seine Strategie durch, und der Öster-

reicher glaubte sich verstanden. Mit mir schaute noch ein Einge-
weihter der Szene zu. Wir kamen zu dem Schluss, dass Adonis'
Auftritt noch nicht perfekt war. Der Österreicher war nicht nüch-
tern und entsprechend unkritisch gewesen. Nach langem gemein-
samem Grübeln kamen wir zu dem Ergebnis, der Satz: »Life is
complicated«, wäre die Krönung von Adonis' Repertoire, um
auch nüchterne Gesprächspartner zu überzeugen.

So wurde es. Adonis imitierte Gesichtsausdrücke, hielt ab und
zu mit dem fragend dazu gesprochenen Wort Gegenstände hoch,
»fork?«»wine?«, und wenn sein Gegenüber ihn so ansah, als er-
warte er mehr als Einwortsätze, dann schaute Adonis besonders
ernst und weise und sprach schwermütig: »Life is complicated.«
Erstaunlich, wie gut das mit jedem neuen Touristen wieder funk-
tionierte.

Die Kapazitäten der im Intensivkurs zusammengewürfelten Kinder waren so extrem unterschiedlich wie etwa ein guter Compu-
ter im Vergleich zu einer Rechenhilfe aus farbigen Holzkugeln.
Wir Menschen haben Speicherplätze im Gehirn, um unser Wahr-
genommenes und Erlerntes aufzubewahren. Einige der Schüler
verfügten lediglich über unvollständige kleine Kämmerchen, aus
denen manches immer wieder herausfiel, was mühsam mit meiner
Hilfe hineingestopft worden war. Andere waren mit imposanten
Lagerhallen ausgestattet, in die sie sozusagen mit Gabelstaplern
das neue Wissen einfuhren und übersichtlich lagerten. Bei Bedarf
konnten sie es zuverlässig abrufen und teilweise schon während
des Intensivkursjahres damit ein Gymnasium beliefern.

Die Kämmercheninhaber, die noch im zweiten Halbjahr wie
Adonis die einfachsten Bilder nicht benennen konnten, waren
teilweise Kandidaten für Sonderschulen, und das führte zu besonderen Schwierigkeiten: Sonderschullehrer testeten die Kinder
und entschieden, ob sie zu ihrer Förderung in einer Sonderschule

gut aufgehoben wären. Die Tests erforderten natürlich gewisse Kenntnisse der deutschen Sprache, weshalb sie ihren Zweck verfehlten, wenn das Kind aufgrund seiner kognitiven Befindlichkeit nicht dazu in der Lage war, im auf zwei Jahre verlängerten Intensivkursunterricht die Grundkenntnisse der deutschen Sprache zu erlernen.

Die Unterschiede der Schüler waren nicht auf die Bereiche kognitiver Kompetenzen beschränkt, sie zeigten sich ebenso deutlich in ihren Möglichkeiten zu sozial verträglichem Verhalten und gaben Anlass zu allerlei philosophischen Grübeleien im Lehrerzimmer: Woher kommen die Charaktereigenschaften der Menschen, ihre Handlungsimpulse, ihre Seelen? Stammen wir eventuell aus sehr verschiedenen Welten und treffen uns auf unserem Planeten, um hier immer wieder das Grobe, Brutale gegen das mitfühlend Feine, Interessierte, Zugewandte, dem die egomanische Aggression zuwider ist, wirken zu lassen?

An einem Ausflugstag zeigte ich der Gruppe einen nahen Park, in dem sie Minigolf und Tischtennis spielen konnten. Wir vereinbarten eine Zeit zu ihrer freien Verfügung, nach der wir uns hier an dieser Bank wieder treffen würden. Ohne zu fragen, schmissen einige ihre Schultaschen auf die Bank und rannten mit Getöse davon. Das waren Grobe. Einige Feine boten an, bei der Bank zu bleiben und die Taschen zu bewachen, obwohl sie gerne den Park ansehen wollten. Da wir wissen, wie sozial verträglich Lehrerinnen sind, war klar, dass ich bei der Bank bleiben würde, und wenn ich schon hier war, könnte ich auch gleich auf alle Taschen aufpassen. Ich musste die Feinen zur Parkbesichtigung überreden, sie wollten mir weder den Aufpasserjob noch das langweilige Herumsitzen allein auf der Bank zumuten. Schließlich gingen sie zögernd und mit vielen Dankeschön-Verneigungen los.

Als sich alle wieder bei der Bank versammelten, schnappten die Groben wortlos ihre Taschen und schlugen sich gegenseitig damit. Die Feinen kamen mit Geschenken: Sie hatten Cola und Kaugummi für mich am Kiosk gekauft, um sich bei mir zu bedanken und um mich für entgangenen Tischtennis- und Minigolfgenuss zu entschädigen.

Ich hatte viel Spaß an den kreativen Wortschöpfungen der Sprachanfänger, denen oft poetische Kraft innewohnt:
Lehrerin: Vielen Dank.
Schüler: Vielen Bitte.
Wir bemühten uns um Definitionen und kamen dabei zu fundamentalen Aussagen.
Lehrerin: Was ist ein Fehler?
Schüler: Wenn eine Schreibe kein Richtig hat, dann hat es Falsch. Das ist Fehler.
Wenn der Wortschatz allmählich ausreichte, ergaben sich manchmal tiefe Gespräche über das Leben in verschiedenen Welten und Sprachen. Erinnerungen an die Heimat, die dort zurückgelassenen Menschen, an besondere Bräuche oder Speisen und Früchte, für die wir keine deutsche Bezeichnung kannten.

Die Liebe zum Einfachen wurde anfangs von denen verborgen, die einfach gelebt hatten. Etwa in Anatolien bei den Großeltern, während die Eltern in Deutschland die materielle Grundlage für die Übersiedlung ihrer Kinder schufen. Wie die Oma das Essen im Kessel gekocht hatte, der über der offenen Feuerstelle hing. Hühner streunten frei herum, verliefen sich immer wieder gackernd ins Haus und wurden von der Oma von dem sauberen natürlichen Fußboden, der gestampften Erde, wieder ins Freie gejagt. Im Klassenraum in Frankfurt verschwiegen die Kinder schamhaft solche wertvollen Erinnerungen und ließen die reden, die schon aus Städten gekommen waren – bis ich anfing, von meinem Dorfleben auf der griechischen Insel zu schwärmen. Wie ich mit dem kleinen, an einem Seil befestigten Eimer das kostbare

Wasser aus der Zisterne geholt hatte. Wie überraschend prächtig der Oleander gedeiht, an den das gebrauchte Seifenwasser hingegossen wird. Wie der kleine, traurige, mandeläugige Esel in beiderseits auf den Rücken geschnallten Kisten das Gemüse der Saison die steilen, für Autos und Motorräder unzugänglichen Treppenstraßen hinaufschleppte. Am besten hatten mir die getrockneten Sonnenblumen gefallen, aus deren großen, runden Böden man sich die Kerne selbst herauspulte. Manchmal wohnten halt auch Insekten auf einem Sonnenblumenboden, ungewohnt für alle, die nur abgepackte Lebensmittel aus Supermärkten kennen.

Es gefiel diesen Kindern, mit einer Lehrerin zu reden, die freiwillig und gern in der vermeintlichen Armut des einfachen Daseins gelebt hatte. Wer möchte solch ein mit sinnvollen Tätigkeiten erfülltes Leben überhaupt mit Armut verwechseln? Wer möchte nicht lieber geruhsam mit freundlichen oder auch skurrilen Nachbarn plaudern, Tiere hüten, helfen und sich helfen lassen, die Menschen und den Ort kennen und selbst gekannt werden – statt in einer anonym tosenden Stadt zusammen mit dem Fernsehapparat in einer kleinen Wohnung eingesperrt zu sein?

Aber wir verließen sie, die geliebten kargen Landschaften und die vertrauten Menschen, für die das Wort »Augenkontakt« erfunden worden sein musste, da sie uns dauerhaft und zuverlässig angeschaut hatten, im Gespräch und einfach so. Ohne unsere Vertrauten waren wir nun in Frankfurt, wo man besser die vielen Fremden nicht länger als unbedingt nötig ansieht, wo man sich vom Fernseher anplärren lässt, statt sich gegenseitig Geschichten zu erzählen, und wir konnten uns nicht erklären, warum wir ausgerechnet hier mit unserem Heimweh lebten. Irgendwie hatte es mit Geld zu tun; alle meinten plötzlich, sie bräuchten Geld und mehr Geld. Dabei lebten die Großeltern in Anatolien doch auch fast ohne Geld, oder?

All diese Wehmut und Trauer um das verlorene einfach Menschliche fasste Tülay einmal so zusammen: Ich wohne in Frankfurt, aber ich lebe in Istanbul. Mein Herz ist in Türkei.

Zwar hatte ich immer wieder Heimweh nach der griechischen Insel, aber mein Herz war in Frankfurt und besonders bei den Intensivkursschülern. Ich wusste aus eigener Erfahrung, wie es sich anfühlt, ohne ausreichende Sprachkenntnisse im Ausland zu leben, und verwandte viel Zeit und Fantasie für die Unterrichtsvorbereitungen. Deshalb fühlte ich mich durchaus persönlich gekränkt, als sich mitten im Schuljahr ein Grüppchen rumänischer Kinder dem Intensivkurs zugesellte, die als erste schulische Handlung im Sekretariat ein Schreiben des »Bundes der Sinti und Roma in Deutschland« abgaben, sozusagen ein Empfehlungsschreiben, in dem vorbeugend angedroht wurde, man werde mögliche Diskriminierungen nicht hinnehmen, sondern im Gegenteil strafrechtlich verfolgen lassen!

Der Älteste dieses Grüppchens, ich nenne ihn Stefan, war etwa 12 Jahre alt, setzte sich sofort in Chefmanier breitbeinig nahe ans Lehrerpult und ernannte sich zu meinem Berater in allen Angelegenheiten. Er sprach ausreichend Deutsch, war aber dem Intensivkurs zugewiesen, weil er kaum lesen und schreiben konnte. Er und die anderen neuen Rumänen bekamen am ersten Tag im Sekretariat eine Liste der erforderlichen schulischen Ausrüstung in die Hand gedrückt, die vom Sozialamt für jedes Kind finanziert wurde. Angefangen beim Ranzen über Mäppchen bis hin zu Ordnern und Heften, Malkasten und Radiergummi, an alles war gedacht.

Am zweiten Tag klopfte Stefan auf mein Pult, um mich im Unterricht zum Schweigen zu bringen, und sagte: »Haben Papier für Sozialamt verloren. Sekretärin will nicht noch mal schreiben. Du noch mal schreiben.«

Der pädagogische Teil meiner Persönlichkeit frohlockte über

diese Gelegenheit, ihn zum Schreiben zu motivieren. Bisher war er nur Redner gewesen, noch kein Schreiber. »Ich schreibe an die Tafel, und du schreibst ab«, schlug ich vor. Wütend starrte er mich an. »Du Lehrerin, du schreiben!«

»Nur, wenn du auch schreibst. Mein letztes Wort!«

Er stürmte zur Tür. »Jetzt ich Chef sagen!« Türknallen. Schritte entfernten sich im Flur. Wollte er sich beim Schulleiter über mich beschweren?

Gegen Ende der Stunde kam er zurück, schwenkte ein Blatt Papier, gönnte mir ein zufriedenes Lächeln und sagte: »Chef schreiben.« Tatsächlich. Unser Schulleiter hatte sich von ihm diktieren lassen.

Deeskalation? »Alpha«betisierung der neuen Art?

DEUTSCH-
UNTERRICHT

Den Unterricht für Hauptschüler – die es selbstverständlich immer noch gibt, auch wenn der Name »Hauptschule« inzwischen weitgehend abgeschafft wurde – konnte ich weder nach den in der Lehrerausbildung gelehrten pädagogischen Prinzipien noch lehrbuchorientiert gestalten. Ich musste meinen eigenen Sprachgebrauch auf ein Niveau reduzieren, das etwa den Anforderungen von »Deutsch für Anfänger« entsprach, mich also auf ein Minimum des Grundwortschatzes beschränken und kurze Sätze sprechen. Der umgekehrte Prozess, den ich eigentlich für die Schüler anstrebte, nämlich kontinuierliche Erweiterung ihrer Sprachkompetenz, scheiterte in vielen Fällen.

Ausländische und deutsche Schüler zeigten die Defizite im alltäglichen Sprachverhalten, die sich leider inzwischen bereits in der Umgangssprache etabliert haben. Zum Beispiel werden Präpositionen und Artikel einfach weggelassen. Man sagt nicht mehr: »Ich gehe in den Garten«, sondern es heißt: »Ich geh Garten«. Artikel werden im Fall ihrer Benutzung beliebig eingesetzt: »der Auto«.

Als fände nicht nur in der Struktur, sondern auch im Inhalt eine Vergröberung statt, werden Kraftausdrücke und Fluchwörter genutzt, als hätten sie harmlos beschreibende Bedeutung. Zu sagen »Red doch kein Schwachsinn« bedeutet »Ich bin anderer Meinung als du«. Zu schreien »Geh mir vom Arsch, du Sau« bedeutet »Es stört mich, dass du so dicht hinter mir gehst«.

Leider werden Schüler trotz ihrer verbalen Entgleisungen von Erwachsenen immer wieder so behandelt, als sprächen sie wie höfliche Menschen. Vom angrenzenden Schulsekretariat aus wurde ich mehrmals Zeugin von Gesprächen, zu denen ältere Schüler ins Rektorenzimmer stürmten und sich über ihre Lehrer beschwerten: »Der alte Spast nervt mit Scheiß-Hausaufgaben.« Unser Schulleiter bot ihnen daraufhin Platz an und saß mit ihnen wie mit gleichberechtigten Verhandlungspartnern um sein Couchtischchen. Er nannte das »Deeskalation«.

Die Schüler sprachen mich meistens innerhalb ihrer Möglichkeiten relativ höflich an, aber ich hätte taub sein müssen, um nicht unter den verbalen Kränkungen und Verletzungen zu leiden, die mir täglich zu Ohren kamen. Während der Unterrichtszeit schaffte ich es, meine Schüler vom Gebrauch der übelsten Fäkalsprache abzuhalten, aber sobald sie mich außer Hörweite wähnten, hörten wieder viele auf die Namen »Arschloch« und »Wichser«.

Gleichzeitig war ihnen klar, wie beleidigend und diskriminierend ihre Ausdrucksweise war. Versuchshalber pöbelte ich einmal ein mir hingebelltes »Das ist doch Schwachsinn!« zurück zum Absender in der schwarzen Lederjacke und sagte: »Jetzt rede du mal keinen Schwachsinn!« Der Herr Absender rastete total aus und brüllte, er ließe sich von mir nicht beleidigen.

Warum er dann mich beleidige?

Wenn er so rede, sei das keine Beleidigung für mich. Basta.

Dieser Schüler gehörte zur Spezies des Machos, dessen rigides Ego für ihn selbst das schlimmste Lernhindernis ist. Seine beträchtliche Energie richtet er nach außen in dem Bestreben, »Respekt« zu erheischen für seine Vorstellung der eigenen unantastbaren Ehre, für die Würdigung seiner wichtigen Existenz. Es reicht ihm nicht, sich von Gott und den Menschen geliebt zu wissen – er braucht darüber hinaus absolutistische Kontrolle auch über den Ausdruck der Liebe in seiner Umgebung. Wer anderen Vorschriften macht, ist ihr Chef. Also strengt sich der Macho fast ausschließlich dafür an, Vorschriften zu machen – und zwar so sehr, dass ihm keine Energie mehr zum Lernen bleibt. Da er als Herrscher über Vorschriften nicht gleichzeitig ehrlicher Zuhörer oder gar Fragesteller sein kann, verstellt er sich selbst den Weg zum Lernen.

Den dringend erforderlichen Spracherwerb verhinderte noch ein anderes Problem: Bei einigen Schülern beobachtete ich ein Phänomen, das bis heute nicht in mein Menschenbild passen will: Bis ich mit ihnen arbeitete, war ich davon ausgegangen, dass alle Menschen grundsätzlich Freude an Erkenntnisprozessen haben, durch die ihrem lückenhaften Bild der Welt immer wieder wie im Puzzle ein neues Teil von Verständnis hinzugefügt wird. Arbeit am geistigen Patchwork der Aneignung von Wissen und die Entwicklung von Fragen, die stets einhergehen mit dem Wunsch, dem eigenen diffus Gedachten dadurch Gestalt zu verleihen, dass wir es mit passenden Begriffen präzisieren können. Als Schülerin empfand ich jedes Mal helle Freude, wenn ich ein neues Wort oder eine Idee formuliert fand, deren Inhalt ich bis dahin nur geahnt hatte. Jedes von mir neu entdeckte, in Sprache formulierbare Puzzleteil verband mich inniger mit dem klar denkenden und Begriffe bildenden Teil der Menschheit. Solcher Klarheit darf sich nur erfreuen, wer in der Lage ist, sich adäquate Sprachkompetenzen anzueignen.

Viele Hauptschüler zeigten aber absolut kein Bedürfnis, das Glück der Begriffsbildung zu erleben. Ihnen reichten wenige Wörter, die sie meist strukturlos einsetzten. Eine marokkanische Schülerin zum Beispiel war zufrieden mit dem Wort »Papier«, das sie für »Zeitung«, »Schreibpapier«, »Serviette«, »Tempo-taschentuch«, »Schulheft« und »Tapete« benutzte, eben für alles aus Papier. So könnten wir zwar mit gutem Willen eine inhaltliche Logik verbuchen, schließlich erkannte die Schülerin das gemeinsame Prinzip im Material, aber die tägliche Begegnung mit grundsätzlicher Interesselosigkeit am Erwerb von differenzierender Sprache und anderen Fertigkeiten erschütterte mich immer wieder. Weil die Schülerin mich mochte, gab sie sich Mühe, mich nicht zu enttäuschen. Trotzdem erzählte sie: »Mein Vater macht in Haus Papier an Wand.« Sie meinte damit: »Mein Vater tapeziert ein Zimmer in unserer Wohnung.« Ihr Lerneffekt beim Spracherwerb zeigte sich darin, dass sie mir durch verschwörerisches Krausen der Nase beim Aussprechen des Wortes »Papier« bedeutete, wir beide wüssten, dass ein anderes Wort an diese Stelle gehörte – aber sie hatte es wieder vergessen.

Ich fragte mich manchmal, ob Sprache für die Schüler zu einer unwichtigen Geräuschkulisse geworden war, etwa vergleichbar mit Filmmusik, auf die man nicht unbedingt die bewusste Aufmerksamkeit zu richten braucht, während man der Handlung folgt. Vielleicht betrachteten sie mich wie ein Fernsehbild und blendeten meinen Ton weitgehend aus.

Sie gingen verwirrend assoziativ mit Sprache um und wollten sich auch nicht auf Worte festlegen lassen, die sie selbst gesprochen hatten. Zum Beispiel klangen ganz normale – das heißt, nicht von wüsten Beschimpfungen begleitete – Alltagsdialoge während des Unterrichts etwa so:

Erster Schüler: Machen wir Erdkundespiel?

Zweiter Schüler: Nee, kein Rechtschreibspiel!

Erster Schüler: Hab ich das gesagt? Ich sag doch Englischspiel.

Wenn ich mich jetzt mit Entwirrungsversuchen einschaltete und den ersten Schüler darauf hinwies, er habe zuerst »Erdkundespiel« gesagt, dann wurde er wütend und behauptete, er hätte überhaupt nie von Spielen geredet.

Oft war ich nach einigen Unterrichtsstunden selbst so verwirrt von den beliebigen Behauptungen meiner Schüler, dass ich mich schon verhältnismäßig zufriedengestellt fühlte, wenn ich überhaupt mit Namen angeredet wurde statt mit »äh, Frau Dings« – meinen Namen zu erinnern, wenn sie sich mir gleichzeitig mitteilen wollten, schien für viele immer wieder eine Anforderung zu sein, der sie sich nicht gewachsen fühlten, auch wenn sie mich schon jahrelang kannten.

Meine Vorstellung von Kommunikation und Austausch war mit den Wahrnehmungswelten dieser Schüler nicht kompatibel: Den multikulturellen Machos im Klassenzimmer, und unter ihnen auffallend oft den muslimischen, ging es nicht um Kommunikation, ihnen ging es um Selbstdarstellung und Machtausübung. Wie Vulkane stürzten sie ihre Energien massiv nach außen und verhinderten so das Eindringen neuer Einflüsse oder Ideen in ihr Persönlichkeitssystem.

Den unterschiedlich mangelhaften Sprachkompetenzen begegnete ich gleich zu Beginn des 5. Schuljahres mit Versuchen zu schrittweiser Erweiterung des rudimentären Grundwortschatzes. Mein Ausgangspunkt war die Sprache, die die Schüler selbst verwenden wollten. Also schrieben wir Texte zu Themen, die wir zuvor in lebhaften Kreisgesprächen besprochen hatten:

Meine größte Freude
Als ich einmal große Angst hatte
Eine schöne Erinnerung

Wir versuchten uns auch an Themen, die zu Gesprächsanlässen in den Familien werden konnten. Die Kinder erzählten, wie selten die Eltern mit ihnen redeten. Essen allein vor dem Fernseher oder schweigend mit Eltern vor dem Fernseher schien bei vielen die

Normalität zu sein. Also fanden wir gemeinsam einige Themen, zu deren Bearbeitung sie mit ihren Eltern ins Gespräch kommen würden:

Wie sich meine Eltern kennenlernten (Das Thema führte bei einer Schülerin zur kürzesten Hausaufgabe der Saison, nicht schriftlich, sondern mündlich:»Meine Mutter sagt, das geht die Lehrerin einen Dreck an!«)

Wie ich als Baby war
Schöne Erinnerungen in unserer Familie

Die schriftlichen Texte der Schülerinnen und Schüler waren in den meisten Fällen nicht lesbar, und das lag nicht allein am schlechten Schriftbild, sondern daran, dass sie keine orthografisch oder grammatikalisch verständlichen Wörter oder Sätze schreiben konnten. Ihr mündlicher Sprachgebrauch bestand ja ebenfalls aus unstrukturiertem Minimalismus.

In langen Nächten machte ich mir die Mühe, jeden Text in seiner Bedeutung zu erschließen und so neu zu schreiben, wie die Verfasser es vermutlich getan hätten, wenn sie der deutschen Sprache schon mächtig gewesen wären. Von den Kindern, deren Texte völlig unleserlich waren, ließ ich mir zu Beginn unserer Zusammenarbeit ihre Geschichten diktieren. Anschließend sollten alle ihren von mir vorgeschriebenen Text so fehlerfrei wie möglich abschreiben. Obwohl sie schon vier Jahre die Grundschule besucht hatten, war dies für die meisten nicht zu schaffen. Der Schreibvorgang selbst bedeutete eine Herausforderung wie für Erstklässler. Wenigstens wurde das von mir Geschriebene von den Verfassern, die sich oft weigerten, überhaupt zu schreiben, ohne größere Widerstände abgeschrieben.

Da wir davon ausgehen können, dass alle Menschen im persönlichen Sprachgebrauch immer wieder die gleichen Wörter anwenden, war es mein Anliegen, jedem Schüler wenigstens die einigermaßen fehlerfreie Verwendung der von ihm bevorzugten Wörter zu ermöglichen. Dazu sollten die Verfasser ihre häufig vorkommenden Fehlerworte individuell auf Karteikarten bearbeiten.

Für den Hauptschulunterricht standen keine geeigneten Unterrichtsmaterialien zur Verfügung. Alle altersangemessenen Schulbücher und Arbeitsblätter waren wegen ihrer für die Schüler zu komplizierten Sprache nicht brauchbar, obwohl einige meiner Kollegen sie doch benutzten:»Das müssen die doch können.« Schulbücher zum Deutschunterricht, auch in der Erwachsenenbildung zum Neuerwerb der deutschen Sprache, tun sich bis heute mit verwirrender Strukturlosigkeit in Aufbau und äußerer Aufmachung hervor. Planlose comicähnliche Zeichnungen, möglichst mit Sprechblasen, sind Standardausstattung. Die Gestaltung entspringt ganz offensichtlich dem Bemühen, Lernspaß und Leichtigkeit vorzugaukeln, und vernachlässigt dabei übersichtliche Auflistungen und Vorlagen zur konsequenten Einübung von Sprachmustern. Dadurch werden besonders diejenigen Lernenden verunsichert und verwirrt, die aufgrund ihrer eingeschränkten Kapazitäten weniger für den kreativen Umgang mit Lernangeboten begabt, sondern eher auf nachahmendes Einüben angewiesen sind.

Die bis heute benutzten Materialien vermitteln unausgesprochen die Botschaft:»Die deutsche Sprache nimmt sich selbst nicht ernst.« Schüler aus Herkunftsländern, in denen mit dem Spracherwerb schon in der Grundschule gleichzeitig selbstverständlicher Nationalstolz vermittelt wird, wie es beispielsweise in der griechischen Erstlesefibel der Fall ist, fühlten sich von der Aufmachung einiger deutscher Lehrwerke geradezu veralbert.

Das Problem der Überforderung im Wortschatz stellt sich fast unverändert bis heute in jedem Fach, sobald es sich um schriftliche Arbeitsanweisungen handelt, und bedeutet zum Beispiel in Mathematik eine böse Klippe bei Textaufgaben:»Die *vierköpfige*

Familie Müller fährt im *eigenen Wagen* im *Urlaub* in die *Pension Talblick* in den *Alpen*. In zwei Wochen *geben* sie für *Unterkunft* so viel und für *Verpflegung* so viel *aus* ...«

Zur Aufgabenstellung der Textaufgabe werden wir mit Verspätung oder nie vordringen, weil die hier im Schriftbild hervorgehobenen Wörter den meisten Hauptschülern unbekannt sind. Wir müssen also erst den Text umarbeiten, etwa so:»Vater, Mutter und zwei Kinder machen Ferien. Sie haben ein Auto. Mit dem Auto fahren sie dahin, wo es hohe Berge gibt (eventuell »Berg« erklären). Die Berge heißen Alpen. Sie machen zwei Wochen Ferien. Für Schlafzimmer bezahlen sie so viel und für Essen so viel ...«

Als engagierte Lehrerin besorgte ich in allen Fächern Grundschul- oder auch Sonderschulmaterialien. Gute Anregungen fand ich auch im Bereich »Deutsch für Ausländer«, aber das meiste stellte ich in Nachtarbeit selbst her. Ich lernte auch von meinen Kolleginnen aus der Grundschule, wie man Erstklässlern das Schreiben beibringt, wie man ihre Schreibmotorik fördern kann, und übertrug die Grundschulerkenntnisse auf meine älteren Schüler.

Die Erweiterung des schriftlichen Wortschatzes unterstützte ich mit klar strukturierter Karteikartenarbeit, die ich über mehrere Schuljahre beibehielt. Wir bastelten Karteikästen aus (von mir besorgten) Schuhkartons. Jeder Kasten bekam sein alphabetisches Register, das vom Karteikastenbesitzer hergestellt werden musste. Mit einem Teil der Klasse übte ich dafür wochenlang das Alphabet, weil viele Hauptschüler aus der Grundschule in die Hauptschule gelangten, ohne alle Buchstaben lesen oder schreiben zu können. Ich befestigte großformatige Plakate mit den Buchstaben des Alphabets in Schreibschrift und in Druckschrift an einer Wand, und wir übten wochenlang mit Hinsehen oder auch schon auswendig.

Nach den ersten Wochen des fünften Schuljahres hatten jede Schülerin und jeder Schüler ein alphabetisches Verzeichnis im eigenen Karteikasten. Da hinein kamen rote Karteikarten für Nomen mit Artikel, blaue für Verben und gelbe für Adjektive – von den Schülern jeweils geschrieben und von mir kontrolliert. Wir brauchten viele Unterrichtsstunden zur Erledigung der permanenten Aufgabe, die von jedem Schüler individuell falsch benutzten Wörter für den Karteikasten zu bearbeiten: Nomen wurden auf den roten Karteikarten im Singular und Plural dekliniert, Verben wurden auf den blauen Karten in den umgangssprachlich relevanten Zeiten konjugiert. Auf den gelben Karten wurden Adjektive gesteigert. Zur Unterstützung der Merkfähigkeit hingen gleichfarbige Plakate aus Tonpapier mit Musterbeispielen an den Wänden. Zur Sicherung des Sinnzusammenhangs entwickelten wir Satzmuster zum Üben von Konjugation und Deklination:

Wer ist das? Das ist die Verkäuferin.

Wessen Glas ist das? Das ist das Glas der Verkäuferin. (»Wieso der? Ich denk, es heißt: die Verkäuferin ...«)

Wem gehört das? Das gehört der Verkäuferin. (Schülerkommentar wie oben ...)

Wen sehe ich? Ich sehe die Verkäuferin.

Viele Wörter mussten immer wieder wie Vokabeln im Fremdsprachenunterricht erklärt werden. Wo es nötig und möglich war, malten wir farbige Skizzen zum Wortverständnis. Das waren aufwendige Stunden für mich – alle geschriebenen Karten auf Richtigkeit prüfen, Fragen von allen Seiten gleichzeitig beantworten und dabei die Unwilligen freundlich davon abbringen, Nationalfahnen und Panzerschlachten auf die teuren (von Schulgeldern bezahlten) Karteikarten zu malen.

In solch einer Stunde, als ich umringt von drängelnden Kindern am Tisch saß, um ihre fertigen Karten nachzusehen, boxte sich Karin mit allen Anzeichen schlechter Laune zu mir durch, knallte eine rote Karteikarte vor mich hin und maulte:»Ich hab kein' Bock mehr, helfen Sie mir mal. Sagen Sie mir die Vergangenheit von Hose!« Auf ihrer Karte stand ordentlich geschrieben »die Hose – die Hosen«. Wir befanden uns bereits am Ende des 6. Schuljahres.

»Also«, sagte ich und tappte damit in die Falle unpädagogischen Humoreinsatzes,»ehrlich gesagt, weiß ich die Vergangenheit von Hose auch nicht.« Karin tendierte zu Wutausbrüchen, und ich sah ihr an, dass sie kurz vor einem cholerischen Anfall stand. Folglich sagte ich in beschwichtigendem Pädagogenton: »Karin, schau doch mal, welche Farbe deine Karte hat.«

»Is mir doch scheißegal, die Farbe«, kreischte sie los und schlug mit der flachen Hand auf meine Tischplatte,»Sie sind die Lehrerin, Sie müssen mir sagen, wie die Hose geht!«

»Überleg doch mal«, versuchte ich erneut,»ob deine Frage zu der Karte passt. Gehört die Vergangenheit zur roten oder zur blauen Karte?«

»So'n Scheiß«, tobte Karin und stürzte mit krachendem Türknallen aus dem Klassenraum. Gedämpfter hörte man ihre Stimme sich im Flur Richtung Ausgang bewegen:»So was will Lehrerin sein!«

Eigentlich durfte ich keinem Schüler erlauben, sich außerhalb des Klassenraums aufzuhalten. Alle sollen stets in Sichtweite meines aufsichtspflichtigen pädagogischen Blickes bleiben. Allerdings hatte ich bei Schülern mit Veranlagung zu Vorformen von Tobsucht keine Möglichkeit, sie zurückzuhalten, denn Lehrer riskieren eine Anzeige wegen Körperverletzung, wenn sie jemanden fest anfassen. Selbst als gewiefte Nahkämpferin hätte mir die Fähigkeit gefehlt, einen Schüler so zart festzuhalten, dass ich ihm an keiner Stelle wehtun könnte. Aber der Körpereinsatz einer wütenden Hauptschülerin kann nicht mit Sanftmut gestoppt werden.

Trotz meiner Verpflichtung, die Schüler in Sichtweite zu beaufsichtigen, hatte ich für die Fälle von Wutausbrüchen mit ihnen verabredet, dass sie »zum Abkühlen« auf den Hof gehen durften, allerdings nur einzeln. Karin kam schließlich zurück, als sie »keine Lust mehr hatte, allein im Hof rumzustehen«. Wir klärten dann in Ruhe die Angelegenheit mit der Hose – und sie lachte. »Ach so, na klar.«

Alle Schüler, die ich jahrelang als Klassenlehrerin in Deutsch unterrichtete, konnten ganz gut lesen, schreiben und sich mündlich und schriftlich ausdrücken, wenn sie mit dem Hauptschulabschluss die Schule verließen. Wie man inzwischen weiß, verfügen Hauptschüler leider nicht als Selbstverständlichkeit über solche Grundfertigkeiten. Für mich bedeutete es einen ständigen Kampf, ihnen wenigstens die Grundlagen zu vermitteln. Sie stöhnten unwillig, wenn sie überhaupt schreiben sollten. Lesen wollten sie auch nicht, sie wollten lieber alles vermeiden, was überprüfbare Genauigkeit erforderte.

Lesefertigkeit bezieht sich auf zwei Qualitäten: einmal auf das laute Lesen, ob man das Geschriebene verständlich in gesprochene Sprache verwandeln kann, und dann auf das sinnerfassende Lesen, ob man also auch den Inhalt, den Sinn des Gelesenen in eigenen Worten wiedergeben kann. Gewöhnlich lasen wir in Frontalunterricht so, dass ich meistens nach jedem laut gelesenen Textabschnitt oder auch nach einzelnen Sätzen den Lesenden aufforderte, noch mal zu sagen, was er gerade gelesen hatte. Das war harte Arbeit, für die ich viel Geduld und Überredungskunst brauchte. Die Schüler meinten nämlich, sie zeigten schon dadurch genug guten Willen, dass sie überhaupt laut lasen. Höchst empörter Originalton von Hatice im 6. Schuljahr: »Ja, soll isch mer aach noch merke, was isch gelese hab?«

In den vergangenen Jahren gab es aus Kreisen der Industrie immer wieder Klagen über die mangelhaften Grundqualifikationen von Hauptschulabsolventen, die zwar Ausbildungsplätze anstrebten, sich aber aufgrund mangelnder Kompetenzen sowohl in ihren schulischen Kenntnissen als auch in ihrem Sozialverhalten als nicht ausbildungsfähig erwiesen. Im Anschluss wurden immer wieder öffentliche Diskussionen darüber geführt, wie Staat, Schule und Industrie künftig mehr für die Schüler tun könnten. Mehr Geld sowieso. Und außerdem mehr Projekte, um Leistung und Integration sozusagen von außen zu fördern. Die Betrachtung innerer Befindlichkeiten der Ausbildungsplatzaspiranten, wie es also beispielsweise um ihre Leistungsbereitschaft bestellt war und wie diese gefördert werden könnte, wurde in jeder öffentlichen Diskussion vermieden.

Schmerzlich für mich sind die automatischen Unterstellungen, Schülerinnen und Schüler mit islamischem Hintergrund erzielten im deutschen Schulsystem so schlechte Ergebnisse, weil sie aufgrund ihrer Herkunft ständig massiv durch Vorurteile der Alteingesessenen diskriminiert würden. Das entspricht keinesfalls meinen langjährigen Erfahrungen. Zum Beweis hätte ich vielleicht die vielen Versuche von mir und meinen Kollegen filmen sollen, bei denen wir unsere Schüler inständig anflehten, doch bitte mal ein bisschen mitzuarbeiten, damit wir ihnen zu ordentlichen Schulabschlüssen verhelfen könnten. Ich hätte dokumentieren sollen, wie unendlich viel Zeit ich damit verbrachte, motivierende Materialien herzustellen, um die in ihr Machotum eingekapselten Schülerpersönlichkeiten zur Mitarbeit zu verlocken. Diese Materialien hätten keine besseren Ergebnisse gebracht, wenn sie besonders teuer gewesen wären. Die Schüler hingegen hätten sich höchstwahrscheinlich aus ihren Verkapselungen gewagt, wenn ihre Leistungsverweigerung hätte sanktioniert werden können.

In unserem Schulsystem gab und gibt es Sanktionsmöglichkeiten, die allerdings nur bei Schülerinnen und Schülern und ihren

Eltern greifen können, die nach Wertvorstellungen der Mittelschicht sozialisiert sind und entsprechend nach guten Schulleistungen streben: Sie fürchten schriftliche Verwarnungen, Rügen durch die Klassenkonferenz und alles Negative, was auf Papier daherkommt. Aber für Menschen, die unsere an Mittelschichtstandards orientierten Wertvorstellungen nicht teilen, sind solche Ereignisse oder Mitteilungen nicht als Sanktionen erkennbar. Wenn wir unseren Erziehungsauftrag ernst nehmen, wird uns nichts anderes übrig bleiben, als Sanktionen anzubieten, die unsere Machos auch als Strafe erkennen können, denn für die problematischen Schüler mit ihren durchaus brutalen Umgangsformen und teilweise auch kriminellen Erfahrungen müssen Grenzen spürbar und erfahrbar werden. Dazu brauchen Unterrichtende aber unbedingt institutionelle Unterstützung.[2]

Im Deutschunterricht übte ich ab dem 7. Schuljahr immer wieder, Bewerbungen zu schreiben. Im 7., im 8. und im 9. Schuljahr. Jeder Schüler lernte also während vieler Wochen im Deutschunterricht, wie er seine persönliche Bewerbung schreiben sollte. Man möchte meinen, das sei sehr viel Zeit für einen tabellarischen Lebenslauf, der in unserem Fall aus nachvollziehbar biografischen Gründen nur kurz ausfiel, und ein Anschreiben, in dem nur begründet werden sollte, warum der Bewerber diesen Beruf bei dieser Firma erlernen wollte.

Die Hauptschüler wehrten wie in einem automatischen Reflex alles ab, was nicht auf Anhieb Spaß und Spannung oder Essen versprach; sie maulten also jedes Mal, wenn ich wieder das Thema »Bewerbung« an die Tafel brachte. »Das hammir doch schon gemacht.« »Stimmt genau. Und jetzt will ich sehen, ob ihr es auch noch könnt.« Ab hier begannen wir in jedem neu-

---

2 Anregungen finden sich bei: Heinz Buschkowsky: »Neukölln ist überall«, Ullstein Verlag 2012, und ders. »Die andere Gesellschaft«, Ullstein Verlag 2016.

en Schuljahr wieder von vorne. »Hab kein Bock.« »Welchen hammir heut?«

(Lehrerin: »Du sollst fragen: Den wievielten haben wir heute, oder: Welches Datum haben wir heute?«

»Hab ich doch gesagt! Bin ich blöd oder was?«)

»Wo kommt das Datum hin?« »Wann hab ich Geburtstag?« »Wie schreibt man Elektro?« »Ey, gib mal'n Blatt rüber!« »Ey, du Spast, gib mir den Stift zurück!«

Wie bei den Schreiblerntexten ab dem 5. Schuljahr korrigierte ich immer wieder die Übungsbewerbungen, für manche Schüler schrieb ich sie mehrfach als Abschreibtext neu, damit alle immer wieder klare Vorlagen hatten, an die sie sich hoffentlich gewöhnen würden.

Ich konnte nicht von Herzen mitlachen, als mir in einer Pause die Schulsekretärin kichernd die Post zeigte, die eine humorige Firma »zur Kenntnisnahme« an unsere Schule geschickt hatte. Es handelte sich um die Rücksendung einer Bewerbung, die ein Schüler unserer Schule ihnen geschickt hatte. Der Schüler aus dem 9. Hauptschuljahr, dem Jahr, in dem man sich also ernsthaft um eine Lehrstelle bewerben sollte, hatte seine auf ein zerknittertes Ringbuchblatt hingeschmierte, von Lehrerhand rot korrigierte Übungsbewerbung als seine »echte« Bewerbung an die Firma geschickt.

Der hier geschilderte Deutschunterricht fand bis 1997 statt, und ich muss leider mitteilen, dass sich an den Mängeln in den Bereichen Lernen und Wohlverhalten von Hauptschülern bislang nichts geändert hat. Im Gegenteil, »es ist noch schlimmer geworden«, bestätigen mir ehemalige Kolleginnen und Kollegen und klagen über weitere Autoritätsverluste in der Lehrerrolle. »Das waren noch Zeiten, als Lehrer Respektspersonen waren«, seufzte schon damals einer, »heute fordern die Schüler, wir sollen vor ihnen Respekt haben, während sie sich so benehmen, dass es keiner glauben kann, der es nicht selbst erlebt hat.«

Die Häufigkeit der Benutzung und die Bedeutung des Wortes »Respekt« haben sich in den vergangenen Jahren unmerklich auch bei Deutschen mit qualifizierten Bildungsabschlüssen in dem Sinn verändert, in dem »meine« Hauptschüler es bereits in den 1990er-Jahren anwandten. Damals schenkte ich dem keine Beachtung, weil die Schüler ohnehin viele Wörter sinnentfremdet benutzten. »Respekt« war für manche Schüler türkischer oder marokkanischer Herkunft ein Grußwort, das sie zueinander sagten, wenn sie (nach amerikanischem Vorbild?) mit »give me five« lässig die Hände zusammenführten. Ein Grußwort wie zur Bestätigung gegenseitiger Wichtigkeit, wie zur Anerkennung unsichtbarer Rangfolgen. Auf diese Art wurde es nur von Jungen benutzt.

»Respekt« war schon damals ein wichtiges Wort, das häufig gebraucht wurde und offenbar bedeuten sollte: »Du bist toll, wie du bist, und brauchst nichts mehr hinzuzulernen.«

Wäre es nicht eine interessante Aufgabe für Sprachwissenschaftler, ursprüngliche Konnotationen von Wörtern herauszufinden, die Einwanderer aus ihren Herkunftssprachen ins Deutsche übersetzen? Vielleicht benutzen wir ja in manchen Fällen nur die deutsche Worthülse gemeinsam, während die hinzugedachten Bedeutungen nicht übereinstimmen?

Necla Kelek, Soziologin, gibt in »Chaos der Kulturen, Kapitel: Supereinfalt« zielführende Hinweise zum Gebrauch des aus muslimischen Kulturen ins Deutsche übersetzten Wortes »Respekt«, hier zitiert aus ihrer Rede, die sie 2001 vor der Stadtverordnetenversammlung der Stadt Frankfurt/Main zum Konzept »Diversität« hielt, mit dem die Stadtpolitiker dem Problem »Integration« auszuweichen gedachten: *Kulturen sind keine Folklore, sondern bestimmen entscheidend das Verhalten des Einzelnen. Nehmen wir nur als kleines Beispiel den Begriff ›Respekt‹ ... Wenn es denn mehrere gleichberechtigte Kulturen gibt, gibt es dann auch mehrere gültige Definitionen für ›Respekt‹?*

Der amerikanische Soziologe Richard Sennett beschreibt für die westliche Kultur den Begriff ›Respekt‹ als soziales Instrument gegenseitiger Rücksichtnahme, das sich im Verhalten, in Ritualen und nicht zuletzt in Gesetzen manifestiert und als Achtung der Bedürfnisse von Menschen, die einem nicht gleichgestellt sind. Jürgen Habermas beschreibt Respekt als Achtung abweichender Meinungen, die anderen Interessen entspringen. In der muslimisch-orientalischen Kultur – in Frankfurt sind über 70 000 Bewohner« (das war 2001) »mehr oder weniger in diesem Wertekontext sozialisiert worden – hat der Begriff Respekt eine andere Bedeutung. Und die lautet: Man hat der gottgegebenen Ordnung ›Respekt zu erweisen‹. Respekt hat man dem Älteren, dem Stärkeren, der Religion, der Türkei, Vater, Onkel zu erweisen. ›Respekt‹ bedeutet in dieser Kultur nichts anderes als Unterwerfung – wie auch das Wort ›Islam‹ im Wortsinn Unterwerfung oder Hingabe bedeutet. Der ältere Bruder beruft sich auf Gott, wenn er der Schwester Vorschriften macht, die Mutter auf die höhere Ordnung, wenn sie die Tochter verheiratet. Wo ist also die Grenze, hinter der aus der ›Supervielfalt‹ die Einschränkung von Grundrechten, die Supereinfalt des Relativismus wird?«

In Fernsehdiskussionen zum Thema »Integration von Ausländern« etwa ab dem Jahr 2006 fiel mir auf, dass alle Teilnehmer inzwischen das Wort in dem Sinn benutzen, wie ich es bei Hauptschülern kennengelernt hatte, also weitgehend als grundlose Anerkennung einer gefühlten äußeren Wichtigkeit, für die ohne Gegenleistung der neue Respekt einkassiert werden will.

Früher gab es Respektspersonen, die man so nannte, weil sie ein wichtiges, unter Umständen mit Macht verbundenes Amt hatten. Wir drückten Respekt aus vor der Tätigkeit, der Aktivität, der Leistung – ich sagte als Studentin zu einem Kommilitonen anerkennend »Respekt«, weil er in einem Semester erheblich mehr Scheine geschafft hatte als andere. Respekt als Anerkennung von Leistung eben und nicht als Anerkennung von Machtwünschen.

Inzwischen hat sich die Wortbedeutung sehr zum Kummer der Deutschlehrerin dergestalt verändert, dass der Macho gesiegt hat, indem ihm nun die übertriebene Würdigung seines wichtigen Egos, die er heftig und immerzu eingefordert hat, durch einen hartnäckig von ihm veränderten Wortsinn zugestanden wird.

Auf einem DGB-Plakat zum 1. Mai 2007 hieß es:»Du hast mehr verdient. Mehr Respekt. Soziale Gerechtigkeit …«

Mindestens seit 2014 ziert viele öffentliche Gebäude, so auch das Rathaus der Stadt Frankfurt/M, eine auffällige Metallplakette mit der Gravur:

Respekt!
Kein Platz für Rassismus
www.respekt.tv

Bei Politikern, die sich mit der Verwendung des Wortes »Respekt« in einem Trend wähnen, den sie anscheinend für förderlich halten, ist offensichtlich noch viel mehr Luft nach oben: Das Motto für die Sternsinger, mit denen die Bundeskanzlerin im Januar 2016 für ihr Wahlvolk im Fernsehen sang, war laut *Tagesschau*:»Respekt für dich, für mich, für alle.«

Das wandelte dann im März 2017 der Kanzlerkandidat der SPD zu dem Wahlkampfspruch um:»Gerechtigkeit beginnt mit Respekt.«

ERDKUNDE-UNTERRICHT

Seit etwa einer Woche beschäftigen wir uns – 6. Schuljahr, Hauptschule – mit dem Amazonasgebiet und lesen deshalb immer wieder den gleichen Text im Erdkundebuch der Jahrgangsstufe, etwa eine halbe Buchseite. Dazu brauchen wir auch die Deutschstunden, denn wenn die »guten« Leser den Text nach stundenlangem Üben einigermaßen verständlich vorlesen können, müssen wir noch herausfinden, was wir eigentlich inhaltlich verstehen. Also mündliche Wiedergabe kurzer Abschnitte. Dabei beschwichtige ich oft aggressive Reaktionen – etwa ein schlecht gelauntes: »Ist doch mir egal, was der liest.«

Wenn wir langatmig solche Details erledigt haben, geht es weiter mit Erklärungen von Wortbedeutungen. Etwa jedem dritten Wort im Buch wird mit Achselzucken bzw. diskriminierenden Äußerungen von Schülerseite begegnet. Wir versuchen also, zu erklären, brauchbare Definitionen im Schongang aufzuschreiben und sie uns eventuell sogar zu merken.

Bei dem Satz: »Der Amazonas ist ein gewaltiger Strom in Südamerika« haben wir mindestens zwei Stunden gebraucht, bis wir zu Worterklärungen schreiten konnten. Zuerst Einstimmung auf der Weltkarte: Wir suchen geduldig Südamerika und deuten es schließlich aus, nachdem Australien auch für die letzten Zweifler endgültig ausgeschieden ist. Den Amazonas zu entdecken war natürlich schwieriger, aber auch das haben die meisten geschafft. Wir sind mit den Fingern den Amazonas entlanggefahren, haben Größenvergleiche zu Europa angestellt und bemerkt, dass das Amazonasgebiet an den breitesten Stellen mit dem Gewirr von Seitenarmen etwa der Entfernung London – Paris entspricht. Also wirklich ein gewaltiger Fluss, sehr viel größer als der Main. (Nein, »gewaltig« hat nichts mit »prügeln«, »klatschen« oder »plattmachen« zu tun, es bedeutet so etwas wie »sehr groß«.)

Und nun die kniffelige Aufgabe, nachdem einige mehrmals mit großer Mühe den Satz »Der Amazonas ...« laut gelesen haben: »Nimm das Wort ›Strom‹ aus dem Satz und setze ein anderes Wort mit der gleichen Bedeutung ein.« Ich hatte mir vorgestellt, das Wort »Fluss« zu finden, sei einfach. Schließlich befanden wir uns in Frankfurt am Main, wir waren am Flussufer spazieren gegangen, und ich hatte mehrmals den Unterschied zwischen Strom (großer, sehr großer Fluss) und Fluss (so wie der Main) erklärt.

Nach langem Gemeinschaftsgrübeln kommt als brauchbarstes Angebot Hatices Zuruf: »Elektrisch«. Man könnte nun, wenn man keine Hauptschullehrerin ist, leicht glauben, Hatice habe einen Scherz gemacht. Aber solch ein Glaube entspringt anderen Geisteskräften als denen von Hauptschülern. Die waren ganz ernst, denn Ironie ist überhaupt nicht ihre Sache, und sie haben richtig gut mitgearbeitet. Sonst hätte doch auch keiner den Amazonas auf der Karte gefunden.

Wir erfinden einen Forscher, der im Amazonasgebiet reist, und versuchen, den Arbeitsblättern Informationen darüber zu entnehmen, in welcher Landschaft er welche Tiere und Pflanzen sieht und ob er in gefährliche Situationen gerät. Die gefährlichen

Situationen brauchen wir, weil Unterricht auf keinen Fall langweilig werden darf. Aber auch für den unterhaltsamsten Unterrichtsverlauf bräuchten wir die verflixte Sprache, die uns leider immer noch nicht zur Verfügung steht. Um mein Klientel bei Laune zu halten, darf ich es nicht überfordern. Ich darf also keinen Arbeitsauftrag formulieren, der lautet:»Beschreibe die Landschaft, durch die der Forscher reist«, weil er aus unbekannten Wörtern besteht, nämlich»beschreibe« und»Landschaft« und»reist«. Die einigermaßen arbeitswillige Minderheit hat zudem vermutlich schon wieder vergessen, was noch mal gleich das Wort»Forscher« bedeutet. In allen Fächern kann ich mich als Lehrerin nur verständlich machen, indem ich jede Äußerung auf ein Minimum an bettelarmem Wortschatz reduziere. Der Arbeitsauftrag muss also lauten:»Wo ist der Mann? Wie sieht es da aus, wo er ist?«

Die Deutschlehrerin betrachtete die sprachliche Armut ihrer Schüler immer wieder als Herausforderung. So sollte sich doch gerade im Erdkundeunterricht Motivation für die Kinder aus sehr verschiedenen Herkunftsländern herstellen lassen, indem man sie etwa auffordert, über ihre Länder zu referieren. Also befinden wir uns im Projekt:»Mein erstes Referat zum Thema: Mein Land.« Niemand wollte sein Referat»Mein Herkunftsland« betiteln. Manche schrieben:»Meine Heimat«.

Es war verboten, einfach aus Lexika oder Erdkundebüchern abzuschreiben, jeder sollte mit eigenen Worten seine Informationen so formulieren, dass er selbst die Bedeutung verstand und erklären konnte. Erlaubt war, Erinnerungen aufzuschreiben, den Text mit Bildern aufzulockern – zu den meisten in Frage kommenden Ländern hatte ich Reiseprospekte besorgt, aus denen Fotos ausgeschnitten werden konnten. Viele Postkarten eigneten sich ebenfalls. Wochenlang beschäftigten wir uns im Erdkunde- und im Deutschunterricht mit dem Thema.

Dann die Mutprobe: vor der Klasse stehen, so lesen oder sogar frei sprechen, dass die Zuhörer nicht wegdösen – mit der Auflage, das zu erzählen, was im geschriebenen Referat steht. Dazu die Bilder zeigen. Das gute Durchschnittsreferat klang etwa so:»Mein Land ist Polen. Polen ist neben Deutschland. Die Hauptstadt heißt Warschau. Hier sieht man Warschau.« Fotos zeigen.»Ich komme aus …. in Polen.« Postkarte zeigen.»In Polen gibt es …«
Ausgeprägt unterer Durchschnitt klang nach wochenlanger Arbeit etwa so:»Mein Land ist Italien. In Italien gibt es Pizza. Es gibt Pizza mit Salami und Oliven.« Das war schon das ganze Referat, in Schönschrift geschrieben und gutwillig verziert durch ein mit Buntstiften gemaltes Bild von einer schönen runden Pizza, hochkant stehend.

ARBEITSLEHRE

Arbeitslehre entstand aus dem Fach Werken und wird besonders in der Hauptschule für wichtig erachtet, weil wir davon ausgehen, dass Schüler, die sich mit intellektuellen Leistungen schwertun, dies im Handwerklich-Praktischen ausgleichen können und wollen. Durch Arbeitslehre sollen Schüler zudem betriebswirtschaftliche Zusammenhänge erfassen und mit Kenntnissen aus Produktion und Fertigung in Verbindung bringen. Ein solides praxisnahes Konzept, sollte man meinen.

Klaus Dieter unterrichtete Arbeitslehre. Nach seinem Tod resümierte sein Sohn im Gespräch mit mir: »Was nützt ein noch so gutes Konzept meinem Vater, wenn er Schüler hat, die nicht in der Lage sind, mit dem Lineal einen geraden Strich zu ziehen. Er geht mit ihnen in eine Produktionsphase mit Holzarbeiten, und die Schüler können nicht messen, wo ein Bohrloch hin soll. Es ist ihnen auch schnurzegal.

Mein Vater muss aufpassen, dass sie weder Werkzeug klauen noch sich gegenseitig damit verletzen, während er gleichzeitig für alle erklärt, was sie tun sollen, und dabei Material verteilt, das er aus benachbarten Räumen holt. Er muss jedem Schüler einzeln bei jedem praktischen Schritt helfen, während gleichzeitig die

Gruppe schreit und tobt, weil keiner abwarten will, bis er drankommt.«

»Ja, furchtbar«, bestätigte ich. »In meinem neunten Hauptschuljahrgang wollte er Karteikästen bauen. Wir haben doch immer wieder gemeinsam nach Möglichkeiten gesucht, wie wir den Unterricht fächerübergreifend und handlungsorientiert gestalten können. Karteikästen wären ideal für einige meiner Fächer gewesen, besonders Deutsch. Als Klaus Dieter einsah, dass er mit den Schülern keine Kästen bauen konnte, disponierten wir auf reduzierte Anforderungen um: kleine Rahmen zum Seidenmalen im Kunstunterricht.«

»Ging denn Seidenmalen?«

»Na ja, erst mal freie Themenwahl. Da habe ich gelernt, dass die türkische Fahne auf Seide doch sehr klotzig wirkt.«

»Haben denn alle ihren Rahmen hergestellt?«

»Vergiss es!«

»Mein Vater hat darunter gelitten, dass aus seinem Unterricht so schlechte Ergebnisse kamen. Er hatte immer hohe Ansprüche, er nahm doch alles ernst, was er in der Ausbildung gelernt hat. Er wollte die Schüler motivieren, er wollte sie die Freude an der eigenen Kreativität lehren, und er wollte stolz sein können auf die Ergebnisse seiner Arbeit.«

»Wenigstens ist er ehrlich geblieben und hat nicht die Schönfärberei nach außen betrieben, wie es andere machen. Zum Beispiel unser Kollege Siegfried, der seit Jahren das beeindruckend handlungsorientierte Arbeitslehreprojekt ›Wir verkaufen eigene Produkte auf dem Weihnachtsmarkt‹ aufgezogen hat. Siegfried hat superschöne Vorlagen für einfaches Holzspielzeug, das er früher mit Schülern aus dem 8. und 9. Schuljahr herstellen konnte. Seit einigen Jahren ist das aber nicht mehr zu machen, nicht mit unseren Schülern. Siegfried will aber sein Projekt nicht aufgeben, und nach einem Elternabend habe ich ihn im Keller der Schule im

Werkraum gesehen, wo er allein das niedliche Spielzeug zusammengebaut hat. Er hatte Sägespäne im Haar und auf den Augenbrauen und roch verschwitzt. Er malochte nächtelang im Schulkeller einsam vor sich hin, damit die Schüler wenigstens ihr Verkaufserlebnis auf dem Weihnachtmarkt haben.«

»Kommen sie denn zuverlässig zum Verkaufen?«

»Rate doch mal, wer öfter mutterseelenallein in der Verkaufsbude auf dem Weihnachtsmarkt steht und sich nicht traut, einen Schluck Kaffee aus der Thermoskanne zu trinken, weil er nicht weiß, ob ihn jemand ablöst, damit er mal schnell zur Toilette kann.«

GESCHICHTS-
UNTERRICHT UND
PÄDAGOGIK

Mit Sonderschulmaterialien hatten wir uns bis zur 8. Klasse an verschiedene Themen gewagt und waren in der Ritterzeit angekommen. Gegen das große Vergessen entwickelte ich im Lauf der Jahre das »Spiel unseres Geschichtswissens«, das der permanenten Wiederholung diente. Dazu formulierten die Schüler im Deutschunterricht mit meiner Hilfe jede neu erlernte Information als Frage und Antwort. Die Sätze wurden von Schülern einzeln an die Tafel geschrieben, gemeinsam nach Fehlern abgesucht und dann von jedem Schüler in sein Geschichtsheft abgeschrieben. Von den wenigen, die fehlerfrei ins Heft geschrieben hatten, durfte einer in schwer erarbeiteter Schönschrift die entsprechende Frage und Antwort auf je eine Spielkarte abschreiben.

Fragekarte: »Was ist ein Ritter?«

Antwortkarte: »Ein Ritter heißt so, weil er auf einem Pferd reitet. Er hat im Krieg Kleidung aus Metall.«

Fragekarte: »Was ist eine Rüstung?«

Antwortkarte: »Das hat ein Ritter an, wenn er in den Krieg geht. Es ist aus Metall. Auch ein Helm auf dem Kopf.«

Das Spiel kam ganz gut an. Hauptschüler aller Altersstufen liebten es sehr, schon bekanntes Tun zu wiederholen. Mir kam es so vor, als wollten sie sich lieber sicher fühlen mit schon Vertrautem, statt sich auf die Unsicherheit des Neuen, Unbekannten einzulassen. Sie baten mich oft, schon bekannte Spiele mit eindeutigen Regeln immer wieder spielen zu dürfen. Bei unserem Spiel des Wissens bekam ein Schüler den Packen Fragekarten und las eine Frage vor. Er durfte Lehrer spielen und Mitschüler zum Antworten drannehmen. Ein anderer Schüler kontrollierte durch Mitlesen der entsprechend nummerierten Antwortkarte die Qualität der mündlichen Antwort. War die richtige Antwort wieder in Vergessenheit geraten, las der Kontrolleur sie laut vor.

In dieser 8. Klasse war die Stimmung unter den Schülern schon seit einiger Zeit gefährlich gespannt. Der erhebliche Anteil türkischer Schüler (hier stimmt die Sprachform: Es handelte sich um Jungen) hatte sich feindselig abgesondert und hantierte genüsslich mit dem Begriff »Ausländerfeindlichkeit«. (Der Begriff war für mich besonders in Frankfurt/Main, wo sich keine fremdenfeindlichen Tendenzen erkennen ließen, nahezu anstößig. Ohne aktuellen Anlass, allein durch das Wort, schien manch türkischer oder marokkanischer Schüler sich animiert zu fühlen, einen deutschen Mitschüler zu verprügeln. Im assoziativen Denken der kognitiv unzureichend ausgestatteten Geister reichte das Wort anscheinend bei einigen schon dazu aus, sich in vorbeugender Verteidigung auf den »Feind« zu stürzen.)

Die türkischen Schüler trugen die türkische Fahne als Abzeichen auf den Jacken. Sie malten immerzu die türkische Fahne auf alles, was sich nicht bewegte. Sie riefen und schrieben bei allen Gelegenheiten: »Ich bin stolz, Türke zu sein.« Sie saßen kampfbereit in schwarzen Lederjacken in der Klasse und hielten sehr oft alle Hellhaarigen in Schach – das waren hauptsächlich Deutsche und Kriegsflüchtlinge aus dem ehemaligen Jugoslawien. Die Türken redeten sich gegenseitig mit »Ey, Kanake« an und skandierten »Ausländer raus«, während sie absichtlich stramm als geschlossene Gruppe in den Pausenhof marschierten. Von ihnen kam mir erstmals die erstaunliche Information zu Ohren, sie werden Deutschland übernehmen, wenn es denn genügend von ihnen hier gebe. Ich maß dem keine Bedeutung bei, weil diese Schüler viel redeten, wenn der Schulmorgen lang war. Hin und wieder konfiszierte ich während des Unterrichts kleine Zettel, die sie sich heimlich zusteckten, von denen der harmloseste so klang: »Die Muslime sind eine Religion, die versucht, aus jedem Menschen einen Moslem zu machen. Sie wollen die Länder der Christen usw. zerstören, um den Menschen zu zeigen, dass sie lieber auch Moslems werden sollen.«

Heimlich kamen deutsche Schüler zu mir und beschwerten sich. Sie fühlten sich benachteiligt durch die vielen Unterrichtsthemen in Deutsch, Sozialkunde und anderen Fächern, in denen es immer wieder darum ging, wie Deutsche den Zuwanderern die Integration ermöglichen und gestalten sollten. »Wir sind doch hier in Deutschland«, empörten sie sich bei offener Klassentür im Flüsterton, »da muss es doch auch um uns gehen!« Sie hatten Angst vor der allzeit dominanten Kampfbereitschaft des türkischen Stolzes und fragten, warum sie keine Unterstützung von ihren Lehrern bekämen. »Wenn wir sagen: Ich bin stolz, Deutscher zu sein, dann geben die Türken uns aufs Maul, und wir kriegen auch noch Stress mit den Lehrern. Wir wollen aber auch auf unser Land stolz sein und die deutsche Fahne zeigen.«

In dieser Stimmung war also die Klasse, als ich mit ihr im Schuljahr 1992/93 in zeitgenössischer Naivität das Thema Ritterzeit ansteuerte, an dem alle das mir vertraute altersgemäße Interesse hatten. Die Ritterzeit und, zu Beginn des Geschichtsunterrichts, die Zeit der Dinosaurier – das waren bei allen Schülern, die ich bisher unterrichtet hatte, schon immer beliebte Themen gewesen, auf die sich besonders die Jungen freuten.

Ich verteilte ansprechende Arbeitsblätter mit Bildern von Burgen und Rüstungen und erstellte einfache Texte über die Ausbildung der Knappen, mit denen sich die Jungen als ungefähr Gleichaltrige identifizieren konnten. Wir staunten über die Entwicklung einiger Dörfer um die Burgmauern herum. Manche Jungen überlegten spaßeshalber, ob sie Raubritter werden wollten. Wir verweilten auf meinen besonderen Wunsch bei der Bedeutung guter Manieren, und alle hatten ihren Spaß an Informationen über Minnesang und Minnesänger, denn wegen Liebesangelegenheiten ließ sich jederzeit gut gelaunt feixen!

So weit, so gut. Aber auch im Hauptschulunterricht begeben sich Ritter irgendwann auf den Kriegsweg zum Heiligen Grab. Als dank meines vorbildlichen Anschauungsmaterials den meisten Schülern klar wurde, wohin sich die Ritter aufgemacht hatten, wo sich ihr Heiliger Krieg abgespielt hatte, dass es sich um einen Krieg zwischen Moslems und Christen gehandelt haben musste, da scheiterte jäh die Verwirklichung sämtlicher integrativer und emanzipatorischer Lernziele. Zwar konnte ich einen Lernerfolg verbuchen, aber er sträubte mir die Haare und ließ in der Klasse 8b den aktuell neuzeitlichen Ausbruch von Christenverfolgung durch Moslems befürchten.

»Wo sin die hin?«, brüllte Kemal und schlug mit der flachen Hand krachend auf den Tisch. »Das ham die Deutschen also auch gemacht.« Unterstützt vom zustimmenden Gruppengemurmel der türkischen Mehrheit in der Klasse zerknallte er meine informativen Hinweise auf die multinationalen Beteiligten an den Kreuzzügen zwischen Hand und Tischplatte. Kemals Gruppe verkörperte ungefilterten Hass – gelglänzende schwarze Haare, geballte Fäuste, drohend in der Luft gegen die auch gelglänzenden, eingeschüchterten Blonden geschüttelt. Vielleicht aus Respekt vor mir sprangen sie nicht augenblicklich über die Tische, um ihre Fäuste konkret zu gebrauchen. Sie drohten nur Prügel an: »Wartet, nach Schule ...«

Besonders Horst und Björn erschienen mir bei der Ankündigung reichlich grün im Gesicht – und ich entließ sie unter einem Vorwand schon etwas früher, damit sie für heute entkommen konnten. Außerdem setzte ich auf die Vergesslichkeit meiner Schüler, der ich manchmal durchaus Vorteile abgewinnen konnte. In der folgenden Geschichtsstunde, eine Woche später, begann ich ein anderes Thema. Und tatsächlich: Niemand fragte nach.

Wahrscheinlich ist für jemanden, der nie mit derart strukturierten Menschen gearbeitet hat, wie sie mir in der Hauptschule begegneten, mein ausweichendes Vorgehen nur schwer nachvollziehbar. Mit einer durchschnittlichen Lehrerausbildung (und ohne praktische Erfahrungen mit heutigen Hauptschülern) möchte man meinen, Emotionen bei Schülern seien ein wunderbar lebendiger Anlass, sie zum pädagogischen Mittel der Betroffenheit zu wenden, also der echten intrinsischen Motivation, sich mit einem Thema zu befassen.

So habe ich es in der Ausbildung erst selbst gelernt und später gelehrt: Emotionale Betroffenheit sehen wir als Voraussetzung für erfolgreiche Lernprozesse. Engagierte Lehrerinnen bemühen sich darum, Betroffenheit herzustellen, und damit ist gemeint, dass sie Situationen schaffen, durch die möglichst alle Schüler sich in lehrplanrelevante Situationen hineinversetzen können.

Es gibt das anrührende Beispiel einer amerikanischen Lehrerin, die Betroffenheit über das Problem »Rassendiskriminierung« dadurch herstellte, dass sie am ersten Tag der Unterrichtseinheit alle Kinder mit heller Augenfarbe bat, sich nach vorne zu ihr zu setzen, weil sich bei wissenschaftlichen Untersuchungen die angeboren bessere Lernfähigkeit dieser Kinder herausgestellt habe. Natürlich waren die Dunkeläugigen geschockt. Am nächsten Tag entschuldigte sich die Lehrerin bei der versammelten Klasse – sie hätte da etwas verwechselt, nicht die mit hellen Augen seien die Klügeren, es seien die mit den dunklen Augen. Also Umsetzen inklusive Schock bei den Helläugigen. Am dritten Tag klärte sie die Kinder über ihre Absichten auf und begann mit dem Thema »Diskriminierung«. Sie soll damit sehr erfolgreich gewesen sein.

In meiner Hauptschulklasse hätte ein vergleichbares Experiment vermutlich zu blutigen Auseinandersetzungen geführt, denn im Unterschied zu der amerikanischen Grundschulklasse waren meine Schüler nicht dazu befähigt, Probleme mit differenzierendem Denken und entsprechendem Sprachvermögen erst zu hinterfragen und dann zu verstehen. Meine Schüler hatten sich darauf trainiert, bei jedem für mich erkennbaren oder auch nicht erkennbaren Anlass stracks in die Emotion zu gehen und tobend in ihr stecken zu bleiben.

Bis 1976 hatte ich als Lehrerin auch an Hauptschulen regelmäßig die Erfahrung gemacht, dass Schüler zwar miteinander in Streit und auch in Schlägereien gerieten, aber in fast allen Fällen war es möglich, in anschließenden Versöhnungsgesprächen Ursachenforschung zu betreiben. Fast immer gelang es uns damals, das dem Streit zugrunde liegende Prinzip:»Der andere ist schuld, ich aber habe nix gemacht«, zu hinterfragen. Oft endeten solche Gespräche mit befreiendem Gelächter über Missverständnisse, derentwegen man sich zu der Prügelei hatte hinreißen lassen. Fast immer war es möglich, die Kontrahenten dazu zu bewegen, sich wenigstens die Hände zum künftigen Friedensversprechen zu schütteln, selbst wenn keine befriedigende Aufdröselung der Streitursachen gelingen wollte.

Ungefähr seit Mitte/Ende der 1980er-Jahre begann sich für mich die erstaunliche Veränderung abzuzeichnen, dass Hauptschüler rigoros Verständigung und Versöhnung verweigerten. Besonders Südländer kaprizierten sich immer wieder in selbstverliebter, beleidigter Betroffenheit, bis kurz vor dem Platzen überfüllt mit vorbeugend abwehrender Kampfbereitschaft, zentriert auf wirre Vorstellungen eigener Ehre und Unantastbarkeit und damit absolut nicht in der Lage, sich gedanklich auf den Standpunkt eines anderen einzulassen, geschweige denn, sich einzufühlen. Dies äußerten sie rücksichtslos raumgreifend mit explosiver verbaler und körperlicher Selbstdarstellung.

Ich erlebte Szenen, die wie im Trickfilm lächerlich gewesen wären, wenn sie mir nicht Angst gemacht hätten. So wie Cihans Ausbruch. Er war ein Kraftpaket, größer als ich und fast doppelt so breit. Etwas hatte ihn während des Unterrichts geärgert, und er fing an, schreiend seine Umgebung zu beschimpfen, mit den Fäusten auf den unschuldigen Schülertisch einzudreschen – bis hierhin noch kein außergewöhnliches Programm, aber er setzte noch eins drauf: Als ich ihm mit verbalen Bremsversuchen in seine Morddrohungen hineinredete, geriet er komplett außer sich, sprang auf und raste blindlings nicht auf mich, Allah sei dafür in Dankbarkeit gepriesen, sondern auf die Tür zu. Er krachte in Höchstgeschwindigkeit gegen die geschlossene Holztür, der Donnerknall erschütterte uns alle, aber besonders Cihan, denn er fiel der Länge nach auf den Boden. Dort lag er einen Moment wie ein gefällter Baum, dann setzte er sich langsam auf und schüttelte den Kopf; sah mich mit klaren Augen an, war augenscheinlich beruhigt von dem Zusammenstoß und lachte: »Hab ich vergessen Tür aufmachen.« Alle lachten mit ihm, und er setzte sich gut gelaunt wieder auf seinen Stuhl.

Meine bisherigen Erfahrungen mit der Befindlichkeit von derart emotionsgesteuerten Schülern waren so, dass ich nun lieber nicht versuchte, mit Cihan ein klärendes Gespräch anzufangen. Über die Emotion reden hätte ja bedeutet, ihn an die Emotion zu erinnern, und die Erinnerung war im Normalfall der sofortige Auslöser für erneutes ausweglose Hineinrauschen in sein Gewirr aggressiver Zustände.

In von mir angestrebten Friedensgesprächen mit Schülern, denen zuvor miteinander die Emotionen zu Tätlichkeiten explodiert waren, fand ich mich oft von dem folgenden Reaktionsmuster verblüfft: Wenn ich mit zwei Kontrahenten nach Streitursachen forschte und damit anfing, die aktuellste Beleidigung zu besprechen, erlebte der Beleidigte sein Wutgefühl sofort wieder ganz ursprünglich frisch und stürzte sich erneut auf den Gegner, weil der so etwas gesagt oder getan hatte. Ein durch Nachdenken verursachter Abstand zur überschwappenden Emotion, eine Betrachtung des eigenen Verhaltens durch »coole« Reflexion ließ sich nicht herstellen. Jeder Gesprächsversuch bewirkte lediglich eine Rückführung in die hinderliche Emotion mit drohender Neuauflage der Schlägerei.

Mit den Hauptschülern lernte ich, nicht mehr zu versuchen, Ursachen von aggressiven Auseinandersetzungen zu reflektieren, sondern »lediglich« (in Anführungszeichen, weil das in der Praxis eine gewaltige Aufgabe ist) die Emotionen vorerst zu beschwichtigen, zu beruhigen. Das gelang unter Anwendung entsprechender Erkenntnisse, die bis heute nicht in der Lehrerausbildung vermittelt werden (und deren Notwendigkeit bislang auch nicht eingesehen werden kann, weil dazu im Vorlauf das oben beschriebene Umdenken – weg von Wunschvorstellungen aus dem politisch korrekten Elfenbeinturm, hin zu Realitätswahrnehmung – erst stattfinden muss).

Ich war jedoch nicht zufrieden damit, hochkochende Emotionen beschwichtigen zu können. Mein Berufsziel beschränkte sich nicht darauf, weniger Blut an der Schule fließen zu sehen. Lieber hätte ich den Kern des »Homo sapiens« in jedem dumpfbackigen Früchtchen entdeckt und es dazu ermuntert, selbst mit Intelligenz und Wissbegier den ihm innewohnenden göttlichen Funken zu erspüren und anzufachen.

Das Unterrichtsthema »Nationalsozialismus«, wie üblich in unseren Geschichtsstunden mit Arbeitsblättern für die Sonderschule untermauert, musste aus den gleichen Gründen wie die »Ritterzeit« in der Versenkung verschwinden. Die »multikulturelle« Frankfurter Hauptschulklasse, inzwischen im 9. Schuljahr, verwandelte sich in einen sehr kulturlosen Kampfplatz, geschossen wurde mit Schuldzuweisungen in groben Worten, ein friedlicher Ausgang war nicht mehr absehbar. Im Prinzip ging es darum, dass die Fraktion der Türken und Marokkaner der eher deutsch-blonden Abteilung der 9H »aufs Maul geben« wollte, weil die Deutschen schließlich Schuld am Zweiten Weltkrieg hatten. Die Blonden hatten aber von aktuellen Folterungen in der Türkei gehört und fanden, dafür gehöre den Dunklen erst recht »aufs Maul«, weil doch schließlich der Zweite Weltkrieg schon viel länger her war.

Das einfach gestrickte Prinzip der Rachsucht im Denken der Schüler zermürbte die pädagogisch wohlmeinenden Schlichtungsangebote der Lehrerin: Geben heutige Griechen den heutigen Italienern aufs Maul, weil früher mal die Griechen von den Römern versklavt worden waren? Müssen wir uns an den heutigen Schweden für die Rolle ihrer Vorfahren im Dreißigjährigen Krieg rächen? Wollen wir nicht eigentlich aus den Grausamkeiten der Geschichte lernen, um sie in unserer Zukunft als Menschheit auf keinen Fall zu wiederholen? Unterscheidet sich der Mensch denn nicht dadurch vom Tier: Er muss nicht zwanghaft totmachen, er ist seinen Trieben und Emotionen nicht ausgeliefert, sondern er kann sich entscheiden. Er kann sich für Mitgefühl und Frieden entscheiden, für Liebe und Vergebung.

»Nö«, maulte die Mehrheit, »Feind kriegt aufs Maul.«

»Feind? Ehemalige Feinde, die sind schon viele Jahre tot.«

»Feind bleibt Feind. Darf nicht mein Land beleidigen.«

Da war er wieder, der diffuse Nationalstolz, den die jungen Menschen anscheinend umso dringender brauchten, desto eingeschränkter sie mit kognitiven Kapazitäten gesegnet waren. Je einfacher die individuelle Mentalität gestrickt ist, desto wichtiger scheinen nationale Identifikationen für das persönliche Selbstwertgefühl zu sein. Vermutlich gilt das in allen Gegenden unseres Planeten. So sagte im April 2005 in der *arte*-Sendung »Die Mongolen« ein erwachsener Mongole: »Ich bin ein Nachkomme des großen Dschingis Khan, der einst die ganze Welt unterworfen hat. Ich bin stolz auf Dschingis Khan und ich bin stolz darauf, Mongole zu sein.«

Wahrscheinlich könnten viele jugendliche Neonazis entschärft werden, wenn es für sie außer bei Fußballereignissen gesellschaftlich gebilligte Möglichkeiten gäbe, ihrem Drang, »Ich bin stolz, Deutscher zu sein«, Ausdruck zu verleihen. Schließlich ist auch gegen den Nationalstolz des oben erwähnten Mongolen nichts einzuwenden. Zumindest, solange er ihn nur verbal äußert und nicht wieder damit anfangen will, die ganze Welt zu unterwerfen.

In Deutschland wird bis heute in lobenswerten Projekten gegen die Verbreitung neonazistischen Denkens gearbeitet. Nach meinen Erfahrungen mit Hauptschülern reicht das aber nicht aus, denn wir bräuchten generelle Projekte gegen faschistoides Denken bei vielen Jugendlichen aus unterschiedlichen Herkunftsländern. Bestimmt ließe sich nachweisen, dass einige schlichte deutschstämmige Gemüter deshalb von neonazistischen Glaubenssätzen angezogen werden, weil sie sich im eigenen Land als verfolgte Unschuld fühlen, die sich gezwungen sieht, den Nationalstolz bei sich zu unterdrücken, während »alle anderen« ihn ausleben dürfen.

AUSLÄNDER IM AUSLAND

Unser Zeitgeist stiftet seit Langem viel Verwirrung. Er geht gern im nördlichen Europa um, und einer seiner Namen ist: Angst vor Diskriminierung. Im Zuge der Angst vor Diskriminierung wurde vieles umbenannt: »Sozialamt« in »Bürgeramt«, Sprachkurse zum Deutschlernen hießen erst »Deutsch für Ausländer«, dann »Deutsch als Fremdsprache« und im Augenblick »Deutsch als Zielsprache«. Sonderschulen wurden mehrmals umgetauft, bis sie »Förderschulen« hießen, aber dann wurden sie abgeschafft – damit Kinder mit besonderem Förderbedarf sich nicht diskriminiert fühlen? (Sie existieren seitdem unter dem geheimnisvollen Decknamen »Inklusion« in unseren Schulen weiter.)

Seit »Neger« zum Unwort erklärt wurde, sind wir alle besser damit bedient, einfach keine optischen Unterschiede mehr zwischen Menschen zu benennen und damit in Kauf zu nehmen, letztlich den Einzelnen in ihr Schicksal reinzureden, in das Geschenk ihrer Einzigartigkeit, in den bisher unverwechselbaren Platz innerhalb ihrer eigenen Ahnenreihe. (Der Zeitgeist hat auch ungestraft Geschichtsfälschung betrieben: Er hat Jahrzehnte, nachdem sie geschrieben worden waren, Texte in Kinderbüchern geändert, indem er das Wort »Neger« durch vermeintlich neutrale Bezeichnungen ersetzte. Pippi Langstrumpfs Vater ist so vom »Negerhäuptling« zum »Südseehäuptling« geworden. Dabei war er doch nicht Häuptling der See, sondern Häuptling der Menschen.)

Seit der Geist bei der »Aktion Sorgenkind« gespukt und sie in »Aktion Mensch« umgetauft hat, habe ich dafür kein Geld mehr gespendet. Warum spenden für unauffällige Menschen ohne besondere Sorgen? Auch das Wort »Ausländer« geht in Deutschland gar nicht mehr, ebenso wenig wie die schwächlichen Versuche, es durch »Ausländische Mitbürger« oder gar »Menschen mit Migrationshintergrund« zu ersetzen. Der politisch korrekte Zeitgeist hat es schwer belastet, fast tabuisiert, sodass es in Deutschland inzwischen hin und her schwankt zwischen einerseits der Angst vor Diskriminierung und andererseits dem fast automatischen Hinzudenken feindseliger Konnotationen. Am liebsten möchte man das Wort in Deutschland nicht mehr benutzen, weil anscheinend das Wort erst die Unterschiede schafft, weil es den Fremden kränken könnte, als Fremder angesehen zu werden, und weil wir immer wieder hoffen, real existierende Phänomene mit dem Verschwinden des sie bezeichnenden Wortes automatisch gleich mit zum Verschwinden zu bringen. Wir tun jetzt lieber so, als hätte jeder schon immer irgendwie zu Deutschland gehört und wolle hier als guter Deutscher leben.

Dabei haben wir bisher die Diskussion darüber versäumt, ob nicht der ein Rassist ist, der Wörter über Unterschiede abschaffen will – denn er ist es doch, der sich negativ Diskriminierendes zum Fremden, zum innerlich oder äußerlich anderen dazu denkt. Wenn es nicht so wäre, könnte er doch in aller Ruhe alle vormals unbedenklichen Wörter weiter benutzen.

Übrigens kann es den deutschen Eiferern vermutlich nicht gelingen, die tabuisierten Wörter aus der deutschen Sprache verschwinden zu lassen, weil jeder Einwanderer, der mit einem

Wörterbuch die deutsche Sprache erlernt, aus seiner Sprache die verpönten Wörter wieder rückübersetzt. Das Wort »Ausländer« zum Beispiel findet sich in aller Unschuld in japanischen, chinesischen, amerikanischen – vermutlich in allen Wörterbüchern.

Ich habe bis heute nichts gegen das Wort einzuwenden, und als ich selbst auf eine griechische Insel ausgewandert war, fand ich es auch ganz in Ordnung, in Griechenland die Ausländerin zu sein. Schließlich sehe ich nicht aus wie eine Griechin, und mein Griechisch ist auch heute noch immer wieder selbst gestrickt. Aber als ich noch für immer auf der Insel leben wollte, war es an manchen Tagen doch schwer, nicht fraglos dazugehören zu können. Zum Beispiel an windstillen Wintertagen, wenn ich bei langen Spaziergängen auf schmalen Ziegenpfaden einem Inselbewohner begegnete, der in aller freundlicher Arglosigkeit statt »Guten Tag« zu mir sagte: »Was, du bist ja immer noch hier! Wann fährst du denn zurück nach Hause?« Besonders schwer war mein Gemüt, wenn mich auch noch Gedanken an meine Zukunft bedrückten: Wollte ich wirklich für immer hier bleiben oder doch wieder zurück nach Deutschland gehen? Wo ist Heimat? Gibt es mehrere Heimaten?

Hier eine kleine Kostprobe aus meinem Leben als Ausländerin auf der griechischen Insel, auf der ich mich so gern inländerisch zu Hause fühlen wollte: An einem flirrend heißen Tag im August schlurfte in der stillen Mittagshitze mein alter Nachbar Dimitri an meinem Haus vorbei, röchelte und würgte dabei ausgiebig und spuckte einen ekligen Rotzplacken in die winzige Gasse, nicht weit von meiner Eingangstür. Taschentücher gehörten nicht unbedingt zur Grundausrüstung der Inselbewohner. Spucken war für viele an der Tagesordnung; manchen war es egal, ob sie es auf der Straße oder im Haus taten. Spucknäpfe wie im Wilden Westen gab es nicht. Die Frauen putzten im Haus jeden Schmutz weg. Auch diesen.

Nachdem ich Dimitris saftigen Würgeanfall gehört hatte, tat ich angeekelt erst mal so, als sei ich nicht zu Hause. Aber bald begann in mir die deutsche Hausfrau zu rumoren. Jeden August gab es eine Plage von Fliegen, die schmerzhaft beißen konnten, und man vermied es tunlichst, sie anzulocken. Also füllte ich seufzend meinen hellblauen Plastikeimer mit klarem Seifenwasser, brachte ihn hinaus in die Hitze, die wie Säure auf der Haut brannte, und vertrieb mit gezieltem Schwung Dimitris üble Hinterlassenschaft.

Langsam bahnte sich das in der Sonne glitzernde Wasser unter kreiselnden Seifenschauminselchen seinen Weg die steile Gasse hinunter, und ich wollte zurück ins Haus, um die unterbrochene Siesta fortzusetzen. Aber meine alte Nachbarin war geweckt. Man hörte das natürlich, wenn ein voller Eimer in der Mittagsstille mit Schwung in die Gasse gekippt wurde. Filio öffnete die knarrende, ausgebleichte Holztür gegenüber, schob ihren schweren, von fleckigen schwarzen Kleidungsstücken bedeckten Körper ins grelle Mittagslicht, nestelte mit der Rechten den grau gesträhnten, fettigen Haarknoten am Hinterkopf zurecht und deutete auf das unschuldige Rinnsal Seifenwasser. Ich konnte ihre Zahnstummel sehen, als sie mit ausführlichem, grellem Kreischen unsere Mittagsruhe zerstörte. Griechische Landfrauen sind zur Produktion erstaunlich schriller Töne befähigt.

Filio schrie gerade »Astinomiiia!«, was »Polizei« bedeutet. Mit ihrem Kreischen lockte sie noch zwei Nachbarinnen aus den umliegenden Häusern. Maria, die ebenfalls in den »Astinomiiiiiiia«-Schrei einfiel, bis in meinen Ohren Vorboten eines Tinnitus klingelten.

Gott sei Dank kam noch Melissa dazu, gebürtige Athenerin, Künstlerin, die lange in Amerika gelebt hatte und mit der ich Englisch sprach. Ich lebte ja erst seit kurzer Zeit auf der Insel, und mein Griechisch war noch so lückenhaft wie die gelben

Zahnreste in den aufgerissenen Mündern vor mir. Melissa und ich lachten manchmal gemeinsam über unsere alten Nachbarinnen, die uns Städterinnen immer wieder fremd waren.

»Was ist hier los?«, fragte Melissa neugierig und gut gelaunt, während sie im flatternden Sommerkleid durch die schmale Gasse zu meiner Haustür wehte. Mit der flachen Hand bildete sie Schatten über ihren Augen.

»Keine Ahnung, vielleicht kannst du das für mich herausfinden.«

Palaver. Melissa redete mit ausdrucksvollen Gesten, ihre glatten Haare schimmerten in blauschwarzen Wellen fast bis zu ihrer Taille. Mit der Übersetzung drehte sie sich zu mir.

»Sie sagen, du hast dein Dreckwasser in die Straße geschüttet und somit das Dorf verschandelt. Sie sagen, dass sie die Polizei rufen, wenn du damit nicht aufhörst.«

»Wie bitte? Aber das stimmt nicht, Marias Mann hat mir vor die Tür gerotzt, und ich habe das mit dem reinsten Wasser der Welt weggespült.« Wütend schnauzte ich die beiden Alten in Anfängergriechisch an: »Ich wasche Straße sauber. Ich mache Dorf schön!«

Palaver. Die Sonne brachte meinen Adrenalinpegel kurz vor den Siedepunkt. Melissa kicherte nervös. »Reg dich nicht jetzt schon auf, du kriegst nämlich gleich einen besseren Grund: Die beiden glauben nicht, dass dein Wasser sauber war. Ihre Logik geht so: Du bist Ausländerin, und alle Ausländer sind dreckig. Also haben Ausländer auch kein sauberes Wasser im Eimer.«

Sprachlos starrte ich der Reihe nach die drei Frauen an und holte tief Luft. Melissa redete schnell weiter: »Du wirst jetzt nicht anfangen, mit dummen Landfrauen zu diskutieren. Ich sage ihnen, du hättest nicht gewusst, dass du den Eimer nicht in die Straße schütten darfst und dass du es nicht wieder tun wirst.«

Sie redete auf die beiden Alten ein, die allmählich ihre schrillen Töne verstummen ließen, um mir in aufmunterndem Lächeln ihre ockergelben Zahnstummel zu zeigen. Ich verstand: Sie trauten mir zu, dass ich meine ausländischen Dreckssitten noch verlernen könnte.

Melissa tätschelte mir den Rücken, auch aufmunternd, und sagte: »Willst du hier mit dem Eimer in der Hand in der Sonne vertrocknen oder kochst du Kaffee für uns?«

Drinnen im kühlen Haus sagte sie: »Überall in der Welt sind es die Blödesten, die festgefahrene negative Einstellungen zu Ausländern und dem Fremden haben. Damit outen eben die Dummen ihre Dummheit. Ergibt es Sinn, sich über Dummheit aufzuregen? Wenn der Esel immer nur iah ruft, statt zur Abwechslung mal eine Opernarie zu singen, nimmst du es doch auch hin. Beim Esel verstehst du, dass der nichts anderes sagen kann, selbst wenn du ihm täglich vorsingst. Warum verstehst du das nicht auch bei Filio und Maria?«

»Weil ich Lehrerin bin. Ich glaube an die Möglichkeiten intelligenter Wahrnehmung. Und ich glaube, dass die Intelligenz eines jeden Menschen gefördert werden kann.«

Melissa lachte. »Echt? Bei jedem? Also ich glaube, dass jeder nur das sehen kann, was er sowieso schon glaubt. Was meinst du, was ich alles als Ausländerin in Amerika erlebt habe. Meine Schwiegereltern haben mich für eine Wilde gehalten. Dabei wussten sie nicht einmal, wo Griechenland liegt. Ich habe sie zum Essen eingeladen, es hat ihnen gut geschmeckt, und meine Schwiegermutter hat ganz erstaunt gesagt: ›Aber sie kann ja kochen!‹ Was hat die geglaubt? Dass wir in Griechenland noch auf Bäumen leben? Am Strand rohen Fisch mit den Fingern essen?«

Auf der Insel leben inzwischen viele Ausländer: Albaner, Bulgaren, Polen, Rumänen, Pakistanis und Marokkaner, alle so bildungsfern aufgewachsen wie die Einwanderer in Deutschland, wo sie oft vergeblich mit staatlich finanzierten Langzeit-Sprachkursen verwöhnt werden. Unsere Einwanderer auf der Insel sprechen innerhalb weniger Monate sehr gut verständliches Griechisch. Sie müssen die Sprache sprechen, weil wir auf der griechischen Insel weit entfernt sind von den manchmal zweifelhaften Segnungen eines Sozialstaates. Deshalb handelt es sich bei unseren Migranten nicht um Armuts-, sondern um Arbeitsmigranten. Sie bedienen in Lokalen und bauen oder renovieren Häuser. Die Tageslöhne sind gestaffelt – Griechen verdienen generell mehr als die Zuwanderer.

Noch vor wenigen Jahren erlebte ich einen Stichtag, an dem in ganz Griechenland alle Ausländer, die sich ohne Aufenthaltsgenehmigung hier aufhielten, von der Polizei eingesammelt und nach Athen gebracht wurden, wo man sie in Busse setzte und zurück in ihre Herkunftsländer fuhr. Dort, irgendwo hinter der Grenze: Alles aussteigen!

Ich war schockiert und voller gruseliger Deportationsassoziationen. Die freundliche Bulgarin, die in meinem Stammkafeneion bedient hatte – verschwunden. Die griechischen Stammgäste fanden das achselzuckend in Ordnung. So war das eben, wenn man keine Papiere hatte.

Im nächsten Sommer waren alle wieder da. Immer noch ohne Aufenthaltsgenehmigung. Der bulgarische Anstreicher, den ich seit Jahren kannte, lachte gemütlich, als ich ihn auf seine Ausweisung im vergangenen Jahr ansprach, und sagte: »So ist das eben, wenn man keine Papiere hat.«

»Ist das nicht schlimm für dich?«

»Ach, wieso denn? Es ist gut. Ich gehe in mein Dorf und sehe alle wieder, das ist doch schön. Ich treffe meine Verwandten und meine Freunde. Dann packe ich mir genug zu essen ein und komme zurück.«

»Hast du das schon öfter erlebt, dass du zurück über die Grenze gebracht wirst?«

»Ja, oft. Ich glaube, bis jetzt sechsundzwanzig Mal. Ist doch schön, wenn man hingefahren wird. Zurück bin ich immer zu Fuß gegangen.«

Im Jahr 2007 gab es Verschärfungen: Ein Rumäne erzählte, wer im Oktober dieses Jahres ohne Arbeitsgenehmigung erwischt wurde, musste seine polizeilich verordnete Heimreise selbst zahlen. Tat er das nicht, wurde er längere Zeit in einem der griechischen Gefängnisse festgehalten, in denen Zustände herrschen, die deutsche Fantasien weit übersteigen. Deshalb bezahlte man nun lieber den Rückflug selbst.

Einen Sommer lang genoss ein Weltreisender sein Leben im mediterranen Himmels- und Meeresblau unseres Eilands. Er benahm sich wie ein Clown und wurde als Verrückter belächelt. Kam jeden Morgen sorgfältig anders als am Vortag geschminkt zum Kafeneion. Trug riesige, mit echtem Obst und Blumen dekorierte Hüte. Die Kinder der Insel warteten morgens schon begeistert auf ihn. Mehrmals sahen wir ihn, wie er nur mit kleinem Slip bekleidet, den Körper so mit blauer oder weißer Schminke zugeschmiert, dass man keine Haut mehr sah, ins Lokal tänzelte und den Tag mit einem Kopfstand auf dem Tisch begann, ehe er seinen Kaffee bestellte. Alle lachten, nur der Gehilfe des Wirtes raunte mir verbittert zu: »Jetzt hat das Schwein sich auf den Stuhl gesetzt. Wer, bitte, muss nachher die blaue Farbe wieder wegputzen?«

Als der unterhaltsame Tourist aber aggressive Tendenzen zeigte, war Schluss mit Belächeln: Er hatte einer attraktiven Athener Urlauberin wütend einen faustgroßen Stein aus der Gasse durch die geschlossene Fensterscheibe geworfen, als sie sein verliebtes Flehen nicht erhören wollte. Die Erschrockene rief die Polizei zu Hilfe. Die kam, sah sich den Sachverhalt an, traf eine Entscheidung, schnappte sich den Zeternden, half ihm, seinen Koffer zu packen, und setzte ihn zuletzt aufs nächste Schiff. Lebensläng-liches Inselverbot.

Ganz offensichtlich gibt es geografische Grenzen, über die hinaus die Angst vor Diskriminierung nicht spuken kann.

AUSLÄNDER-
FEINDLICH

Rosa, eine griechische Freundin, hatte den Türken Erkan geheiratet. Sie lebten in Köln und sprachen miteinander Deutsch. Als ich in Frankfurt Lehrerin war, besuchten sie mich für ein paar Tage mit ihrem Sohn – einem kräftigen Baby, das uns mit starker Stimme um den Schlaf brachte; wir waren alle etwas müde in diesen Tagen. Rosa hatte einige Kilos zugenommen und klagte darüber. Erkan wünschte sich von mir deutsche Küche und dokumentierte mit der Videokamera, wie ich Rinderrouladen zubereitete.

Am Abend, als der kleine Sohn endlich schlief und wir uns leise bei Kerzenlicht und Rotwein unterhielten, klingelte das Telefon. Während Rosa mit wehenden Haaren zu dem aufgeschreckten Baby eilte, schrillten mir aus dem Hörer noch empörtere Töne entgegen als ihr vom Kinderreisebettchen aus.

Die Frauenstimme keifte mir wütend ins Ohr: »Ich werde mich im Schulamt über Sie beschweren, so wie Sie meine Tochter behandeln.«

»Würden Sie bitte langsamer sprechen? Hier ist gerade ein Baby sehr laut.«

»Wir lassen uns das nicht gefallen. Sie sind ausländerfeindlich!«

Erkan schwenkte gut gelaunt vom Wohnzimmer aus mit der Videokamera zwischen seiner Frau, die den kleinen Schreihals auf der Wiege ihrer Arme schaukelte, und mir, dem Standbild des Staunens am Telefon im Flur.

»Haben Sie gerade gesagt, ich sei ausländerfeindlich?«

»Ja, und ob! Sie behandeln Maria schlecht, weil sie Italienerin ist, das sagen ihre Freundinnen auch.«

»Italienerin? Seit wann ist sie Italienerin?« Maria, die kleine blonde Schönheit?

»Ihr Vater ist Italiener, sie ist Halbitalienerin, und deshalb haben Sie sie bestraft. Das dürfen Sie doch gar nicht.«

»Ja, was geht denn mich das an, was ihr Vater für ein Landsmann ist. Sie hat sich ganz furchtbar benommen, deshalb habe ich sie aus dem Klassenraum geschickt. Das ist doch keine Frage der Herkunft. Sie selbst sind doch Deutsche, sehe ich das richtig?«

»Ja.«

»Also. Wenn Sie bei mir im Unterricht wären und das täten, was Maria getan hat, dann würde ich zu Ihnen auch sagen: Geh raus und komm erst wieder rein, wenn du dich wieder wie ein normaler Mensch benehmen kannst.«

»Was hat sie denn gemacht?«

Ich beschrieb es ihr. Sie war einen Moment still, dann sagte sie in ruhigerem Ton: »Ich glaube, ich rede erst noch mal mit Maria.«

»Ja, tun Sie das bitte. Und vielleicht können Sie auch bei den Freundinnen nachprüfen, was das Wort ›ausländerfeindlich‹ wirklich für sie bedeutet, ob sie es nicht als K.-o.-Wort benutzen, um ihre Lehrer und Sozialarbeiter schachmatt zu setzen.«

Ich wurde erst wütend, als ich wieder mit Erkan am Tisch saß. Rosa lag mit dem schläfrig brabbelnden Baby auf dem Sofa. »Nicht zu fassen«, legte ich los, »diese Eltern! Halten alles für Tatsachenberichte, was die Kinder sich über die Schule zusammenreimen, und lassen anschließend ihren Prass an mir ab. Wie neulich die Mutter von Matthias: Sie hatte extra damit aufgehört, nachmittags zu arbeiten, damit sie ihrem Sohn in der 6. Realschulklasse bei den Hausaufgaben helfen konnte. Der interessiert sich allerdings eher für Fußball als für Hausaufgaben. Zu Schuljahresbeginn, als der neue Stundenplan herausgekommen war, ruft mich am Abend Matthias' Mutter an und schimpft maßlos wütend auf die Schule. Ich bemühe mich herauszufinden, worum es eigentlich geht. Irgendwie fand sie alle Lehrer bescheuert und den Stundenplan unzumutbar. Schließlich stellte sich heraus, dass Matthias zu Hause den neuen Stundenplan vorgestellt hatte, auf dem er montags bis freitags von acht bis achtzehn Uhr Unterricht hatte, donnerstags sogar bis neunzehn Uhr.«

Erkan lachte.»Armer Junge, hat nicht geklappt!«

»Ja, es hat mir auch schrecklich leidgetan, dass ich ihm in den Rücken fallen musste … Aber der Anruf eben – sag mal, Erkan, siehst du bei mir Anzeichen von Ausländerfeindlichkeit?«

»Alles in Ordnung bei dir? Warum fragst du?«

»Ausländerfeindlich! Dieses Wort! Die ausländischen Schüler benutzen es manchmal wie eine Waffe, um Lehrer zu beschämen oder sich Vorteile zu erschleichen.«

»Stimmt. Gutwillige Deutsche kann man handlungsunfähig machen, indem man ihnen ausländerfeindliche Tendenzen nachsagt.«

»Neulich im Intensivkurs, so ein grober Kerl aus Afghanistan. Als der sich weder mit Frechheit noch mit Obszönität gegen mich durchsetzen konnte, legte er als letzten Trumpf die Karte ›Deutscher Faschist. Auslandfeind‹ auf den Tisch. Ich bitte dich, der war erst zwei Monate im Intensivkurs, von mir hatte er diese Wörter nicht gelernt.«

Das war in den 1990er-Jahren. Im April 2007 hielt der *Kölner Stadtanzeiger* ein Ereignis fest, dem wir entnehmen können, dass der taktische Einsatz von »Ausländerfeind« zwar immer noch einen Versuch wert sein kann, aber nicht mehr automatisch zu Lähmungserscheinungen bei jedem Adressaten führen muss: Ein junger Iraker hatte nachts in räuberischer Absicht auf der Straße den Bezirksbürgermeister H. überfallen, der den Angreifer jedoch abwehren und durch riskanten Einsatz sogar stellen konnte.

Noch schwerer als die Körperverletzung wiegt für H., dass der Täter ihn als »Nazi« bezeichnet hatte ... Für Irritation sorgte bei sämtlichen Prozessbeteiligten die Aussage des Angeklagten, nicht H., sondern vielmehr er selbst sei das Opfer. Der Politiker sei ihm auf der Straße mit den Worten »Scheiß-Ausländer« begegnet und habe dann völlig grundlos auf ihn eingeschlagen.

»Ein Märchen aus 1001 Nacht«, meinten Staatsanwalt und Richterin übereinstimmend und mit Blick auf einschlägige Vorstrafen des Angeklagten. Der Verteidiger plädierte hingegen auf Freispruch für seinen Mandanten. Seine Begründung, hier stehe »schließlich Aussage gegen Aussage«, bezeichnete die Richterin als »nicht nachvollziehbar«.

Der Täter wurde zu zwölf Monaten Haft verurteilt. Das Urteil wirkte bei mir wie eine Reparatur an meinem seit den 1980er-Jahren immer stärker beschädigten Glauben an eine vernunftbegabte Weltsicht meiner Landsleute.

Inzwischen, im Jahr 2018, würde die Mutter am Telefon das Wort »ausländerfeindlich« vermutlich durch »rassistisch« ersetzen. Nach meiner Wahrnehmung und nach den Berichten meiner erschöpften Kolleginnen hat sich in Schule und Gesellschaft inzwischen die Tendenz eher verstärkt, kritische Anmutungen gegenüber jemandem, dessen Ahnenreihe nicht seit Jahrhunderten in Deutschland wurzelt, mit der »Rassismuskeule« zu erschlagen.

Diese Tendenz treibt auch immer üppigere Blüten in neue Richtungen willkommenskultureller Befindlichkeiten und lässt Menschen, die früher eher unauffällig ihrer Arbeit nachgingen, inzwischen zu preisgekrönten Ausländerverstehern werden, so wie ich in dem kleinen Artikel in der Rhein-Main-Beilage der *FAZ* vom 20. 02. 2015 mit dem Titel: »Wer fern der Heimat im Sterben liegt, hat besondere Hilfe nötig.« nachlesen konnte. Unter der Überschrift erwartete ich einen Bericht über Schwierigkeiten ausgewanderter deutscher Rentner in Thailand, der Türkei oder auf Mallorca. Stattdessen fand ich die Sozialarbeiterin Helga B. beschrieben, die von der Caritas mit einem Preis ausgezeichnet worden war wegen ihrer willkommenskulturellen Bemühungen um den iranischen Asylbewerber Ali. Der war todkrank und wollte, ehe er sterben musste, gern noch einmal Teheran sehen, und Helga war ihm behilflich, besorgte ihm Reisepass und Visum. Hier stutzte ich schon zum zweiten Mal beim Lesen. Wie sollen wir uns das vorstellen? Bisher dachte ich, ein Flüchtling bewirbt sich um Asyl, weil ein weiterer Aufenthalt in seiner Heimat für ihn lebensgefährlich ist. Wenn Ali aber so große Sehnsucht nach dem Ort seiner Fluchtursachen hatte, kann es ihm dann dort wirklich so schlecht gegangen sein, dass er flüchten und in Deutschland Asyl beantragen musste?

Wir wissen aber nur, dass er leider zu krank zum Reisen wurde, weshalb Helga ihm half, in einem Hospiz unterzukommen. Als Ali im Hospiz beschrieben wurde, fiel ich in einen Zustand des Dauerstutzens. Denn dort hat Helgas »Schützling (…) es dem Pflegepersonal nicht leicht gemacht. So lehnte er es zum Beispiel kategorisch ab, sich von Frauen waschen oder rasieren zu lassen.« Helga »erklärte und vermittelte, damit die Mitarbeiter nicht gleich ›eingeschnappt‹ waren, wenn Pflegerinnen aus dem Zimmer geschickt wurden«.

Nun hat Helga nicht nur den Verein »Sterben in der Fremde« gegründet, mit dem Ziel, Kenntnisse im Umgang mit Tod und Sterben in unterschiedlichen Religionen und Kulturen zu vermitteln und auf unterschiedliche Bedürfnisse bei der Pflege Sterbender einzugehen, sondern sie formuliert darüber hinaus: »Wir brauchen nicht nur eine Willkommenskultur, sondern auch eine Abschiedskultur.«

Ich finde, wir brauchen in Deutschland eine emotionsberuhigte Denkkultur, mit der wir uns auf Wichtiges besinnen, statt vorwegnehmend dem Andersartigen hinterherzudienern. Es kann doch nicht darum gehen, Einwanderer beim Sterben nicht merken zu lassen, dass sie es bis nach Deutschland geschafft haben. Wir Mitglieder der deutschen »Willkommensgesellschaft« sollten doch so viel Geduld aufbringen, dass wir abwarten, welche Abschiedskultur unsere Einwanderer selbst für nötig erachten und entsprechend vielleicht auch in Eigeninitiative auf die Beine stellen wollen.

Und wenn schon Preise verteilt werden müssen, dann doch lieber an die Einwanderer und eventuell auch ihre Helfer, die ihre Eigeninitiative nicht auf »Sterben wie in der alten Heimat« beschränken, sondern die sich daranmachen, ein »eigenverantwortliches Leben in der neuen Heimat« zu gestalten.

UNTERSCHIEDE

Bis heute ist es aus Gründen politischer Korrektheit riskant, Unterschiede zwischen Menschen wahrzunehmen und zu beschreiben. Das Fremde als fremd zu erkennen und zu benennen ist nahezu tabu. Seit ungefähr den 1980er-Jahren verwirrten mich spürbare, aber nicht exakt nachweisbare Tendenzen in Pädagogik und Politik, einerseits fremdenfeindliche Strömungen im Keim zu ersticken und andererseits den Inländern diffuse moralische Verantwortlichkeiten für das Wohlbefinden ihrer ausländischen Mitbürger anzutragen. Deutsche hatten den ungeschriebenen Auftrag, sich einerseits für multikulti zu begeistern und sich andererseits keinesfalls an Verhaltensweisen von Einwanderern zu stören, die bei Deutschen als Regelverletzung benannt und geahndet worden wären.

In meiner Wahrnehmung fand das ausgiebigen Niederschlag in Schulbuchtexten besonders der Fächer Deutsch, Erdkunde und Sozialkunde, die verschiedene Fragestellungen zu Migration aufgriffen, immer mit dem Tenor: Wie können Inländer den Ausländern dabei helfen, sich im Land wohlzufühlen. Hilfe zur Integration wurde in solchen Texten so verstanden, dass Inländer die Sitten und Gebräuche von Ausländern als kulturell würzende Bereicherung tolerieren und akzeptieren sollten. Konflikte zwischen aus- und inländischen Wertvorstellungen wurden dabei nicht nur ausgeklammert, sondern schon der Gedanke an sie erschien politisch nicht korrekt und förderte diffuse Schuldgefühle – so, als hätten Inländer unausgesprochene Verpflichtungen gegenüber Ausländern, die diese ihnen möglicherweise sogar abfordern durften.

An anderer Stelle ist erwähnt, wie deutsche Schüler sich gegenüber ausländischen Mitschülern zurückgesetzt fühlten, weil in ihren Augen die Belange von Migranten zu oft zum Unterrichtsgegenstand erhoben wurden. (»Wieso geht es nicht mehr um uns? Wir sind doch hier in Deutschland!«)

Im Frankfurter Alltag war an keiner Stelle Fremdenfeindlichkeit zu spüren. Der Fokus auf Unterrichtsinhalte und Texte, die der Einübung ausländerfreundlichen, toleranten Denkens von deutschen Schülern dienen sollten, irritierte diese und brachte einige ihrer nichtdeutschen Mitschüler auf die Idee, sie seien generell als Ausländer zu Feinden erklärt worden. Entsprechend bekämpften sie nun vorbeugend in ihren deutschen Mitschülern das Phantom »Ausländerfeindlichkeit«, von dem die meisten alteingesessenen Frankfurter bislang nur aus den Medien gehört hatten.

Manche Lesebuchgeschichten habe ich in guter Erinnerung. Ein gut brauchbarer Text zur Unterstützung toleranten Denkens für jüngere Schüler war die Ausländer-raus-Lesebuchgeschichte, die im Tante-Emma-Laden spielt. Solidarisch gegen Fremdenfeindlichkeit verlassen alle ausländischen Produkte das Geschäft: Kakao, also auch Schokolade, Kaugummi, Banane, Kaffee und alles Leckere, was nicht aus Deutschland kommt, klettert aus den Regalen, um dahin zurückzugehen, wo es hergekommen ist. Die Leser ahnen, wie einseitig das Leben schmecken könnte, wenn es allein ins Einheimische gekapselt wäre, und verinnerlichen: Das Ausländische ist nur als Bereicherung zu verstehen.

Bereits in den 1970er-Jahren gab es im Lesebuch für das 5./6. Schuljahr die Geschichte »Jenö war mein Freund«. Wolfdietrich Schnurre erzählt aus der Perspektive eines ungefähr Zehnjährigen von seiner ganz besonderen Freundschaft zu dem gleichaltrigen Jenö, die immer wieder durch Jenös ungewöhnliches Verhalten auf die Probe gestellt wird. In den schwierigen Momenten der Freundschaft berät der von mitfühlendem Verständnis geleitete Vater des Protagonisten seinen Sohn, klärt ihn auf über unterschiedlich kulturell geprägte Wertvorstellungen, die in keinem Fall als böse Absicht interpretiert werden sollten: Als Jenö einen Gegenstand aus der Wohnung des Erzählers klaut, gibt der Vater neutrale Informationen über unterschiedliche Ansichten zum Eigentumsbegriff.

Der Erzähler bewundert Jenö für seine ungewöhnlichen Naturkenntnisse, die einmal dazu führen, dass Jenö für ein gemeinsames Picknick einen Igel in der Lehmhülle im offenen Feuer gart. Die Handlung findet zur Hitlerzeit statt, und der Erzähler muss eines Tages zusehen, wie sein Freund Jenö mit anderen Roma deportiert wird. In den 1970er-Jahren diente diese anrührende Geschichte als Hinführung zur Behandlung des Themas: Toleranz.

Ende der 1990er-Jahre, als die Furcht vor Diskriminierung heftig umging, half ich einem indischen Jungen, der eine Förderstufenklasse besuchte, bei den Hausaufgaben. Er hatte im Deutschunterricht »Jenö war mein Freund« gelesen und sollte sich als Hausaufgabe schriftlich zu Textstellen äußern, in denen der Autor »diskriminierend über die Lebenseinstellung von Sinti und Roma« schreibt. Der indische Schüler kam deshalb mit der Hausaufgabe nicht klar, weil er nicht verstand, wieso die Schilderung des Rezeptes »Igel in Lehmhülle gebraten« diskriminierend sein sollte – wusste er doch aus Erfahrung, dass dies die einzig wirksame Methode war, am gegarten Igel vollständig alle Stacheln zu entfernen.

Die gut gemeinte Fokussierung staatlicher und behördlicher Vorgaben auf die generelle Anerkennung von »Anderssein« verstärkte bei besonders traditionsverpflichteten ausländischen Schülern und Eltern vermutlich ihre zähe Anhaftung an althergebrachte Traditionen. Für sie existierten in der Außenwelt keine deutlichen Impulse, die sie zur Überschreitung ihrer mitgebrachten kulturellen Grenzen hätten inspirieren können.

Ein türkischer Vater weigerte sich, der Klassenlehrerin seines Kindes beim Elternsprechtag die Hand zu schütteln. Als strenggläubiger Moslem durfte er keine »unreine« Frau berühren. Bei anderer Gelegenheit bat die Lehrerin eine zur Unkenntlichkeit mit schwarzen Tüchern zugehängte muslimische Mutter, von der nur ein Auge zu sehen war, doch bitte im Gespräch ihr Gesicht zu zeigen. Die Lehrerin bot an, die Tür abzuschließen, damit garantiert kein Mann das entblößte Gesicht sehen konnte. Sie, die Lehrerin, fühle sich persönlich nicht wohl, wenn sie nur ein Auge ihrer Gesprächspartnerin sehen könne. Außerdem: Wie konnte die Lehrerin sicher sein, wirklich die Mutter vor sich zu haben? Wie konnte sie entsprechend sicher sein, mit einem offenen Gespräch nicht gegen Datenschutzbestimmungen zu verstoßen? Aber die muslimische Besucherin konnte auch bei verschlossener Tür nicht aus ihrer Stoffzelle.

Übrigens wurden auch Türen oft unterschiedlich behandelt. Man hat mich das Anklopfen an Türen so gelehrt: Ein höflicher Mensch klopft mit dem Fingerknöchel gerade mal so laut an die Tür, dass sein Klopfen drinnen gehört werden kann. Danach wartet er ab, bis er hereingebeten wird, ehe er hineingeht. Das hat nicht jeder so gelernt. Nicht nur Schüler, auch viele Erwachsene rissen entweder ohne Anklopfen die Tür auf und stürmten mit lautstarken Forderungen in den Raum, ohne Rücksicht auf die Situation, die sie dort vorfanden, oder es war ein erschreckend lauter Schlag hörbar, ehe die Tür aufgerissen wurde. (In Klassen, in denen ich Klassenlehrerin war, gelang in jahrelangem Training bei den meisten Schülern die Umgewöhnung zum Leiseren, Zurückhaltenden. Zumindest beim Anklopfen an Klassenzimmertüren.)

Ich hatte mit einer Lehrerin in ihrem Klassenraum eine wichtige Besprechung, als mit Donnerknall die Tür aufgerissen wurde, der marokkanische Vater oder Bruder eines Schülers im Raum stand und mit vitaler Gestik laut und herrisch die Aufmerksamkeit der Lehrerin für sich forderte. Wie vom Wirbelsturm eingesaugt, verließ sie mich und flog zu ihm, um ihn mit einem Gespräch zu bedienen – es entstand der Eindruck, nicht ich hätte einen Termin mit ihr verabredet, sondern er.

An dieser Stelle könnte seitenlang über eine Fülle ähnlicher Erfahrungen berichtet werden, denen allen eines gemeinsam ist: Sie eignen sich, während man sie erlebt, als perfekter Auslöser unerwünschter, mit Sicherheit gesundheitsschädlicher negativer Emotionen. Wie berufsübergreifend das funktioniert, verstand ich, als ich in einem Frankfurter Supermarkt Zeugin folgender Szene wurde: Die Kassiererin bemühte sich, möglichst rasch die Kunden abzufertigen, die in der Warteschlange zu ihr vorrückten. Für jeden hatte sie ein freundliches Wort. So weit war alles in Ordnung, bis ein Kerl mit einem Getränkekasten von der anderen Seite zu ihr kam, sich also durch Umgehen der Warteschlange mehr als vorgedrängelt hatte und ihr ungeduldig einen Geldschein hinhielt. Sie nahm sein Geld nicht, sondern bedeutete ihm, sich bei den Wartenden einzureihen, woraufhin er sie brüllend obszön beleidigte und beschimpfte nach dem Muster:»Wie kann eine minderwertige Frau es wagen, einem Mann zu sagen, was er zu tun hat?« Der schnauzbärtige Mensch hatte einen dieser tobsüchtigen Zustände, die ich bei Hauptschülern immer wieder erleben musste. Nun demonstrierte mir die Kassiererin die Auswirkungen derartiger verbaler Gewalttätigkeit: Ihr Gesicht verfärbte sich dunkelrot, und sie fing an, so zu zittern, dass sie kaum die Münzen halten konnte, die dem Brüllenden als Wechselgeld zustanden. Der hörte aber nicht auf damit, in Anfängerdeutsch Beleidigungen zur Kassiererin zu schreien, obwohl er sich doch schon erfolgreich vorgedrängelt hatte – bis ich, die Lehrerin kurz nach Unterrichtsende, nicht anders konnte, als mich automatisch so zu verhalten wie in der Schule: »Schluss jetzt«, schnauzte ich ihn an, »es reicht. Nimm deinen Kasten und geh!«

Woraufhin er seinen Kasten nahm und ging.

Mein Platz war weiter hinten in der Warteschlange, aber die Kassiererin zitterte immer noch heftig und hatte Tränen in den Augen, als sie meinen Einkauf zum Piepen brachte. Für mich verkörperte sie im Außen das Spiegelbild meines Innenlebens an den Tagen, an denen meine antrainierte »Coolness« den häufigen Gewaltäußerungen eben doch nicht standhalten konnte.

Ein Schultag ohne mindestens eine mit dem Brüller an der Supermarktkasse vergleichbare Situation, auch nicht im Pausenhof – das war eher die Ausnahme und somit ein guter Schultag. Es war ebenfalls die Ausnahme, wenn ich mich bei Gesprächspartnern verstanden fühlen konnte, die selbst keine persönlichen Erfahrungen mit solchen Vertretern explosiver, aggressiver persönlicher Selbstdarstellung hatten und die trotzdem zulassen konnten, dass ich meine Verwunderung über gravierende, höchstwahrscheinlich durch kulturelle Prägungen geformte Unterschiede in menschlichen Persönlichkeitsstrukturen formulierte, ohne dass sie mir automatisch und zwanghaft etwaige Diskriminierungsabsichten unterstellen mussten.

ÄUSSERLICHKEITEN

Ein Kollege war dauerhaft erkrankt, das bedeutete Änderungen des Stundenplans, in deren Folge ich seinen Deutschunterricht in einem 9. Hauptschuljahrgang übernehmen musste.

Die Klassenlehrerin gehörte zu den robusten Typen, die distanzlos dem Gesprächspartner mit dem Zeigefinger Löcher in die Aura stechen, während sie lautstark mit Worten hinterhersetzen. Typen, die nicht fragen oder hinterfragen, sondern kommandieren. Typen, die alle zarteren Gefühle und feineren Wahrnehmungsmöglichkeiten eingemauert halten. Typen, die gleichzeitig ein genaues Gespür für den eigenen Vorteil haben, für den sie notfalls auch die Intrige neu erfinden. Wir waren also keine Freundinnen.

Aus Raumnot war ihre Klasse im Biologie-Sammlungsraum untergebracht, ein beengter Raum voller ausgestopfter Tiere, Schaukästen mit aufgespießten Schmetterlingen und den bekannten Exponaten zum menschlichen Körper: An einer Stange baumelte ein aufrechtes Skelett mit allen Grinsezähnen, aus dem Regal starrte ein hautloser Schädel zum Aufklappen, um das Gehirn sichtbar zu machen, daneben ein einzelnes lidloses Glotzauge, an den Wänden hingen offen die einrollbaren Schaubilder blutroter

Körper, denen die Haut abgezogen war, um das Muskelgewebe zu zeigen.

Die Schüler in der Klasse waren grausam zueinander. Wenn ich an die Tafel schrieb und ihnen also den Rücken zuwandte, wurden die Starken den Schwachen gegenüber gewalttätig. Mädchen schrien auf, mit Bleistiften gestochen oder mit Linealen geschlagen. Ein klein gewachsener Junge mit zartem Körperbau war oft misshandelter Prügelknabe, mehrmals geschah es in den ersten Wochen, dass ich mich nur einen Moment umdrehte und schon hörte ich das Scheppern des Metallschranks an der Rückwand des Raums und den Schrei des zierlichen Jungen, der dagegengeworfen worden war. Am Boden liegend, war seine erste Handlung, mit schmerzverzerrtem Lächeln in meine Richtung zu beteuern:»War nur Spaß.« Seine Peiniger waren die beiden größten Jungen, ein Deutscher und ein Afrikaner, die als blitzschnelles Überfallteam sehr gut zusammenarbeiteten.

Mit meinen Versuchen, die Klassenlehrerin zur Umgestaltung des Raums zu bewegen, blieb ich erfolglos. Sie konnte keinen Zusammenhang sehen zwischen der Brutalität ihrer Klasse und dem Horrorkabinett des blutrünstigen Anschauungsmaterials. Sie konnte nicht einmal Anzeichen für Brutalität sehen.»Vielleicht fehlt Ihnen die nötige Durchsetzungskraft?«, teilte sie aus.

»Vielleicht fehlen Ihnen die Informationen darüber, wie der menschliche Geist funktioniert?«, gab ich zurück und dachte dabei sowohl an die neueren Ergebnisse der Hirnforschung als auch an buddhistische Lehren. Aus beiden Informationsquellen müssen wir schlussfolgern, dass der menschliche Geist eine instabile Angelegenheit ist, teilweise in getrennten Abteilungen untergebracht. Eine Abteilung weiß oft nichts von der anderen (u.a. dargestellt im Konzept »Multimind« von Robert Ornstein). Je untrainierter und entsprechend unkonzentrierter unser Geist ist, desto schutzloser verliert er sich in den Reizen der Außenwelt.

Sogyal Rinpoche und andere buddhistische Lehrer verglei-chen den menschlichen Geist mit einem Kristall, in seinem Grund genau so klar und ohne eigene Farbe. Der Kristall nimmt die Far-be seiner Umgebung an: Legt man ihn auf ein rotes Tuch, er-scheint er selbst rot. Auf einem gelben Tuch erscheint er gelb usw. Wie der Kristall nimmt auch der abgelenkte menschliche Geist die Energie der Umgebung in sich auf, entwickelt entsprechende – meist hinderliche – Gedanken und Emotionen, und der Mensch wird durch Einflüsse in der Umgebung jeweils zu dem, was er si-tuativ denkt und entsprechend fühlt.

Bei der Gestaltung des Klassenraums »meiner« Klassen achte-te ich deshalb auf äußere Reize, die dazu angetan waren, den Geist der Schüler in friedliche Bahnen zu lenken. Das zeigte meis-tens Wirkung, wie beispielsweise ein in wochenlanger gemeinsa-mer Arbeit im Kunst- und Deutschunterricht hergestelltes Plakat mit der Überschrift: *So bin ich glücklich*. Schülerinnen und Schü-ler hatten jeweils eine DIN-A5-Karteikarte mit gleich großen far-bigen Rahmen versehen und ein Bild dazu gemalt, das sie oder ihn in der glücklichen Situation zeigt. Dazu ein kleiner Text im Bild, der die Situation beschreibt: »Mit meinem Bruder im Schwimm-bad«, »Wenn Mama mit mir lacht« … Diese Bild-Karten hatten wir ordentlich zu einem Rechteck zusammengestellt und auf ein großes Stück braunes Paketpapier geklebt. Das Plakat hing an der hinteren Wand des Klassenraums, und immer wieder, wenn sich einer der mir Anvertrauten in negative Emotionsbereiche verirrte, führte ich ihn zu unserem »Glücklich-Plakat« und sagte: »Zeig mir doch bitte dein Bild, auf dem du glücklich bist.« Mit dem Zeigen und Erklären gerieten dann meistens auch die Emo-tionen wieder in glücklichere Gefilde.

Die Durchschnittsgestaltung vieler Klassenräume bestand aus mit chaotischen Postern beklebten Wänden, auf denen dreiste Idole der Schülerinnen und Schüler posierten, oder auch aus

Plakaten von Horrorfilmen. Die Klassenlehrer meinten, das sei eben der Geschmack der Kinder. Ich meine heute noch, dass verantwortungsbewusste Erwachsene die Hinwendung ihrer Schützlinge zum Chaos nicht als Ästhetik der Jugend tolerieren dürfen. Die Kleidung der Schüler, ihre Schultaschen, Mäppchen und Bleistifte – all das hat bis heute kreischende Farben, Formen und Verzierungen, die bestenfalls Unruhe fördern und schlimmstenfalls aggressiv machen. Die Eltern kaufen das aber, weil sie es für modern halten.

Als ich während meiner Tätigkeit in der Lehrerfortbildung im Flur einer Frankfurter Realschule wartete, betrachtete ich die dort ausgestellten Schülerarbeiten. Ergebnisse des Kunstunterrichts. Mit Filzstift hingeschmierte Nachlässigkeiten, bar jeglichen Talents, als das man die Nachlässigkeit hier offenbar missdeutet hat. Das Thema mochte »Landschaften« gewesen sein, es waren verschmierte Hügel und Bäume erkennbar. Kugelbäume, wie sie schon im Kindergartenalter vermieden werden sollen, in dem die Kinder angeleitet werden, Äste und Blätter herauszuarbeiten, statt schnell, schnell dem braunen Stamm eine grüne Kugel obendrauf zu kritzeln. In jeder ernst zu nehmenden Grundschule würde solches Filzstiftgeschmiere dem achtlosen Künstler zurückgegeben mit der Bitte um sorgfältigere Ausgestaltung. Warum wurde es in einer Realschule ausgestellt? Was lernen Kinder, wenn ihre Schlampigkeiten wie Kunstwerke gewürdigt werden?

Auch Ergebnisse aus dem Erdkundeunterricht waren zu sehen, Plakate aus Tonpapier mit Informationen zu verschiedenen Ländern. Ein Plakat für jedes Land, aus dem die Familien der Schülerinnen und Schüler stammten. Das Deutschlandplakat war abgerissen, nur ein Fetzchen steckte noch in der Halteschiene, auf dem »Deuts« zu lesen war. Daneben das intakte Türkeiplakat, das mit der Information begann: »In Türkei sind wir stolz auf starke Streitkräfte.« Welche Wertschätzung lernen Kinder für ihr Land, wenn achtlose Lehrer die kleinen Signale nicht wahrnehmen?

Bei den Hauptschülern machte ich mich immer wieder unbeliebt, indem ich auf ordentliche Hefte und Ringbuchblätter bestand. Oft gab es großes Geschrei, wenn ich eine schriftliche Arbeit nicht annehmen wollte, weil sie auf zerknittertem, eingerissenem Papier hingeschmiert daherkam. Dann sprang mich die Wut der Schüler an, die ich nur schwer aushalten konnte. Besonders Hatun hasste mich sehr und fühlte sich persönlich zurückgewiesen, wenn ich nicht lesen wollte, was sie achtlos auf fleckiges Schmierpapier gekritzelt hatte.

Eines Tages kam die berühmte Eiskunstläuferin Katharina Witt nach Frankfurt und tat uns einen großen Gefallen, für den ich mich auf diesem Weg nachträglich sehr herzlich bedanken möchte: Hatun war mit einigen Mädchen zum Schlittschuhlaufen in der Eissporthalle und erkannte dort mit einem kleinen Freudenschock plötzlich Katharina Witt. Aufgeregt näherten sich die Mädchen ihrem Idol und baten um Autogramme, die auch gewährt wurden – allerdings improvisiert, die Mädchen mussten das Papier stellen. Hatun reichte in glühender Verehrung ihr Schreibheft, aber Katharina Witt zuckte zurück und sagte: »Ich setze doch meinen guten Namen nicht auf so schlampiges Papier!« Hatun blieb ohne Autogramm, musste aber leidend zusehen, wie andere Mädchen, die gepflegtere Vorlagen anbieten konnten, glücklich mit dem Autogramm der verehrten Eisläuferin entschwebten.

Die Mädchen erzählten am nächsten Tag in der Schule von ihrem Erlebnis in der Eissporthalle, das deutlich Wirkung zeigte: Hatuns Schreibpapier entsprach seitdem weitgehend den schulischen Erwartungen, und sie hatte keinen Grund mehr, mich zu hassen.

Die Klassenlehrerin der oben beschriebenen 9. Hauptschul-klasse überraschte mich zum Halbjahreszeugnis mit einer für mich bis dahin undenkbaren Variante der menschlichen Suche nach Koexistenz. Und zwar so: Der deutsche Schüler, der immer mal seinen zierlichen Mitschüler gegen den Metallschrank gewor-fen hatte, war stark genug, auch mich zu werfen. Oder seine Klas-senlehrerin. Er hatte eine klare Anführerposition in der Klasse, die anderen hörten also auf ihn, und es wäre eine schlechte Idee gewesen, sich mit ihm zu »überwerfen«. Er sprach durchschnitt-lich gut Deutsch, während sich die meisten seiner radebrechen-den Klassenkameraden mit Materialien aus dem Bereich »Deutsch als Fremdsprache« abmühten. Er bekam von mir seinen Kennt-nissen entsprechende individuelle Aufgaben, die er auf seine Art auch individuell bearbeitete: Er ignorierte sie und verweigerte jegliche Mitarbeit. Zum Halbjahreszeugnis benotete ich seine mangelhafte Leistung entsprechend und wunderte mich, wie cool er blieb.

Als Fachlehrerin bekommt man normalerweise die Zeugnisse nicht zu sehen. Jeder Fachlehrer gibt der Klassenlehrerin eine Liste seiner Noten, die sie sammelt und schließlich in die Zeug-nisse überträgt. Unser Werfer machte jedoch derart eigenartige Bemerkungen, dass ich mir sein Zeugnis ansah und dort eine be-friedigende Deutschnote entdeckte.

Von mir angesprochen, gab sich die Klassenlehrerin über-rascht und sagte: »Huch, da habe ich mich wohl verschrieben!«, aber ich hatte den Verdacht, einem heimlichen Pakt auf die Schli-che gekommen zu sein, einem Pakt der Art: Machst du in meinem Unterricht keinen Ärger, kriegst du von mir gute Noten. Ein Pakt, bei dem die Lehrerin sich dem ranghöchsten Schüler unterwirft, ehe er eventuell auf die Idee kommen möchte, sie in der Realität des blutrünstigen Klassenraums auch mal ein bisschen als Wurf-gegenstand zu benutzen.

Im Sommer 2010 wurde die Unterwerfung einer einzelnen Lehrerin noch getoppt von der Unterwerfung gleich eines Teils des Kollegiums einer hessischen Haupt- und Realschule. Ein Schüler erhielt zum Ende des 10. Realschuljahres ein schlechtes Zeugnis. Er hatte viel geschwänzt und keine Leistung gebracht, entsprechend waren die Noten so, dass sein Abschlusszeugnis zum Abgangszeugnis geriet. Das bedeutete: Er hatte keinen Realschulabschluss und würde entsprechend keinen Ausbildungsplatz finden, für den ein Realschulabschluss vorausgesetzt wird. Auf diesen Zusammenhang war er jahrelang von seinen besorgten Lehrern hingewiesen worden.

Zu Beginn des nächsten Schuljahres, also nach den Sommerferien, kam er in seine alte Schule und ließ sich bei seinen Lehrern in wütendem Geschrei darüber aus, dass sie ihm mit seinem Zeugnis, das er doch wohl nicht zu verantworten habe, böswillig seine Zukunft verdorben hätten. Die Lehrer versammelten sich daraufhin zu einer Klassenkonferenz (dieser seit ungefähr zwei Monaten nicht mehr existierenden Klasse!) und beschlossen, so viele Fünfen und Sechsen des tobenden Schülers in entsprechend bessere Noten zu verwandeln, dass sich sein Abgangszeugnis wunderbarerweise doch noch zum Abschlusszeugnis wandelte.

EMOTIONEN

In der Zeit, als die Menschen im Osten Deutschlands zu ahnen begannen, dass die Wiedervereinigung ihnen nicht nur Vorteile, sondern auch gravierende Nachteile eingebracht hatte, begab sich unser damaliger Bundeskanzler auf eine Popularitätsreise ins östliche Deutschland. Dieser ranghohe, große und dicke Politiker hatte den Höhepunkt seiner Karriere erreicht und genoss international viel Anerkennung.

In Halle trug er den wichtigen Kopf sehr hoch und ging nicht, nein, er schritt souverän lächelnd an seinem Volk entlang, das durch Absperrgitter von der Polizei daran gehindert wurde, ihn in dankbarer Liebe zu erdrücken. Aus dem gleichen Grund hatte er Leibwächter dabei, die um den mächtigen Mann verteilt gingen und so beeindruckend elegant Anzug trugen wie er.

Warum plaudere ich in einem Buch über Schule ausgerechnet über unseren alten Kanzler? Das tue ich, weil ich so einen erfolgreichen, von Leibwächtern beschützten Bundeskanzler als den in Selbstsicherheit verankerten Gegenpol zu einer nervösen Lehrerin wie mir betrachte, die überarbeitet durchs Leben hetzte und, ohne je auf Unterstützung von außen hoffen zu dürfen, dafür sorgen musste, wie sie möglichst professionell, also »cool« und gut gelaunt, auf die unzähligen Beleidigungen und Gewaltangebote reagierte, die zu ihrem beruflichen Alltag gehörten.

Unser Kanzler musste in Halle die Erfahrung machen, dass er bei Teilen seines Wahlvolkes derzeit offenbar nicht mehr beliebt war. Sie unterminierten sein huldvolles Lächeln durch unfreundliche Zurufe und Pfiffe, aber solange es nur Misstöne waren, schritt er noch inmitten seiner Aura der Souveränität.

Ich gehörte nicht zu seinem Wahlvolk, aber an diesem Abend mischte ich mich für einen Moment unters Fernsehvolk: Zu den Spätnachrichten gönnte ich mir eine schicksalhafte Pause beim Korrigieren von Schülertexten, in der ich über unseren Bundeskanzler staunen durfte, der meinem Selbstbewusstsein unabsichtlich eine eigenartige Freude bereitete: Von den durch Halle hallenden schrillen Pfiffen getragen, erreichte den Kanzler ein kleiner Wurfkörper, der am Revers seines untadeligen Anzugs aufprallte. Was immer es war, es explodierte nicht, sondern zerplatzte nur und befleckte die makellose Regentenkleidung ein bisschen. Nahm der mächtige Mann nun sein Taschentuch, um den Fleck abzuwischen? Ignorierte er den kleinen Übergriff?

Nein, das Geworfene ließ die Kanzleraura bisheriger Souveränität abrupt verpuffen und setzte den Mann mittels aufheulenden Motors seiner verletzten Ehre in erstaunliche Bewegung. Schreiend vor Rachedurst versuchte er, das Absperrgitter zu überklettern und gleichzeitig von oben ungeschickt auf sein erstauntes Publikum einzuschlagen. Jeder konnte nun sehen, wie viele Aufgaben die Leibwächter eines Politikers erfüllen: Bisher hatte ich gedacht, sie sollen ihren Schützling vor äußeren Feinden und Attentaten bewahren – aber diese hier mussten den enthemmten Kanzler nun sozusagen vor sich selbst beschützen. Zu mehreren hängten seine Wächter sich wie Bremsklötze oder Gewichte an sein bekleckertes Jackett und verhinderten auf diese Weise sein

Entkommen über die Absperrung, hinter der er offensichtlich sein Wahlvolk zu verprügeln beabsichtigte. Solche Fernsehbilder schaden dem Image, und ich habe sie danach auch nicht mehr gesehen. Wenn heute über den damaligen Unmut der Menschen in Halle berichtet wird, sieht man nur noch kleine Wurfgeschosse am Kanzler zerplatzen. Schnitt. Schade eigentlich, denn diese Bilder zeigen sehr anschaulich, welche Emotionen wachgerufen werden können, wenn man die Aggressivität von Mitmenschen erleben muss, wie zum Beispiel eine Hauptschullehrerin oft schon beim Betreten des Schulhofs.

Wir alle haben mindestens Relikte des Neandertalers in den Tiefen unserer Persönlichkeitsstruktur sitzen, dessen Reaktionen wir uns im Inneren etwa so vorstellen können wie den Angriff des Kanzlers auf sein Volk. Eine winzige Respektlosigkeit in fliegender Ei- oder Tomatenform, die der mächtige Kerl durch seinen edlen Anzug kaum gespürt haben dürfte – und schon schüttet sein inneres Kind Kampfhormone aus; sie verleihen dem heutigen Erwachsenen genügend Schwung, um alle Barrieren zu überwinden und sich in den Kampf zu stürzen. Ehre verteidigen. Rache üben. Und sei es an irgendjemandem, der das Ei nicht mal gesehen hat. Wie ihr mir, so ich euch.

Qualifizierte Lehrerinnen und Lehrer sollten ihre inneren Leibwächter so gut trainiert haben, dass sie sich darauf verlassen können, von ihnen zurückgehalten zu werden, wenn sie Gefahr laufen, gesundheitsschädlichen Emotionen nachzugeben. Wie sie das trainieren, ist übrigens ihre Privatsache: Methoden zum Umgang mit negativen Emotionen gehören nicht zum Standard der Lehrerausbildung.

Der deutsche Kanzler, der so viel im Leben erreicht hatte, dass ihn sogar die Maden im Speck beneiden konnten, war also weniger beleidigungsresistent als eine durchschnittlich überforderte Lehrerin in seinem Land; und er war nicht in der Lage, sich an den gesetzlichen Vorgaben zu orientieren, die er als Kanzler doch eigentlich repräsentieren sollte: In deutschen Schulen wird niemand geschlagen und schon gar nicht im Sinn von Vergeltung bestraft, sondern ausschließlich im Sinn von Verständnis und Förderung behandelt.

Mitfühlend und einfach menschlich betrachtet, könnten dem Kanzler-Ausraster problemlos einige Sympathiepunkte zugeordnet werden, aber wenn ich die Szene mit den Augen der Lehrerin betrachte, habe ich kein Verständnis für derart aufwallende Emotionen eines hochrangigen Politikers. Bei einer Lehrerin würde ein vergleichbar sorgloser Umgang mit emotionalem Überschwang gegenüber missliebigem Schülerverhalten ziemlich sicher zu einer Entfernung aus dem Dienst führen.

Was weiß so ein Kanzler eigentlich vom wirklichen Leben im Land und in der Pädagogik, dass er versuchen möchte, wahllos auf sein Wahlvolk einzuschlagen? Besonders die Lehrerinnen und Lehrer, die mit Hauptschülern arbeiten, bewältigen täglich ungeschützt viele Situationen, für die sie mehr innere und äußere Leibwächter beschäftigen könnten als ein Bundeskanzler. Man möchte meinen, ihnen zolle dafür jeder im Land gern die gebührende Anerkennung, besonders die Politiker, die mit gesetzlichen Vorgaben die Lehrerarbeit eher erschweren als unterstützen.

Mit dem Folgekanzler mussten Lehrerinnen und Lehrer nicht nur weiterhin die Aggressionen der Schüler verkraften, sondern auch noch seine angeblich leutselig gemeinte Beleidigung, mit der er sie als »faule Säcke« titulierte.

Vielleicht war die darauf folgende Kanzlerin nur um Entlastung professioneller Deutschlehrer und Pädagogen bemüht, indem sie jüngst fast die gesamte Bevölkerung irgendwie zu ehrenamtlichen Pädagogen ernannte und zuständig machte für gelingende Integration und Deutschsprachigkeit der mit ihrer Hilfe ins Land strömenden Menschen. Damit ist es ihr auf alle

Fälle gelungen, sehr unterschiedliche Emotionen bei ihrem Wahlvolk anzustacheln, die auch sie, wie ihren Vor-Vorgänger, zum Ziel von Wurfgeschossen haben werden lassen. Sie hat offensichtlich ihren inneren Neandertaler gut im Griff und konnte deshalb im Prinzip so reagieren, wie ich es mir auch für schulische Sanktionen wünsche: Nicht sie persönlich möchte die Sanktionierende sein, sondern sie setzt auf institutionelle Unterstützung – dies allerdings mit einer Härte, die ich sowohl für eine Kanzlerin als auch für schulische Zusammenhänge für unangemessen halte.

In der Rubrik »Kriminalität« erschien in der *Süddeutschen Zeitung* am 7. 11. 2017 die Notiz *Tomatenwürfe auf Merkel:*
Vor zwei Monaten, am 5. 9., hätten *der oder die Täter* bei einem Wahlkampfauftritt auf dem Universitätsplatz zwei Tomaten auf Merkel geworfen. *Dabei war die Kanzlerin an der linken Hüfte von einigen wenigen Spritzern getroffen worden.* ... »*Zahlreiche Videos wurden ausgewertet, aber ermittelt werden konnte bisher niemand*«, sagte der Polizeisprecher ... *Die Polizei ... werde den Fall in enger Zusammenarbeit mit der Staatsanwaltschaft in Heidelberg weiter verfolgen.*

Ein Tomatenwurf, an der Hüfte der Kanzlerin vorbei, aber dennoch verletzend für ihre Würde, soll in diesem Fall also als strafwürdige kriminelle Handlung geahndet werden.

Ist der Unterschied zwischen der Würde einer Politikerin und der Würde einer Lehrerin so groß?

PISTOLE

Wir befinden uns wieder in der Haupt- und Realschule, in der ich schon einen der ersten Intensivkurse in Frankfurt/Main übernommen hatte. Nach der Pause umringen mich im diesjährigen Intensivkurs aufgeregte Schüler, ziehen an meinem Pullover und reden mit grellen Stimmen durcheinander: »Blonder Jugo aus deine Klasse zeigt Pistole in Pause. Wir haben Angst.« Sie sind in diesem Kurs fast alle »Jugos« – Kriegsflüchtlinge aus dem ehemaligen Jugoslawien, die meisten im Alter von ungefähr zehn Jahren.

Blitzschnell improvisiere ich einen Arbeitsauftrag, um die Intensivkursschüler beschäftigt zu halten, und gehe sofort zu dem Raum, in dem meine 7. Hauptschulklasse zu dieser Zeit vom Physiklehrer in Schach gehalten wird, einem Menschen mit laut dröhnender Stimme. Die Holztür vibriert davon, als ich anklopfe und den Schüler, den ich als Pistolenbesitzer vermute, heraus auf den Flur bitte.

Mit einem unwilligen »Hat das nicht Zeit bis später?« kommentiert der Kollege diese Störung – aber er weiß ja nicht, dass ich ihm vielleicht soeben sein geräuschvolles Leben rette. In flotter Gangart laufe ich mit dem Schüler zum Klassenraum, weil ich annehme, wenn er tatsächlich eine Pistole dabei hat, dann wird er sie während des Unterrichts in der Schultasche aufbewahren. Der schnelle Schritt ist auch deshalb günstig, weil erfahrungsgemäß in dieser Schule schwierige Gespräche besser laufen, wenn die Schüler wenigstens eine körperliche Bewegung spüren, sozusagen als Kontrast zu ihrer geistigen Beweglichkeit, die regelmäßig Lähmungserscheinungen aufweist.

Ich überlege mir genau, wie ich ihn nun anspreche, während er neben mir läuft. Er sieht mich ganz freundlich an, und daran möchte ich auf keinen Fall etwas ändern. »Mirko«, sage ich also, »die kleinen Schüler haben Angst vor der Pistole, die du in der Pause gezeigt hast.« (So, das habe ich ganz gut angefangen. Indem ich die »Kleinen« hervorhebe, mache ich Mirko zum »Großen«. So umschmeichelt, werden seine stets sprungbereiten Aggressionen im Hintergrund bleiben, wo ich sie auch am liebsten sehe.) »Du darfst keine Pistole in die Schule mitbringen. Du musst sie mir geben!«

Er lächelt mich ein bisschen schief von der Seite an und sagt: »Ich weiß.« Das ist die Standard-Antwort aller Schüler für alle Gelegenheiten, besonders beliebt in Situationen mit für sie offensichtlichem Erklärungsbedarf. Mir geht diese Antwort regelmäßig auf die Nerven, weil ich mir sicher bin, dass in schulischer Umgebung nicht nur Philosophen nichts wissen, aber jetzt nicke ich nur milde.

Mirko greift sich nun im Laufen mit weltmännisch ausholender Gebärde unter seine Gürtellinie, bringt eine Pistole ans Tageslicht und drückt sie mir körperwarm in die Hand. Wir sind stehen geblieben, sehen beide das schwarze, vorgewärmte Metallding in meiner Hand an. Ich kenne Schusswaffen nur aus Filmen. Da sind sie übrigens auch meistens schwarz. Wie fasse ich so etwas überhaupt an, ohne mir oder anderen aus Versehen ins Bein zu schießen?

»Danke«, sage ich, so beiläufig es momentan geht. »Aber mach bitte das Magazin raus. (Das Wort kenne ich auch nur aus dem Kino.) Ich hatte noch nie eine Pistole in der Hand.« Jetzt grinst er zufrieden, eindeutig bestätigt in der ihm zustehenden überlegenen Männerrolle. Er zerlegt die Waffe in zwei Teile, und ich verstecke meine Hand mit der zweigeteilten Pistole automatisch unter meinem Pullover.

»Geh sofort wieder in deinen Unterricht!«, befehle ich streng. Er dreht ab, und ich eile ins Lehrerzimmer, lege die zwei Metallteile in mein Fach, zwischen die Bücher und Arbeitsblätter. Ich setze mich einen Moment, bis das Zittern schwächer wird, meine Füße und Knie mir wieder gehorchen, mein Herz nicht mehr so rasend tobt, als wolle es vor Angst durch meine Rippen an einen Ort flüchten, der mehr Sicherheit bietet als mein Körper in dieser Schule.

Äußerlich ruhig gehe ich zurück zum Intensivkurs, der vor Schreck wegen der Pistole meine Abwesenheit in nur geringfügigem Chaos überstanden hat. Die meisten sind noch mit meinem improvisierten Arbeitsauftrag beschäftigt, und ich frage mich, wie ein Schultag aussehen kann, in dessen Verlauf ich hundertprozentig meiner Aufsichtspflicht entspreche.

In der nächsten Pause nehme ich die Pistole aus meinem Fach, um sie zur Waffensammlung des Schulleiters zu gesellen. Neugierige Kollegen umringen mich. Wie immer halten sie zu wenig Körperdistanz und reden zu laut. Angesichts der Waffe werden sie sogar ausgesprochen schrill. »Bist du lebensmüde, alleine so eine Pistole wegzunehmen? Da muss man doch zu dritt hingehen!«

Die haben hinterher gut reden. Welche zwei Kollegen hätte ich denn spontan aus dem Unterricht holen können? Zu mehreren hätten wir vermutlich den Schüler eher an seine dämmernde Gewaltbereitschaft erinnert. Und ich musste mir die Fantasie von Solidarität unter Kollegen abschminken, seit mir neulich der Lehrer aus dem benachbarten Klassenraum riet, mich an die Polizei zu wenden, als ich ihn vorbeugend um Hilfe zur Bändigung einer regelmäßig randalierenden italienischen Schülerin bat.

Ein Kollege steckt das Magazin wieder an seinen Platz zurück und guckt in den Lauf. »Ist das nun ein Revolver oder eine Gaspistole?«, fragt er sich und uns. Wir wissen es nicht. Ehe er sich sein neugieriges Auge ins Gehirn schießen kann, nehme ich die Waffe mit zwei Fingern an einer Stelle, die ich für garantiert ungefährlich halte, und trage sie ins Büro des Schulleiters. Seine Augen treten etwas weiter aus den Höhlen als bei durchschnittlichem Staunen, als er mein Mitbringsel neben seinem Leberwurstbrötchen auf dem Schreibtisch liegen sieht. Dann verwahrt er es lakonisch in dem Fach, das die Waffen enthält, die im bisherigen Schuljahr den Schülern abgenommen wurden – Messer, Springmesser, Ketten, allerlei Metallgeräte, die blutige Schäden beim Gegner verursachen.

Nach der Pause wartet Mirko vor der Klassentür auf mich. »Ich mache Fehler«, sagt er, »ich brauche Pistole. Pistole gehört Freund. Er will wiederhaben.«

»Tut mir leid. Die Pistole ist jetzt beim Schulleiter.«

Mirko stöhnt verzweifelt und versucht an diesem Tag noch mehrmals, mich mit unterschiedlichen Begründungen zum Herausrücken der beschlagnahmten Waffe zu überreden.

Am nächsten Morgen ist die Polizei im Sekretariat, als ich ankomme. Spurensicherung. Nachts ist eingebrochen worden, die Waffensammlung des Schulleiters wurde samt Portokasse aus seinem Schreibtisch geräumt, und es fehlen noch ein paar andere Kleinigkeiten. Polizisten nehmen Fingerabdrücke verdächtiger Schüler, zu denen auch Mirko gehört. Uns sagen sie nur, es handele sich um einen Profi-Einbruch. Wessen Fingerabdrücke übereinstimmen, dürfen sie uns zu keinem Zeitpunkt sagen. Datenschutz.

Mirko ist ein Profi. Vor einiger Zeit schwänzte er wochenlang die Schule, weil er morgens mit anderen, die sich wie er unterhalb der Altersgrenze zur Strafmündigkeit befanden, Wohnungen in Frankfurt ausraubte. Er sah mich reuig an, als er das erzählte, nachdem er wieder zur Schule kam. »Ich habe falsch machen«, sagte er, »Polizei auch sagen, jetzt wieder leben wie guter Mensch.« Das war aber nach seinem 14. Geburtstag, mit dem er nach deutscher Gesetzeslage strafmündig geworden war.

Als Folge dieser kurzen Begegnung mit Mirkos Pistole versuchte ich, mit dem Einverständnis unseres Schulleiters (der gern delegierte), einen Fachmann von der Polizei ins Kollegium einzuladen, der uns weiterbilden konnte in der Kunst, eine Schusswaffe anzufassen, ohne jemanden zu gefährden. Zuvorkommender als ein durchschnittlicher Lehrerkollege verwies der Polizeikollege auf die behördliche Vorschrift: Der Schulleiter müsse als Dienststellenleiter selbst die Einladung aussprechen.

»Ja«, nickte ich, »das klingt sehr vernünftig nach Kompetenz und Rangordnung.«

Ich informierte unseren Schulleiter und legte ihm einen Zettel mit Namen und Telefonnummer des waffenkundigen Einzuladenden auf den Schreibtisch. Wenn er dort überhaupt liegen blieb, diente er höchstens als Unterlage für die tägliche Chefsache des Rektors: sein Leberwurstbrötchen. Jedenfalls bekamen wir im Kollegium nie eine Unterweisung im unschädlichen Umgang mit Schusswaffen.

In einigen Fällen kümmerten sich die Kollegen von der Polizei ja auch persönlich. Wir konnten beobachten, wie sie (übrigens zu dritt!) in den Pausenhof stürmten, einen meiner ehemaligen Schüler blitzschnell überwältigten und ihm eine Pistole aus der Jacke nahmen. Danach verließen sie mit ihm das Schulgelände.

Als ich mich, Jahre später, schließlich zur Erholung meiner Nerven in einer Klinik aufhalten musste, schrieb mir die Schulsekretärin einen Brief, mit dem sie mich aufmuntern wollte: Eine gläserne Eingangstür der Schule sei durchschossen worden. Auch sonst gehe alles seinen gewohnten Gang.

VERTRAUEN

Wir gehen davon aus, dass gelungene Erziehungsprozesse, die sich positiv auf die Charakterbildung auswirken, nur dann stattfinden können, wenn eine angstfreie, vertrauensvolle Beziehung zwischen den Menschen besteht – und zwar wechselseitig. Daran ist nicht zu rütteln. Trotzdem wurde meine selbstverständlich vorurteilsfreie, liebevolle Hinwendung zu den Schülern im Laufe der Erfahrungen, die ich in meinem Berufsalltag machen musste, zwangsläufig durch vorsichtige Abgrenzung und immer wieder Misstrauen eingeschränkt.

So war beispielsweise meine Schultasche jahrelang nicht das Objekt meiner besonderen Kontrolle – bis eines Tages Kontoauszüge einer Kollegin über den Schulhof flatterten. Wer die Auszüge las, konnte sehen: Die Kollegin war im Minus. Wer die Kollegin sah, fand sie in heller Aufregung über die Veröffentlichung ihres Kontostandes und über das unerklärliche Auftauchen der Bankauszüge, die sie soeben selbst zum ersten Mal sah. Sie wartete nämlich auf ihre neue Kontokarte, weil sie ihre alte verloren ... Oje, sie hatte also die Karte nicht verschlampt, sondern ... Durfte das wahr sein?

Es stellte sich heraus, dass ein elfjähriges Kerlchen aus dem augenblicklichen Intensivkurs ihr eine kleine Geldsumme, deren Fehlen ihr nicht auffallen würde, und die Kontokarte aus der Schultasche geklaut hatte, die sie selbstverständlich offen auf dem Pult hatte stehen lassen, während sie etwas aus dem Nebenraum holte. Der kleine Täter leugnete zwar stur, wir kamen ihm aber deshalb auf die Schliche, weil einige Klassenkameraden weniger abgebrüht waren als er. Er hatte Geld aus dem Bankautomaten holen wollen, aber ohne Geheimzahl war er nur an die Auszüge gekommen. Das erfuhren wir von Klassenkameraden.

Solch beunruhigendes Verhalten kam in allen Altersstufen vor: wie Profischurken mit Pokerface auf keinen Fall zu dem stehen, was man getan hat, sondern automatisch abstreiten und mit beliebigen Behauptungen Verwirrung streuen. Mit »Was soll ich gemacht haben?« leiteten kleine und größere Übeltäter ihre Leugnungsprozesse ein und versuchten gleichzeitig, herauszufinden, wie viele ihrer zahlreichen Schandtaten den Lehrern eigentlich bekannt waren. Einige Schüler blickten mit seltsam introvertierten Augen, in die man nicht hineinsehen konnte. Undurchdringliche Abschottung gegenüber der Außenwelt. Ehrliche Geständnisse oder gar Reue hatten Seltenheitswert, und die Geständnisbereitschaft war oft davon abhängig, ob es Zeugen gab. Das ist bis heute so geblieben.

Ich hospitierte vor Kurzem in einer Mathematikstunde eines 8. Realschuljahrs, in der alle mit Rechnen beschäftigt waren, auch die Lehrerin, die herumging und einzelnen Schülern half. Ein auffälliger Macho, der schon zu spät gekommen war und statt einer Entschuldigung kleinere Unverschämtheiten angeboten hatte, fummelte an seinem unter dem Tisch verborgenen Handy. Die Lehrerin wurde auf ihn aufmerksam und fragte: »Was machst du da, ich sehe dich nicht rechnen.« Sie ging auf ihn zu und sah das Handy. »Am besten gibst du mir das Handy, ich gebe es dir nachher zurück.«

»Wieso Handy, was hab ich gemacht?«

»Du hast gespielt oder SMS geschrieben.«

»Hast du mit deine Auge gesehn, was ich mach? Hast du Beweis?«

Manchmal ist es doch richtig schön, wenn Besuch da ist. »Ich hab's mit meinen Augen gesehen«, dröhnte ich aus meiner Ecke schräg hinter ihm, wo mich der Selbstverliebte bisher nicht wahrgenommen hatte. Sofort rückte er das Handy heraus, zwar mit empörtem Schnauben, aber immerhin.

Zurück zu meiner Hauptschulklasse – und zu Victor, der sich im 7. Schuljahr immer auffälliger verhielt. Mehrmals redete ich ergebnislos mit ihm, schließlich kündigte ich ein Gespräch zu dritt an, mit seinem Vater. Weinend brach Victor zusammen, fiel beinahe auf die Knie, flehte mich von Schluchzen geschüttelt an, bitte, bitte, alles, nur nicht den Vater, bitte nicht den Vater, der schlägt und draufhaut ohne Erbarmen.

Von Mitleid erschüttert, kämpfte ich gegen eigene Tränen und erweiterte die von mir gesetzte Frist, in der Victor zu sozial verträglichem Verhalten zurückfinden sollte. Aber Victor fand nicht zurück, sondern uferte weiter aus, malträtierte Mitschüler während des Unterrichts und in den Pausen mit körperlichen Übergriffen und beleidigenden Zurufen, nahm ihnen Gebrauchsgegenstände weg, gefiel sich in trotziger Arbeits- und Kommunikationsverweigerung und tat sich mit aggressiven Unterrichtsstörungen hervor.

Die Entscheidung, seinen Vater zum Gespräch einzuladen, wurde für mich zu einem großen Problem, und ich fühlte mich gemein und schuldig, als ich schließlich die Einladung schrieb. Aber angesichts Victors wachsender Untatenliste hielt ich sein verzweifeltes Weinen aus und setzte den Gesprächstermin fest. Ich sagte ihm: »Wenn du doch weißt, wie brutal dein Vater reagiert, warum benimmst du dich dann nicht extra besonders gut?« – und schämte mich dafür. Ich überlegte sogar, ob ich das Jugendamt einschalten sollte.

Der Vater kam pünktlich zum Termin. Ein muskulöser Mann mit großen, kräftigen Händen, die wohl austeilen konnten. Zu dritt saßen wir im Klassenraum auf Schülerstühlen, und ich leitete vorsichtig, ganz vorsichtig das Gespräch ein: Wir würden über Schwierigkeiten sprechen, die Victor zurzeit hätte. Ich wünschte, wir würden ehrlich miteinander reden, und keinesfalls wollte ich Victor bestraft sehen, Strafen seien nicht immer nützlich und besonders vom Schlagen hielte ich nichts, Schlagen sei ganz schlecht, das Kind würde vom Schlagen nur Angst lernen, aber wahrscheinlich nicht begreifen, was es wirklich falsch gemacht habe.

Der Vater sah mich irritiert an. »Warum sprechen Sie vom Schlagen? Glauben Sie etwa, ich schlage meinen Sohn?«

Ich wackelte bedenklich mit dem Kopf, und ehe ich etwas sagen konnte, packte der Vater mit seiner großen Hand den Sohn sanft an der Schulter. »Hast du vielleicht erzählt, ich schlage dich?«

Victor sah zum Vater hoch, Tränen rollten reichlich, er nickte reuig, und sein Vater saß einen Moment mit gesenktem Kopf. Als er mich ansah, hatte er ebenfalls Tränen in den Augen.

»Das tut weh«, sagte er, »ich habe nie im Leben die Hand gegen meinen Sohn erhoben, und ich werde das auch nie tun. Gegen niemanden.«

Wenn die Wahrheit im Raum ist, kann man sie manchmal spüren. Sie war momentan beim Vater, und Victor heulte ausgiebig, weil er seinen Vater bei mir in ein so schlechtes Licht gesetzt hatte.

In jeder bösen Geschichte gibt es auch einen guten Aspekt, und das Gute an dieser Geschichte war: wenigstens echte, glaubwürdige Reue.

Ich grübele bis heute darüber, was das Gute an Mirkos Geschichte war, dem ich die Pistole weggenommen hatte (siehe Kapitel: Pistole). Aber mir fällt nicht viel mehr ein als dies: An Mirkos Geschichte habe ich erst wirklich verstanden, wie kontraproduktiv die pädagogische Beziehung werden kann, wenn Schüler Vertrauen durch Berechnung ersetzen. Die augenblickliche Gesetzeslage in Deutschland unterstützt sie dabei, und ich frage mich, wen oder was ein Datenschutzgesetz in Mirkos Fall schützt. Im Kollegium waren wir einmütig von seiner Beteiligung an dem Einbruch überzeugt, aber wir schwiegen ihm gegenüber mit gespieltem Desinteresse, so wie er uns gegenüber. Everybody Pokerface. Gesund war das nicht!

Während meiner Pausenaufsichten spielten sich in Variationen öfter Szenen ab, in denen Einzelne oder Schülergrüppchen mich in vermeintlich vertrauensvolle Gespräche verwickeln wollten. Im Angebot waren familiäre Probleme (»In meiner Familie haben alle Krebs, alle sterben an Krebs«), überzeugend gespielte Verzweiflungsmomente mit täuschend echter Tränenproduktion in beachtlichen Mengen oder in seltenen Fällen sogar Komplimente, mit denen meine Aufmerksamkeit so lange geködert werden sollte, bis hinter meinem Rücken verbotene Aktivitäten stattgefunden hatten, bei denen ich als Zeugin unerwünscht war.

Wenn ich ihnen auf den Kopf zusagen konnte, dass und warum sie mich gerade täuschen wollten, lachten manche anerkennend, als hätte ich gerade einen Punkt in einem gemeinsamen Spiel gewonnen, und gaben zu, sie hätten »geschleimt«. So nannten sie das Spiel, bei dem es offenbar darum ging, bestmöglich zu lügen und zu betrügen. Besonders viele Punkte gab es anscheinend dafür, Mitspieler einzubeziehen, die keine Ahnung von der Existenz des Spiels hatten und denen man sich wegen ihrer Ahnungslosigkeit überlegen fühlen konnte. Auch gehörte zu den Spielregeln, sich keinesfalls in Mitspieler einzufühlen, sondern sie mit allen Mitteln zu manipulieren. Am Ende des Spiels stand die Schleimskala zwischen Geringschätzung und Verachtung für die Mitspieler, die auf Manipulationen hereingefallen waren. Für diejenigen, die das Spiel durchschauten oder gar gekonnt zurückmanipulierten, reichte die Skala von Anerkennung bis Hochachtung.

Das war nicht mein Spiel, es passte auch nicht in die Schule, für mich passte es eventuell als »feilschen« auf orientalische Märkte, und auch da war es für meine Wertvorstellungen überflüssig. Warum nicht gleich den richtigen Preis nennen, statt sich auf der Skala zwischen »überhöht« und »untertrieben« mit zeitraubendem Geschwätz einer realistischen Mitte zu nähern? Gewöhnungsbedürftig für meine Wertvorstellungen ist der Umstand, dass der unterlegene Manipulierer nach dem eigenen Scheitern dem Spielgegner offenbar hohe Anerkennung zollt. Hat das nun wieder mit Wertvorstellungen zu tun, die sich im Rahmen von Rangordnungsstrukturen bewegen? Anerkennung dafür, dass der Mitspieler seinen Platz behauptet hat oder sogar den anderen zurückdrängen konnte?

Der Straßenhändler, mit dem ich in Indien notgedrungen das Spiel spielte und dabei den Preis erstaunlich tief drücken konnte, schüttelte mir bei der Einigung erfreut lächelnd die Hand: »Good bargain, good bargain.« Gut gefeilscht!

Vielleicht sah es aber für mich nur so aus, als sei er erfreut, denn vielleicht ist in seinem System das lächelnde Gesicht mit den anerkennenden Worten lediglich der Code, mit dem er eigentlich Missfallen und Verachtung ausdrückt?

Viele Deutsche verstehen die Verwendung solcher Codes bislang noch nicht. Eine türkische Autorin, die Kritisches über ihre Zwangsheirat veröffentlichte, berichtete mir von einer Lesung, in der muslimische Fundamentalisten sie in türkischer Sprache bedrohten. Ihre deutschen Begleiter forderten Deutschsprachigkeit, und ein Bedroher sagte daraufhin lächelnd zu ihr auf Deutsch:

»Möge Allah dich immer beschützen« – ein Code, zu dem Uneingeweihte gemütlich abnicken, in Wirklichkeit handelte es sich hier aber um eine versteckte Gewaltandrohung.

Die Krönung im Sumpf der Unehrlichkeiten waren für mich die Hinweise muslimischer Schüler, Allah erlaube ausdrücklich, dass Moslems gegenüber Nichtmoslems Unwahrheiten verbreiteten. Gegenüber »Ungläubigen« dürfe man lügen, die Wahrheit und moralisch gutes Verhalten sei nur angesagt im Umgang mit »echten« Gläubigen, also nur im Umgang mit gleichgesinnten muslimischen Glaubensbrüdern.

Haben meine Schüler das seinerzeit erfunden oder gilt das nun stetig im täglichen Leben, in der Wirtschaft und in der Politik? Und wenn ja, haben unsere Volks- und Medienvertreter eine Ahnung davon oder lassen sie sich, immer in der Annahme, alle Menschen seien Anhänger derselben Wertvorstellungen, öfter mal durch Doppelzüngigkeit bei Eingeweihten vorführen, die sich vordergründig brav zu demokratischen Wertvorstellungen bekennen?

RANGORDNUNG

In außerschulischen Zusammenhängen befasste ich mich mit Literatur zur Verhaltensforschung bei Wölfen und Hunden. Ich erfreute mich dabei an den lebendigen Darstellungen von Erik Zimen,[3] dem Erforscher wölfischen Verhaltens im Zusammenhang mit Kriterien von Rangordnungen, die er als Grundlage des sozialen Friedens im Rudel beschreibt.

Nach seinen Beobachtungen gelten im Wolfsrudel strenge Regeln, deren Übertretung durch Rangniedere eindeutig von Ranghöheren reglementiert wird. Der Katalog der Übertretungsahndungen reicht von Knurren bis Totbeißen. Die Rangfolge im Rudel wird zwischen den männlichen und den weiblichen Mitgliedern getrennt ausgefochten, es gibt also eine männliche und eine weibliche Rangordnungslinie. Normalerweise ist auch die Paarung an den Rangordnungsplatz gebunden, sodass sich das Alphamännchen mit dem Alphaweibchen paart usw.

Außer um Futterbeschaffung und Aufzucht von Nachwuchs geht es im Rudel immer wieder um die Überprüfung der Rang-

---

3 Erik Zimen: »Der Wolf: Verhalten, Ökologie und Mythos«, Kosmos Verlag 2003, und Erik Zimen: »Der Hund: Abstammung – Verhalten – Mensch und Hund«, Goldmann Verlag 2010

höheren durch die Rangniederen daraufhin, ob die Höheren ihren Rangplatz weiterhin behaupten können. Gelingt Beta die Unterwerfung von Alpha, muss Alpha seinen Platz räumen. Ein unterworfener Alpha muss sich einen neuen, untergeordneten Rangplatz erkämpfen. Gelingt das nicht, verlässt er das Rudel oder wird als rangletzter Gnadenbrotfresser geduldet. In den weiblichen Ranglinien kommt es manchmal vor, dass die ehemalige Alphawölfin von den Weibchen totgebissen wird. In beiden Linien ruft ein Zurückweichen des angegriffenen Ranghöheren beim Angreifer verstärkte Aggressionen hervor. Beutelt jedoch der ranghöhere Angegriffene seinen rangniedrigeren Angreifer nach allen wölfischen Kampfregeln, zieht sich der Angreifer befriedet zurück.

Jede noch so kleine Andeutung von Ordnungsverletzung muss sofort geahndet werden, um die Aggressionen des Ordnungsverletzers für den Ranghöheren beherrschbar zu halten. Zimen, der sich als Alphawesen respektiert im Rudel bewegen konnte, beschreibt ganz amüsant die Szene, wie ein Jungwolf provokativ sein Territorium markierte, indem er sehr nahe an Zimens Füßen urinierte. In wölfischer Wahrnehmung eine riesige Respektlosigkeit, die Zimen seinen Rangordnungsplatz hätte kosten können, wenn er nicht adäquat reagiert hätte. Er neutralisierte den beleidigenden Markierungsfleck seines Angreifers, indem er schnell selbst darauf urinierte, und rettete so seine Machtposition. Wenigstens im Wolfsrudel. Nicht für jeden menschlichen Beobachter wäre seine Tat imponierend.

Weil sich mir so viele Parallelen aufdrängen, wage ich nun an dieser Stelle einen Vergleich zwischen möglichen unsichtbaren Rangordnungen bei Menschen und Wölfen. Mir ist sehr wohl bewusst, dass Menschen und Wölfe weder gleichgesetzt noch verglichen werden sollten, und ich weiß auch, dass ich mich damit in unsicheres Gelände wage, aber ich tue den Schritt an dieser

Stelle, weil mir damit die kurze, klare Beschreibung eines der Phänomene gelingen könnte, das unter anderem wahrscheinlich nicht nur allgemein zum enttäuschenden Abschneiden Deutschlands in PISA-Vergleichen beigetragen hat, sondern das eine entscheidende Ursache für die Aggressivität und Integrationsverweigerung bildungsferner Einwanderer sein könnte.

Meines Wissens ist leider bisher bei der jahrelangen vergeblichen Suche nach Ursachen für Leistungs- und Integrationsverweigerung das Phänomen »Rangordnung« weder von Politik noch von Pädagogik überhaupt wahrgenommen worden. Aber das kann sich ja ändern.

Wir wissen von türkischen/muslimischen Jugendlichen, die in einer Gruppe namens »Graue Wölfe« organisiert sind. Der Sänger Osun Baba gehört den »Grauen Wölfen« an, und er singt: »Ich bin geborgen im Rudel. Wir helfen uns, einer ist für den anderen da … Das geht bis in den Tod.«

Nachdem ich Zimen gelesen hatte, schien es mir, als hätte ich in den Hauptschulklassen das permanente Austragen von Rangordnungskämpfen erlebt. Die Schüler kämpften vorwiegend untereinander, die Schülerinnen kämpften vorwiegend untereinander, und in fast täglichen Übergriffsversuchen wurde die Lehrerin daraufhin getestet, ob sie ihre Position noch hielt.

In einem Fernsehbericht über Schüler einer Kölner Hauptschule war im April 2007 zu sehen, wie türkische Jungen, die in der Schule als haltlose Flegel und Gewalttäter auffallen, in der Boxschule eines türkischen Boxers trainieren, der als furchterregender Haudrauf erscheint. Die Jungen zeigen ihm gegenüber eifriges Bemühen und höfliche, zurückhaltende Manieren. Sie formulieren, sie hätten vor ihm Respekt, aber vor den Lehrern nicht, und sie begründen den Unterschied damit, dass der Boxer ihr »Oberalpha« sei.

Mein Schulleiter verstand sich immer wieder darauf, mich mit einem neuen Schüler zu überraschen. Er klopfte einfach während meines Unterrichts an die Tür des Klassenraums und stand mit einem jungen Menschen da, der ab heute Schüler in meiner 7. oder 8. oder 9. Hauptschulklasse sein würde. Also dann: »Wir haben einen neuen Mitschüler, wie heißt du, dort ist ein freier Platz für dich, ich wünsche dir alles Gute und viel Erfolg in unserer Klasse.« Und ab hier musste ich mit tagelangen Tumulten wegen Aufmischens der bisherigen Rangordnung rechnen. Die Jungen testeten seine Kraft und Reaktionsgeschwindigkeit auch gegen Beleidigungen, die Mädchen erprobten die Wirkung ihrer oft eher schrillen weiblichen Reize. Hatte der Neue sich seinen Rangplatz geschaffen, indem er als Sieger aus allerlei verbalen und körperlichen Prügeleien hervorgegangen war, oder, im Falle seiner Unterlegenheit, zuweisen lassen, konnte ich für eine Weile wieder mit ruhigeren Stunden rechnen.

Oft war die Fluktuation mitten im Schuljahr durch unsere vorgesetzten Behörden bedingt, die unseren Lehreralltag mit ausgeklügelt realitätsfernen Vorschriften belasteten und die uns Lehrerinnen und Lehrer immer wieder durch mangelnde Unterstützung enttäuschten. So hatte das Kollegium einer Schule nicht die Macht, einen Schüler der Schule zu verweisen. Das Kollegium musste seinen entsprechenden Mehrheitsbeschluss erst vom Hausjuristen des Schulamts genehmigen lassen. Dieses Verfahren scheint grundsätzlich demokratiekonform und also in Ordnung, aber das Entscheidungskriterium des Hausjuristen zum Absegnen eines Schulverweises bestand vordringlich in der Frage: Hat der Delinquent *Schüler* gefährdet? Deshalb blieb an einer Frankfurter Gesamtschule ein Schüler, der seine Lehrerin obszön beleidigt und angespuckt hatte, weiterhin in der Schule, obwohl sich das Kollegium einstimmig für seinen Verweis ausgesprochen hatte. Der Schüler wusste von dem behördlich torpedierten Kollegiumsbeschluss und genoss in vollen Zügen die Ohnmacht seiner

Lehrerinnen und Lehrer, tanzte höhnisch um sie herum und schrie:»Ihr könnt mir nix!« Die angespuckte Lehrerin wechselte die Schule.

Wegen derartiger Erfahrungen waren einige Schulleiter mit Unterstützung der Kollegien dazu übergegangen, ihre de facto machtlose Position dergestalt unter Verschluss zu halten, dass sie Eltern problematischer Schüler nahelegten, auf eigenen Wunsch den Neuanfang an einer anderen Schule zu wagen, ehe ein Schulverweis ausgesprochen würde, der schließlich in der Schülerakte als gravierender Nachteil stehen bliebe. So schoben sie sich immer wieder jugendliche Gewalttäter gegenseitig zu, und in einigen Fällen bewirkte der Schulwechsel auch tatsächlich positive Verhaltensänderungen – nach meiner Einschätzung deshalb, weil die zuvor an der ersten Schule verhängten Strafen von den schlichten Denkstrukturen dieser gewaltbereiten Schüler nicht wahrgenommen werden konnten. Was kümmern einen, der ohne Begabung zum Mitfühlen draufschlägt und raubt, schriftliche Verwarnungen, Vorladungen vor die Klassenkonferenz oder ähnliche Ereignisse? Bei Schulwechsel spürt er aber eine Veränderung und versteht vielleicht den Zusammenhang mit seinem Fehlverhalten.

Im 8. Schuljahr brachte der Schulleiter Samson in meine Klasse, einen hochgewachsenen, äußerlich auffallend schönen Eritreer mit in Deutschland arbeitenden katholischen Eltern, die an ihrem Sohn verzweifelten. Der hatte an der vorigen Schule seinem Lehrer einen Stuhl in den Rücken geworfen und dazu Beleidigungen gebrüllt, die niemand gedruckt sehen möchte. Bei dem folgenden Gespräch mit Eltern, Delinquent und Lehrern bat der Vater seinen Sohn taktvoll vor die Tür, weil er ihm die Demütigung ersparen wollte, ihn vor den Ohren seiner Lehrer zu rügen. Die Lehrer hörten draußen bald Geräusche, die wie Schläge klangen, und wunderten sich, dass dieser freundliche Vater doch die Beherrschung verloren hatte. Aber das hatte er nicht – der Sohn war es, der den Vater verprügelte.

Dieser entgrenzte junge Mann wurde mir also während des Unterrichts vom Schulleiter zugeführt. Er lagerte sich mit ausgestreckten Beinen schräg auf einen Stuhl und starrte mich mit verschränkten Armen an. Brachte keine Schultasche mit und tat explizit nichts von dem, wozu er aufgefordert wurde. Starrte aggressiv mit dunkel glühenden Augen Löcher in meine innere Sicherheitszentrale. Am dritten Tag hatte er die Füße auf dem Tisch und zeigte mir seine Schuhsohlen. Dahinter, am anderen Ende seiner langen Statur: Kampfstarren. Die neuen Klassenkameraden hatten ihn sofort anerkannt, die Mädchen himmelten ihn an. Er war nicht nur größer und schöner, sondern auch älter als der Klassendurchschnitt.

Jetzt musste ich allmählich sehen, wie ich meinen Platz behauptete. Ich schnappte mir Samson am Ende der großen Pause, nachdem ich die Klassentür aufgeschlossen hatte und alle in den Raum drängten. »Bleib hier stehen!«, herrschte ich ihn kühn an, »es gibt etwas Wichtiges für dich!« Das Reizwort stoppte ihn tatsächlich. Das Wichtige für den Wichtigen. Ich schloss die Tür hinter den Mitschülern und schnauzte ihn an: »Ich kann gut sehen, was mit dir los ist. Ein junger Mann, der so schön ist wie du und sich dann so beschissen benimmt, der hat Angst. Du sagst mir jetzt sofort, wovor du Angst hast, dann kann ich dir vielleicht helfen!« Wie aus einer Trance erwachend, schüttelte er bedächtig sein wohlgeformtes Haupt und sah mich nachdenklich an. Sagte nichts.

»Was ist?«, fauchte ich heftig, »hast du jetzt Angst, mir zu sagen, wovor du Angst hast?«

»Ich weiß nicht.«

»Okay, dann denk nach bis morgen. Morgen stehst du nach der Pause genau hier und sagst mir, was dir eingefallen ist. Und die Füße bleiben ab sofort auf dem Boden.«

Er reduzierte sein Kampfstarren und sah mich so an, dass es mir nicht mehr wehtat. Am nächsten Tag stand er brav nach der Pause neben der Tür, wartete, bis wir allein im Flur waren, und sagte:»Ich habe genau nachgedacht, und ich habe keine Angst. Bestimmt nicht.«

»Das kann nicht sein. Wieso benimmst du dich so furchtbar, wenn du keine Angst hast?«

»Ich glaub, ich mach einfach nur Scheiß!«

»Dann hör bitte sofort auf damit. Scheiß macht dich hässlich.«

Er nickte und benahm sich fortan bei mir im Unterricht ganz erträglich, ließ sich sogar immer wieder zu etwas Mitarbeit herab.

Zum Glück hatte mein Versuch gut funktioniert. Insgesamt war es aber ein unhaltbarer Zustand, dass die Disziplin in meinem Klassenzimmer allein durch meinen persönlichen Einsatz hergestellt werden musste – vor dem Hintergrund gesetzlicher Vorgaben und pädagogischer Wunschvorstellungen, die meinen Rangordnungsplatz immer niedriger sägten. Schüler wie Samson würden sich durchgängig entspannter verhalten können, wenn wir uns im Schulsystem übersichtlicher nach Rangordnungskriterien verhalten könnten. Dazu gehörte nicht nur ein Strafkatalog, dessen Konsequenzen die entsprechend gewaltbereiten und rangordnungsorientierten Schüler auch beeindrucken könnten, sondern zuallererst die Entwicklung eines Bewusstseins für den eigenen Rangplatz bei Lehrerinnen und Lehrern, denn viel zu viele buhlen entweder instinktlos um Anerkennung und Zuneigung ihrer Schüler, oder sie versuchen, sich ihnen in irregeleitetem Demokratieverständnis sozusagen gleichberechtigt anzubiedern.

Nachdem die Ergebnisse der ersten PISA-Studie veröffentlicht waren, ergab sich für eine deutsche Grundschullehrerin die Gelegenheit, in Finnland an einer Grundschule zu hospitieren. Sie wurde im Lehrerzimmer vorgestellt und saß als Zuschauerin während des Schulmorgens in verschiedenen Unterrichtsstunden. In der Mittagspause ging sie selbstverständlich mit den Kindern in die schuleigene Kantine, wo es warmes Mittagessen für Schüler und Lehrer gab. Wie in einer Mensa holt man sich das Essen mit seinem Tablett am Tresen ab. Die deutsche Lehrerin rückte brav in der Schlange der Grundschüler zentimeterweise zu ihrer Mahlzeit vor, bis eine finnische Kollegin in die Kantine kam, sie lachend an der Hand aus der Warteschlange zum Tresen zog und sagte: »Du bist eine Lehrerin, was machst du da bei den Schülern? Im Lehrerzimmer warten schon alle auf dich!« Die finnische Kollegin führte die Hospitantin zur schnellen Essensausgabe und dann mit gefülltem Tablett zurück ins Lehrerzimmer.

Wir Pädagogen leugnen im Normalfall die Existenz von Rangordnungsstrukturen und wollen folgerichtig auch nicht über die unausweichlichen Konsequenzen nachdenken. Wir wollen unsere Schüler nicht dominieren, zu Recht wollen wir zuallererst mit ihnen in freundliche, angstfreie Beziehung treten. Wir vertreten partnerschaftliche und demokratische Unterrichtsstile, die aber leider nur dann gut funktionieren, wenn Lehrer und Schüler die gleichen gesellschaftlichen Wertvorstellungen teilen. Das ist vermutlich eher bei Gymnasiasten der Fall, aber den meisten Hauptschülern muss man klare Vorgaben anbieten. Deshalb hilft es auch nichts, die Hauptschule abzuschaffen, die Auseinandersetzung mit spezifischen Persönlichkeitsstrukturen problematischer Schüler entfällt ja nicht mit der Schulform.

Auf der Grundlage gesetzgeberischer Vorgaben, mit denen gravierendes Fehlverhalten verbindlich durch die Institutionen und nicht individuell durch die Lehrer geahndet würde, könnten förderlichere Beziehungen zwischen Lehrern und an Rangordnung orientierten Schülern hergestellt werden, als das bisher der Fall ist.

In unseren geltenden Erziehungskonzepten lehnen wir Strafen ab. Stattdessen bieten wir Fördermaßnahmen an. Richtig wäre es, den Begriff »Fördermaßnahmen« umzutaufen in »Hoffnungs-maßnahmen«, denn abgesehen davon, dass sie Trägerorganisationen und ihren Mitarbeitern den Unterhalt sichern, basieren sie lediglich auf der Hoffnung, die Maßnahme könnte einen Delinquenten zu positivem Leistungs- und Sozialverhalten motivieren. Für entgrenzte Jugendliche, die sich überhaupt nicht mehr erziehen lassen wollen, haben wir ein Konzept, das anfänglich Abenteuerpädagogik hieß, später Erlebnispädagogik genannt wurde und bis auf Weiteres »Internationale Sozialpädagogische Einzelbetreuung« heißt. In solchen Konzepten wird der junge Mensch in eine neue Umgebung gesetzt – afrikanischer Busch, sibirisches Dorf, mediterrane Segelschule. Manche müssen arbeiten, meist in der Landwirtschaft, und sie bekommen viele Gelegenheiten geboten, die sie motivieren sollen, zwischenmenschlich kompatible Verhaltensmuster zu entwickeln und zu verinnerlichen.

Die Fragwürdigkeit dieses Konzepts ist leicht nachvollziehbar in dem 2004 erschienenen Buch *Aus dem macht ihr keinen Menschen mehr*[4] beschrieben. Der Autor Stefan Scholl beobachtete in Sibirien monatelang Jugendliche, die im deutschen Erziehungssystem gescheitert waren und nun von deutschen Sozialarbeitern in sibirischen Dörfern zu sozial verträglichen Wesen umerzogen werden sollten. Die Jugendlichen waren mit ihrem Recht, Taschengeld vom deutschen Vater Staat zu erhalten, oft reicher als der reichste Bauer im Dorf und sicherten sich durch Geschenke die Unterwerfung ihres sibirischen Umfeldes. Sie rauchten und soffen, überfielen ihre Betreuer, bedrohten deren Leben und Gesundheit und gaben ständig verzweifelte, für die Betreuer oft lebensbedrohliche Zeichen für ihre Suche nach den Grenzen ihres ausufernden Verhaltens. Die Betreuer haben keine legalen

4   Stefan Scholl »Aus dem macht ihr keinen Menschen mehr«, Verlag Hoffmann und Campe, 2004

Möglichkeiten, spürbare Grenzen zu setzen. Sie sind von der deutschen Gesetzgebung beschämend und lähmend schachmatt gesetzt. Ein empfehlenswertes Buch für alle, die sich über die letztendliche Hilflosigkeit unserer konsequenzenlosen, partner-schaftlich-gleichberechtigten Pädagogik informieren möchten: die Steigerung der Aggressivität beim Rangniederen, wenn der Ranghöhere ein Demutsverhalten an den Tag legt, das seinem Rangplatz nicht angemessen ist. Die aus solchen Gründen gestei-gerte Aggressivität verpufft spontan in dem Moment, in dem ei-nem ausufernden Menschen sein (Rangordnungs-)Platz gezeigt wird.

Im Folgenden ein Zitat mit der Geschichte der 14-jährigen Nina, die bisher ihren zwei (!) deutschen Betreuern in Sibirien nach dem Leben getrachtet und sie mit ihrer Brutalität einge-schüchtert hatte und die jetzt von Sweta betreut wurde, einer rus-sischen Psychologiestudentin:

S. 239f.: *Tatsächlich, auch wenn ich meinen Ohren nicht traute, Nina ging jetzt jeden Tag zur Schule, sechs Stunden lang. Nina half im Haushalt, Nina trank nicht mehr, Nina hatte noch keinen Sex gehabt in Suworowskij. Nina, so klang es, war doch noch einem pädagogischen Wunder zum Opfer gefallen. »Am Anfang hat sie noch gesoffen«, erzähle Sweta, »hat mich angegriffen, schlug mit voller Wucht, dahin, wo es wehtut, einmal ist sie mit dem Messer auf mich losgegangen.« Sweta sagte, sie habe richtig Angst vor ihr gehabt. Schließlich verhaftete der Dorfmilizionär die rasende Nina und hielt sie einen halben Tag mit Handschellen gefesselt in seinem Büro fest. Gewalt, Demütigung, Freiheitsentzug, ein übler Verstoß des russischen Ordnungshüters gegen das deutsche sozialpädagogi-sche Regelwerk ... Aber Nina beruhigte sich.*

»Meine« Hauptschüler beruhigten sich auch, wenn es mir ge-lang, deutliche Zeichen zu setzen, deutlich sowohl verbal als auch durch Körpersprache. Erfolgreiches Imponiergehabe, das mich unerträglich anstrengte, weil es meinen Wertvorstellungen fremd war, fremd geblieben ist. Aber mein bevorzugter demokratischer, partnerschaftlicher Unterrichtsstil wurde von den meisten Haupt- und Realschülern als Schwäche missverstanden, und genau davor musste ich mich schützen. Eine Lehrerin, die Schwäche zeigt, entfesselt die Beißhemmung derer, die für ihre Sicherheitsgefühle klare Rangordnungsstrukturen brauchen. Sie hat zufriedene Schüler, wenn sie durchschaubare Kriterien für Leistungsbeurteilung und Sanktionen für Fehlverhalten anbietet. Sie ist leider permanent überfordert, weil sie das ohne nennenswerte institutionelle Unterstützung leisten muss. »Wie ein Soldat«, sagte ein Kollege einmal resigniert, »der nicht nur allein in den Kampf geschickt wird, sondern auch noch ohne Waffen.«

Einmal riskierte ich es, mich strafbar zu machen: Ich sperrte einem Fünftklässler im Unterricht schwungvoll mit der Hand den Mund zu – den geifernden, kreischenden Mund, aus dem Orkane ekelhafter Obszönitäten in unsere Ohren tosten, Obszönitäten, die sich verbal von mir nicht stoppen ließen. Jemand hatte ihm das Mäppchen weggenommen, und deshalb überschüttete er uns nun mit kränkender verbaler Gewalt, war außer sich und konnte nicht mehr zu sich zurückfinden – bis ich ihm mit der flachen Hand den wüsten Wortschwall abstoppte. Das ergab ein hohles Geräusch wie »plopp«, flache Hand auf Resonanzboden offener Mund. Danach Ruhe, Manuel verlor seinen glasigen Blick und kehrte ins Hier und Jetzt zurück. Beruhigt. Seine Klassenkameraden verharrten in plötzlicher Totenstille, bis einer herausbrachte: »Das dürfen Lehrer nicht. Manuel kann Sie jetzt anzeigen!«

»Ja, das kann er. Aber wenn ich dem Richter erzähle, was Manuel eben für schreckliche Wörter gebrüllt hat, ich glaube, der haut ihm dann tatsächlich eine.« Alle lachten wie erleichtert und nickten zustimmend, auch Manuel, mit dem ich anschließend noch ein längeres Zwiegespräch hatte, in dem er selbstverständlich verstand, dass ich ihn nicht demütigend schlagen, sondern lediglich seinen scheußlichen Wortschwall stoppen wollte. Seit es zwischen uns »plopp« gemacht hatte, war Manuel in meinem Unterricht ein fast eifriger Schüler, freundlich, entspannt. Kollegen klagten über seine Aufsässigkeit und verbalen Entgleisungen, aber bei mir hatte er keine ekelhaften Wortschatzübungen mehr nötig.

In meiner Herkunftskultur und besonders im nördlichen Teil Europas ist die Idee jeglicher Art von Strafen in der Erziehung verpönt. Hier fördern und motivieren wir und wirken als Vorbild. Der letzte Versuch zur Motivation erziehungsresistenter junger Menschen besteht in der oben erwähnten Internationalen Sozialpädagogischen Einzelbetreuung.

Den Gedankengängen, die dahin geführt haben, gebührt uneingeschränkte Sympathie: kein Druck, keine Disziplinierung, kein Zwang, kein Drill, keine Gewalt, nichts, was uns in Verbindung bringen könnte mit Denkmustern, die seinerzeit zu Krieg und Massenmord und entsprechend nachfolgenden Schuldgefühlen geführt haben. Wir setzen auf das Gute im sozialen, lernwilligen Wesen Mensch. Wir glauben an die Vorbildwirkung einer förderlichen Umwelt, der stärkere Auswirkungen auf die individuelle Menschwerdung zugeschrieben werden als den biologischen Anlagen und rigideren Glaubenssystemen, die selbstverständlich Androhung von Strafen und Bestrafungen enthalten. Wenn wir ernsthaft unseren demokratischen Förderglauben teilen, müsste er dann nicht gleichermaßen für alle Menschen und Situationen gelten?

In Deutschland wurden und werden Gesetze als Grundlage jedweden Erziehungsgeschehens geschaffen, die peu à peu die alten Konzepte von Kontrolle und negativen Sanktionen verdrängt haben. Der 16. Oktober 1998 war jedoch der schwarze Freitag an der Börse der Glaubwürdigkeit von Politikern, die zwar als

Gesetzgeber für die Entwicklung der fortschrittlichen, politisch korrekten Vorstellung vom in Freiheit ohne Druck und Strafen mündig gewordenen Individuum stehen, dieser Vorstellung aber selbst nicht zu trauen scheinen. Der Bundestag beschloss, Milošević sozusagen aus pädagogischen Gründen militärisch zu bedrohen. Die Redner Rühe, Schröder und Fischer vertraten den Standpunkt, einem verhärteten Politiker wie Milošević sei nur mit Drohungen beizukommen, Drohungen, die man auch zu realisieren bereit sei, wenn Milošević sich der europäischen Gemeinschaft nicht füge.

Wie war es möglich, dass Politiker sich nicht scheuten, das Risiko eines Krieges einzugehen, letztlich aufgrund der erzieherischen Überzeugung: Wenn es nicht mehr anders geht, muss man eben Druck ausüben? So schlau war seinerzeit schon meine Oma gewesen, sie allerdings mit gradlinigem Denken, ohne die schizophrenen Winkelzüge einer gegenläufigen Gesetzgebung in Sachen Pädagogik und Erziehung.

Würde für diese Politiker die gleiche Logik gelten wie für die Lehrer und Sozialarbeiter im Land, dann hätten sie doch darüber diskutieren müssen, mit welcher sozialpädagogischen Einzelbetreuung Milošević am erfolgreichsten sozialverträgliche Verhaltensweisen einüben könnte.

Wenn es stimmen sollte, dass unterschiedslos alle Kinder und Jugendlichen allein durch Förderung und gutes Vorbild zu sozial verantwortlichen Wesen erzogen werden können, dann ist die Bedrohung auch eines nicht jugendlichen Politikers mit Krieg in der Absicht, ihn zu gemeinschaftsfähigem Handeln zu bewegen, die entlarvende Bloßlegung politischer Irrungen, Wirrungen und Unehrlichkeiten, die den Alltag von Lehrern und Erziehern unnötig belasten.

Das Bild rundet sich kontinuierlich durch die Jahre ab, bis zum Hinweis von Außenminister Gabriel im Jahr 2017 in einem

Stern-Interview (Nr. 32, 3. 8. 2017), als er sich zu machtpolitischen Entwicklungen in der Türkei äußert: »Verständnis zu zeigen, geduldig zu sein, nicht auf die Provokationen zu reagieren, das hat uns jedenfalls nicht weit gebracht ... Alle Freundlichkeit und Geduld und Zurückhaltung sind nicht belohnt worden. Das ist bitter. Es ist nicht schön, dass wir erleben: Erst Druck verändert die Lage.«

VERANTWORTUNG

Lehrlinge werden nicht mehr »Lehrlinge« genannt, sondern »Auszubildende«. Diese Umwidmung legt folgende Deutung nahe: Ein Lehrling sollte noch eigenverantwortlich und aktiv lernen, aber ein Auszubildender ist ins Passiv definiert worden. Die Aktivitäten liegen ganz aufseiten der Ausbilder, die nun wie Bergarbeiter daran arbeiten können, die im Auszubildenden verborgenen Wissens- und Leistungsschätze zutage zu fördern.

Mir scheint, dass im Sozialstaat den Menschen zwar sicher unabsichtlich, aber trotzdem systematisch viele Impulse zu Eigenverantwortung abtrainiert werden, und es gibt einige Sozialarbeiter, Lehrer und Politiker, die dieses traurige Training sogar für Fortschritt halten. Die Kinder werden schon früh als Kunden umworben. Sie lernen zu erwarten, dass es Angebote für sie gibt, ohne dass sie sich darum bemühen müssen. Im sozialstaatlichen Denken haben alle Menschen ein Recht auf Haben und Teilhaben.

Als ich Schülerin war, erlebte ich die Anerkennung meiner Leistung als Glücksgefühl. Das ist auch heute noch so. Mein Glück ist damit verbunden, sinnvoll etwas getan und geleistet zu haben. Die meisten meiner Schülerinnen und Schüler dagegen waren zufrieden, wenn sie nehmen konnten, ohne dafür zu geben. Sich anzustrengen, das hielten viele für »uncooles« Fehlverhalten blöder Verlierer. Ihnen war beigebracht worden, dass für sie immer alles da zu sein hatte, inklusive Sozialarbeiter, Schulbücher und Verbrauchsmaterial. Es machte sie wütend, wenn ihnen Selbstbeteiligung oder eigene Leistung zugemutet wurden. Sie waren an automatische Versorgung in allen Bereichen gewöhnt, und ich nehme an, für die meisten waren Lehrerinnen und Lehrer die ersten Personen in ihrem Leben, die eigenständiges Tun von ihnen forderten.

Wenn ich das Gespräch mit einem empörten Leistungsverweigerer suchte und nach seinen Zukunftsplänen fragte, erntete ich stets geringschätzige Grimassen und die Gegenfrage: »Wozu gibt's denn Sozialhilfe?«

Seit den 1970er-Jahren erlebte ich, wie auch gut ausgebildete Erwachsene mit allerdings geringer Motivation zu Eigenleistung Vater Staat als Zapfsäule benutzten, von der »Staatsknete« abgepumpt wurde, um den privaten Konsummotor am Laufen zu halten: Frühpensionierte in noch zartem Alter, die sich in warmen und billigen asiatischen Ländern niederließen. Andere trafen die bewusste Entscheidung, nicht zu arbeiten, um von Arbeitslosengeld und Schwarzarbeit zu leben – bei manchen Männern noch mit der Variante, sich vor Unterhaltszahlungen zu drücken.

Die Wertvorstellung »Maloche ist für Blöde« entwickelte sich in einem Klima, in dem es aus Gründen damaliger politischer Korrektheit verpönt war, diese Entwicklung zu thematisieren. Stattdessen wurde öffentlich die Erwartungshaltung gefördert, jedem stehe ohne Gegenleistung als Grundrecht alles zu, was auch arbeitende Menschen besitzen. Das verbriefte Recht auf Teilhaben. (Eigentlich eine wunderbare Idee, die in der Praxis allerdings unerträgliche Blüten treiben kann. So erzählte mir im Jahr 2016 ein junger Einwanderer Folgendes: Er wolle keinesfalls vom Staat leben, er arbeite hart als Putzmann. Aber neulich sei er zum Wohnungsamt gegangen und habe um Hilfe gebeten, weil er auf dem freien Markt nur Wohnungsangebote zu Wucherpreisen finden könne. Da habe man ihm bedauernd erklärt, man könne nur für ihn tätig werden, wenn er arbeitslos sei. Wie, habe er gefragt, wenn ich heute meine Arbeit kündige, dann habt ihr morgen eine Wohnung für mich? Ja, sei die Antwort gewesen, genau so. Nur wenn jemand keine Arbeit hat, können wir helfen.)

Diana, eine Sozialarbeiterin im Jugendamt, sprach mit Liebe und Engagement von ihrer Klientel und verblüffte mich mit Grundsätzen, wonach nur das Beste und Teuerste gut genug für »ihre« Kinder sei. Einmal erzählte sie voller Stolz, wie geschickt sie bei ihrem Vorgesetzten durchgesetzt hatte, dass sie rumänischen Kindern, die erste Fahrräder beantragt hatten, neue Räder kaufen konnte. Der Vorgesetzte hatte anfänglich auf secondhand bestehen wollen. Zu der Zeit fuhr mein Kind mit einem rostigen Dreirad vom Sperrmüll.

In Bremen hielt man zur Herstellung von Chancengleichheit das Prinzip aufrecht, den Schülern das gesamte Verbrauchsmaterial kostenlos zur Verfügung zu stellen. Sogar Haushefte und Stifte. Eine Hospitationsstunde in einer Bremer Gesamtschule Ende der 1990er-Jahre: Kunstunterricht, 6. Schuljahr. Großer, heller Kunstraum, eine Längswand mit Fenstern, die gegenüberliegende Wand bedeckt von Regalen mit allem Schuleigenen, was Künstler brauchen: Farbkästen, Pinsel, Malpapier, Wasserbecher. Die Kinder holten sich Farbkästen und Pinsel, füllten Wasserbecher am Waschbecken, setzten sich auf ihre Plätze, und die Lehrerin erklärte die heutige Aufgabe. Dann verteilte sie große Bogen teuren Malkartons. DIN-A 1. Die Kinder fingen mit der Arbeit an, mischten Farben mit Wasser und dem Deckweiß, das die Lehrerin verteilte. Sie hielt die Großpackung Deckweiß in der Hand oder hatte sie auf dem Pult stehen, während sie sich helfend über

Schülerarbeiten beugte. Wer Deckweiß wollte, rief:»Ich brauche Deckweiß!« oder auch nur »Deckweiß!«, und schon eilte die Lehrerin mit ihrer Anstaltspackung hin und her. Wenn die entstehenden Bilder Zeitungen gewesen wären und die Kinder Erwachsene, hätte das Ganze eine Kaffeehausszene sein können. Wie eine Kellnerin mit Kaffeekanne bewegte sich die Lehrerin im Raum und bediente ihre Kundschaft. Außerdem verteilte sie viel von dem teuren Malkarton. Einige Kinder verdarben immer wieder unlustig und nachlässig ihr Werk und erhielten daraufhin von der Lehrerin den nächsten weißen Bogen.

In der Schule wurde ich bedrängt von der schönen, ausgeruht wirkenden, Sozialhilfe beziehenden, in schicke seidene Blusen gekleideten Mutter eines iranischen Schülers, ihrem Sohn zu helfen, auf das Gymnasium zurückzukehren, auf dem er wegen schlechter Leistungen nicht hatte bleiben können. Bereits seit einigen Jahren Schüler in Deutschland, war er in einem Frankfurter Gymnasium sitzen geblieben, hatte das Schuljahr wiederholt, wäre erneut nicht versetzt worden und war deshalb in meine 7. Realschulklasse abgestiegen. Hier saß er, älter als der Klassendurchschnitt, vornehm gelangweilt herum und zeigte sich selten zu Mitarbeit disponiert. Ich sollte Mitleid mit ihm und der ganzen Familie haben, schließlich hätten sie als Asylanten in der ehemaligen DDR leben müssen, jeder wisse ja, wie ausländerfeindlich es dort zugehe. Was er konkret in Ostdeutschland erlebt habe? Er sei nicht beliebt gewesen und hätte keine Freunde gehabt. (Bisher hatte er meines Wissens in Frankfurt auch noch keine Freunde.) Abends erhielt ich öfter bedrohliche Anrufe. Anonyme Männerstimmen mit starken Akzenten, die mich bedrängten, schlechte Noten zurückzunehmen und Wege für Farzin zurück ins Gymnasium zu ebnen.

Am Tag, an dem es Sommerferien gab und die Schüler gut gelaunt davon erzählten, wie und wo sie die Ferien verbringen würden, fragte ich Farzin in der Annahme, er werde sich die Zeit in Frankfurt vertreiben müssen:»Willst du erzählen, was du vorhast?«

»Ich besuche meinen Bruder.«

»Du hast noch einen Bruder? Hier in Frankfurt?«

»Nein, nicht hier. In Kanada. Ich fliege mit meiner Schwester im Flugzeug nach Kanada.«

»Was macht dein Bruder in Kanada?«

»Er studiert.«

»Aha. Es geht mich eigentlich nichts an, aber wie kommt es, dass ihr in verschiedene Länder geflüchtet seid?«

»Meine Eltern möchten, dass wir Jüngeren in Deutschland zur Schule gehen. Hier gibt es gute Bildung, und sie kostet nichts.«

Farzin ist noch viele Jahre Schüler geblieben, und irgendwann hat er Abitur an einer Gesamtschule mit gymnasialer Oberstufe gemacht. Im deutschen Schulsystem kann man sich sehr lange herumtreiben, sogar ohne je einen Abschluss zu machen. Voraussetzung: verträgliches Benehmen und ab und zu geschicktes Ködern von pädagogischen Hoffnungen bei den Lehrern, dass man sich am Ende als Beispiel eines Schülers entpuppen wird, dem die Überwindung seiner bisherigen Blockaden eventuell doch noch gelingen könnte.

Für leistungsunwillige Haupt- und Sonderschüler, die schließlich – oft aus Altersgründen – die Schule ohne Abschluss verlassen mussten, gab es in Frankfurt ein üppiges Angebot an Fördermaßnahmen, die zum nachträglichen Haupt- oder auch Realschulabschluss führen sollten, von denen nicht nur Lehrer, Sozialarbeiter und Meister lebten, sondern auch die Schüler, die wahrscheinlich mit nur geringfügiger Anstrengung gleich einen Abschluss an ihrer Schule hätten schaffen können. Im Angebot der Maßnahmen war ein wenig Berufsvorbereitung in praktischen Berufen, Praktikumstage in Betrieben und Unterrichtstage zum unverdrossenen

Üben der Grundlagen von hauptsächlich Lesen, Schreiben und Rechnen. Die überalterten Schülerinnen und Schüler sollten nicht etwa mit Zuckerbrot und Peitsche zu ohnehin stark verspäteten Leistungen motiviert werden, sondern nur mit Zuckerbrot: Sie wurden für den Besuch der Fördereinrichtungen finanziell unterstützt, erhielten sozusagen ein Anerkennungshonorar dafür, dass sie überhaupt in der Einrichtung angemeldet waren, denn das Geld bekamen sie auch, wenn sie schwänzten. Zu DM-Zeiten wurde in Dimensionen von BAföG gezahlt. Diese Bezahlung war meines Wissens nicht davon abhängig, ob die Schüler einen Abschluss erreichten.

Trotzdem hält sich hartnäckig in vielen Medien und persönlichen Meinungen das Gerücht, im deutschen Schulsystem würden Leistungsschwächere diskriminiert. Besonders gern wird diese Sichtweise auf und von Menschen mit Wurzeln in islamischen Ländern angewandt.

Wie einfach könnte alles werden, könnten wir uns nur dazu durchringen, unsere ausufernden sozialstaatlichen Förderangebote wenigstens an positive Mitarbeit und Leistungen der Klientel zu koppeln. So könnten sie sich selbst aus dem Stand passiver Leistungsempfänger in den gesellschaftlich nützlicheren Stand von Leistungserbringern adeln.

FÖRDER-
MASSNAHMEN

Eine Zeit lang betreute ich einzelne Schülerinnen in Fördermaßnahmen des Jugendamtes. Eine Klientin war die in Deutschland
geborene und aufgewachsene Melinda, die mit elf Jahren immer
noch die dritte Klasse der Grundschule besuchte und trotzdem
nicht angemessen lesen, schreiben und rechnen konnte. Auf An-
trag ihrer Klassenlehrerin sollte ich mit vier bis sechs Stunden
wöchentlich ihre von der Stadt Frankfurt bezahlte Nachhilfelehrerin werden.

Zu Beginn der Sommerferien gab es einen ersten Termin zum
Kennenlernen im Jugendamt, den ich allein mit der zuständigen
Sozialarbeiterin in ihrer Amtsstube verplauderte, weil weder Melinda noch ihre Mutter erschienen. Zum nächsten Termin, etwa in
der zweiten Woche der Sommerferien, fand ich mich mit der Sozialarbeiterin vor dem Haus ein, in dem Melinda mit Mutter und
Geschwistern in einer von einem Frankfurter Amt finanzierten
Wohnung wohnte. Ehe wir klingelten, bat mich die Sozialarbeiterin dringlich: »Für meine Arbeit ist das Wichtigste, dass Melinda
und ihre Mutter Vertrauen zu mir haben. Offiziell bezieht Melindas Mutter als Alleinerziehende Sozialhilfe, aber ich vermute,
dass da ein Mann ist, mit dem sie lebt. Ich bitte Sie, falls Sie durch

das Kind an entsprechende Informationen geraten, diese ausdrücklich nicht an mich weiterzuleiten.«

Im geräumigen Wohnzimmer beschien die Sonne durch große Fensterscheiben einen hellblauen Teppichboden. Vom riesigen Fernseher aus bedröhnte ein Zeichentrickfilm ein Baby im Kinderwagen und einen kleinen Jungen, der dicht vor dem Bildschirm saß und mit aufgerissenen Augen das hektische Chaos der kreischenden Monster anstarrte. Die Mutter, eine modisch gekleidete junge Frau mit langen schwarzen Haaren und einem blitzenden Goldzahn im Lächeln, führte uns zur dunkelblauen Sitzgruppe. Sie rief Melinda zu uns, eine zierliche kleine Schönheit, die mich aus dunklen Mandelaugen neugierig musterte. Die Mutter redete zur Sozialarbeiterin, aber ich konnte wegen der markerschütternden Fernsehgeräusche nichts verstehen.

»Machen Sie bitte den Fernseher aus«, rief ich zur Mutter. Die nickte und schrie zum paralysiert starrenden Sohn: »Mach leise!« Der Kleine rührte sich natürlich nicht, wahrscheinlich hatte er sie nicht gehört, aber auf jeden Fall wollte er ja den Film sehen.

»Ich helfe Ihnen«, sagte ich freundlich zu der Frau, ging hin zum Fernseher und drückte den entscheidenden Knopf. Der Junge heulte sofort in entrüsteter Empörung, viel peinigender als zuvor der Film, aber wir konnten ihn gemeinsam beruhigen.

Im folgenden Gespräch war schnell klar, dass die Mutter sich nicht als Unterstützung der schulischen Laufbahn ihrer Tochter verstand. Warum sie zum ersten Termin nicht erschienen sei? – Krank sei sie halt gewesen. Warum sie nicht angerufen und Bescheid gesagt habe? – Sie hätte die Telefonnummer nicht gewusst.

Würde sie in Zukunft ihre Tochter besser dabei unterstützen, regelmäßig die Schule zu besuchen und Hausaufgaben zu machen? Ja, sie wolle ihr Bestes tun. Und ob die Nachhilfelehrerin auch auf ihre anderen Kinder aufpassen könne, während sie mit Melinda arbeitete? Sie, Melindas Mutter, brauche nämlich Entlastung.

Sie sei überfordert mit den Kindern. (Es gab eine Maßnahme des Jugendamtes »Zur Entlastung der Mutter«, in der Familienhelfer in mehreren Wochenstunden die Kinder betreuten, mit denen die Mütter oder Eltern sich oft aufgrund ihrer eigenen chaotischen Erziehungsstile überfordert fühlten.)

Nein, stellte ich klar, ich würde nicht zu Melinda kommen, Melinda würde zu mir kommen müssen.

Dann, konterte die Mutter, müsse das Jugendamt den Bus bezahlen.

Die Sozialarbeiterin notierte und fragte dann Melinda: »Wie gefällt dir Frau Freimuth? Kannst du dir vorstellen, dass du dich mit ihr wohlfühlst?«

Ich staunte.

Das Mädchen musterte mich. »Weiß nicht«, sagte sie gleichgültig.

»Noch was«, sagte die Mutter zu der wieder Schreibenden, »jetzt Sommerferien, und Melinda muss Ferien machen mit Stadt. Jetzt Erholung, dann für nächste Schuljahr gut lernen.«

»Das ist nun zu spät«, seufzte die Sozialarbeiterin, weiter notierend, »einen Platz im Ferienprogramm der Stadt Frankfurt müssen Sie spätestens zwei Monate vor Ferienbeginn beantragen.«

»Soll mein Kind unter so Vorschriften leiden? Jetzt Ferien, jetzt braucht sie Platz!«

»Ich werde sehen, was ich tun kann«, sagte die Sozialarbeiterin.

Melinda bekam ihren Platz im Frankfurter Ferienprogramm. Zwei Wochen mit einer Jugendgruppe und Betreuern in einer hessischen Jugendherberge. Selbstverständlich kostenlos.

Als sie nach den Sommerferien zu mir kam, wollte ich Informationen über ihren Urlaub. »War es schön?«

»Ja, wir haben viel gelacht und Quatsch gemacht.«

»Wo warst du eigentlich?«

»So große Haus, äh, wie sagt man?«

»Jugendherberge?«

»Ja, Jugendherberge.«

»Und wo ist die Jugendherberge?«

»So im Wald.«

»Ich bin sicher, es gibt einen Ort in der Nähe, eine kleine Stadt.«

»Ja, da sind wir Schwimmbad und Eis essen.«

»Erinnerst du dich, wie der Ort heißt?«

Achselzucken.

»Ihr seid von Frankfurt aus mit dem Bus hingefahren. Wo fuhr der Bus ab?«

»Ich weiß nicht. Meine Mutter und mein Vater wussten auch nicht. Wir haben mit Auto gesucht. Neun Uhr war Abfahrt, wir haben verschlafen und dann Bus nicht gefunden.«

»Was habt ihr gemacht? Hat dein Vater dich mit dem Auto hingefahren?«

»Nein, nach eine Stunde haben wir Bus doch gefunden. Er hat auf uns gewartet.«

»Er hat eine Stunde gewartet? Auf mich hat noch nie ein Bus gewartet! Und wie war die Fahrt? Was hast du gesehen?«

Achselzucken.

»Durch welche Landschaft seid ihr gefahren?«

»Was ist Landschaft?«

»Das ist, wie es hinter den Fenstern vom Bus aussieht, wenn man nicht mehr zwischen Häusern ist. Hast du viel Grün gesehen, Bäume und Wiesen? Waren da Hügel oder war alles flach?«

»Wir haben Mr. Bean gesehen. Der Busfahrer war total cool, hat gleich Film gezeigt. So lustig, der Film!«

Zwei Jahre lang betreute ich Melinda als Nachhilfelehrerin. Durch die Stunden mit mir schaffte sie es, sich in der dritten und vierten Klasse einigermaßen die Grundfertigkeiten in Lesen, Schreiben und Rechnen anzueignen. Gleichzeitig verweigerte sie jede Spur von freiwillig erbrachter Leistung. Sie las anfangs nur die ersten Silben von längeren Wörtern und erfand flugs den Rest dazu, so als sei es ihr zu mühsam, länger genau hinzuschauen. Wochenlang übte sie bei mir immer wieder denselben Text, bis sie ihn einigermaßen für Zuhörer verständlich (und erträglich) vorlesen konnte. Zu Hause übte sie nicht, ihre Fortschritte erzielte sie nur unter meinem persönlichen Einfluss.

Im Fernsehen hatte Melinda die Reklame für den neuen Tarzanfilm gesehen, Walt Disney Zeichentrick, aktuell in den Kinos. Sie versuchte mit vielen charmanten Winkelzügen, mich dazu zu bewegen, sie ins Kino einzuladen. Ich kaufte ein kleines, schön kitschiges Erstlesebuch zum Film – jede Seite ein Bild aus einer Filmszene, unter dem mit anspruchslosem Kurztext beschrieben wurde, was Tarzan gerade tat, und schenkte es Melinda zu ihrer großen Freude, allerdings mit der Auflage, zu Hause darin zu lesen. Mein Angebot: Wenn sie einige ohne meine Hilfe eingeübte Sätze flüssig vorlesen könne, würde ich sie in den Tarzanfilm einladen.

Wochen verstrichen, in denen ich Melinda jedes Mal ein bis zwei Sätze als häusliche Leseübung aufgab, aber sie hatte niemals auch nur das Geringste geübt. Die Zeit wurde knapp, der Film wurde schon nur noch sonntags gespielt, und Melinda wusste selbst, dass kein Film ewig auf dem Spielplan bleibt.

Sie behauptete jedes Mal, zu Hause ganz oft den aufgegebenen Text gelesen zu haben und sich selbst nicht erklären zu können, warum sie »auf einmal« den Inhalt der angeblich geübten Sätze nicht wusste. So konnten wir den Tarzanfilm leider nicht sehen.

Melinda kam gern zu mir. Es war immer etwas zu trinken und zu knabbern auf meinem großen Arbeitstisch, und sie war meist in heiterer Stimmung, wurde allerdings schnell aggressiv, wenn ich ihr Genauigkeit abverlangte.

Mit ihrer Lehrerin stand ich in unregelmäßigem telefonischem Kontakt, und so erfuhr ich, dass Melinda mir neulich von ihrem Vormittag in der Schule erzählt und Hausaufgaben mitgebracht hatte – obwohl sie gar nicht in der Schule gewesen war. Auf ihre Interpretation der Wahrheit direkt angesprochen, reagierte sie erschreckend wütend und uneinsichtig.

In den zwei Jahren, in denen Melinda wöchentlich mehrere Stunden bei mir verbrachte, ließ ich mir sehr viel einfallen, um sie zu Eigenleistung und Eigeninitiative zu motivieren. Als sie sich in meinem kleinen Bildband mit dem Titel »Wo kommt die Schokolade her?« für ein Kuchenrezept interessierte, bot ich ihr an, mit ihr für ihre Mutter als Muttertagsüberraschung den leckeren Schokoladenkuchen zu backen, der samt Rezept in dem Büchlein abgebildet war. Alle Zutaten außer einer Tafel Schokolade würde ich stellen. Melindas Beitrag wäre es, eine Schokoladentafel im Wert von 59 Pfennigen zu kaufen und mitzubringen.

Es lag nicht am Geld, dass der Schokoladenkuchen in Ermangelung der Schokolade nie gebacken werden konnte. Melinda verfügte nicht nur über Taschengeld, sie feierte aufwendige Geburtstage, sie bewegte sich mit teurem Metallroller oder Rollerblades auf der Straße, und ihre Mutter flog immer mal zu Familienbesuchen nach Rumänien.

Schließlich traf ich die schwierige Entscheidung, die Nachhilfemaßnahme abzubrechen, obwohl ich damit Gefahr lief, meinem guten pädagogischen Ruf zu schaden. Wir alle sind der Meinung, eine Pädagogin habe die Aufgabe, ihre Klientel zu motivieren. Wenn das Kind seine hinderliche Verweigerungshaltung nicht ändert, ist die Pädagogin die Versagerin. Ein Kind ist zu fördern, bis seine schlummernde Leistungsbereitschaft erwacht. Aber Melinda wollte in zwei Jahren nicht ein einziges Mal etwas leisten, ohne jemals spürbare Konsequenzen für ihre Verweigerung zu erleben. In der letzten der regelmäßig halbjährlich stattfindenden Beratungen im Jugendamt über die Verlängerung der Maßnahme für das nächste Halbjahr hatte ich folgende Bedingungen an Melinda und ihre Mutter gestellt:

» mich künftig zu benachrichtigen, wenn Melinda einen unserer Termine ausfallen ließ;
» Melinda müsse auch zu Hause für die Schule arbeiten, nicht nur bei mir;
» beide sollten im Umgang mit mir bei der Wahrheit bleiben.

Keine dieser Bedingungen wurde anschließend eingehalten, stattdessen glänzten Mutter und Tochter weiterhin mit indifferenter Beliebigkeit. Also legte ich mein »Amt« nieder. Die Sozialarbeiterin bestaunte den Entschluss, aber ich fürchte, sie wird in ihrem grenzenlosen Fürsorgeverständnis Melinda einfach mit einer anderen Nachhilfelehrerin beglückt haben.

GRENZEN

Etwa von 1999 bis 2006 betreute ich einzelne Schülerinnen in Fördermaßnahmen der Stadt Frankfurt/Main. In der Zeit traf ich nur auf zwei Sozialarbeiterinnen, die klare Grenzen setzten und bei ihrer Klientel eine erkennbare Bereitschaft zur Mitarbeit einforderten. Alle anderen waren wie warmes Wachs in den Händen ihrer fordernden oder gleichgültigen Sozialamtskundschaft.

Einer afrikanischen Mutter, die mich als kostenlose sozialpädagogische Lernhilfe für ihre leistungsschwache, verhaltensauffällige Tochter »haben durfte«, wurde der Besuch eines Deutschkurses zur Auflage gemacht. Unsere in englischer Sprache geführten Hilfeplangespräche mit ihr sollten künftig wenigstens teilweise auf Deutsch stattfinden. Die Mutter besuchte keinen Sprachkurs, aber die Maßnahme wurde unverdrossen jahrelang immer weiter genehmigt.

Auch sonst wurden immer wieder staatliche Signale gesetzt, die zu verstehen gaben, wie unnötig Deutschkenntnisse in Deutschland sind: In Rüsselsheim mit seinem auffällig multikulturellen Straßenbild handelte ich mir ein Knöllchen wegen Falschparkens ein. Das war dreisprachig: Türkisch, Serbokroatisch und Deutsch. In einem Frankfurter Amt erlebte ich im Jahr 2002, wie ein Stapel deutscher Pässe an eine Gruppe dicht verschleierter Menschen ausgehändigt wurde. Nur ihre Augen waren halbwegs sichtbar. Sie liefen fröhlich in einer unverständlichen Sprache schwatzend durcheinander, während Angestellte hinter dem langen Tresen nach einem Dolmetscher telefonierten, weil es keine direkten Verständigungsmöglichkeiten gab. Ich konnte mir die Frage nicht verkneifen: »Finden Sie es eigentlich in Ordnung, deutsche Pässe an Menschen zu geben, die kein Wort Deutsch sprechen?« »Nein, finden wir nicht«, war die ernste Antwort, »aber was sollen wir machen, wir haben die Anweisung von oben, und keiner von uns hat Lust, seinen Arbeitsplatz aufs Spiel zu setzen.«

Eine junge Medizinerin, die im Jahr 2007 in einem Kölner Krankenhaus ihre klinische Ausbildung vervollständigte, wollte nach wenigen Wochen Klinikerfahrung Türkisch lernen, weil so viele türkische Eltern ohne Deutschkenntnisse mit kranken Kindern zu ihr kamen und nicht in der Lage waren, den Ärzten bei der Anamnese die eventuell zur Lebensrettung erforderlichen Informationen zu geben.

Bei zwei marokkanischen Schwestern, die ich betreute, sahen die (von Familienmitgliedern gedolmetschten) Hilfeplangespräche anfangs so aus, dass außer den Mädchen und ihren Eltern einige erwachsene Brüder und Schwestern als Bittsteller in eigenen Angelegenheiten anrückten. Die beiden Mädchen saßen dann stumm in der Menge ihrer zahlreichen Angehörigen, und es wurde um Wohnungen und Möglichkeiten zu allerlei Zuschüssen palavert. Wenn es mir gelang, das Gespräch auf die Mädchen zu bringen, überraschte mich die Sozialarbeiterin gern mit grotesk verzerrten Prioritäten: Als ich schulische Fortschritte beider Mädchen loben wollte, unterbrach sie mich und sagte: »Ach, davon wollen wir hier nichts wissen. Uns interessiert, ob es den Mädchen Spaß macht.« Und zu den beiden verlegen Lauschenden gewandt: »Seid ihr zufrieden mit Frau Freimuth? Geht ihr gern zu ihr?«

Die Mädchen mochten mich, und es gab keine Konflikte zwischen uns – aber was, wenn das nicht so gewesen wäre? Hätten sie dann für meine Entlassung sorgen können? (Das Spaßprinzip schien in staatlicher Förderpädagogik eine übergeordnete Rolle zu spielen. Ich konnte für jede von mir betreute Schülerin monatlich den Betrag von 50 DM für besondere Ausgaben abrechnen. Ausdrücklich davon ausgenommen waren schulische Gebrauchsmaterialien wie etwa Hefte, Bleistifte oder Ähnliches. Das Geld war zur Teilhabe am Alltagskonsum gedacht, etwa um mal ein Eis zu essen, in den Zoo oder ins Kino zu gehen. Zum lustigen Verpulvern eben.)

Erst als eine andere Sozialarbeiterin zuständig wurde, die darauf bestand, dass ausschließlich über Förderbelange der beiden Schwestern geredet werden durfte, änderte sich das Szenario. Wir trafen uns nur noch zu siebt: die Sozialarbeiterin und ich, die beiden Schwestern, ihre Eltern und eine ältere Schwester als Übersetzerin. Vater und Mutter sprachen kein Deutsch und waren Analphabeten, die auch keine Zahlen lesen konnten. Trotzdem musste ich den Vater aus formaljuristischen Gründen meine monatlichen Stundenabrechnungen zur Anerkennung ihrer Richtigkeit unterschreiben lassen. Das tat er jedes Mal in sichtbarer Konzentration mit zwei bis drei zittrig nebeneinanderstehenden Kringeln, verbunden mit kleinen Bogen. Von Weitem sah das fast aus wie Handschrift.

Mir gefiel dieses Verfahren nicht. Einen Vater, der nicht in der Lage war, seinen Kindern zu helfen, in eine Kontrollposition über die Helferin setzen, als sei sie seine Angestellte? Können behördliche Signale noch falscher sein? Zum Glück war dieser Vater frei von Dominanzgebaren mir gegenüber.

Einmal stürmte ein erwachsener, breitschultriger Bruder in

das Jugendamtsbüro, boxte oder trat von außen gegen die Tür, dass es beeindruckend donnerte, und riss sie gleichzeitig auf. Stand vor der Sozialarbeiterin und herrschte sie an:»Sie müssen helfen, Wohnungsamt macht Probleme.«

Die Sozialarbeiterin sagte:»Sie sehen doch, dass ich hier im Gespräch bin. Ich habe im Moment keine Zeit für Sie!«

Er brüllte:»Wieso keine Zeit? Mit mir reden ist Ihre Arbeit!«

Ich dachte, vor Bruders Gewalt würde sie nun klein beigeben, wie ich es in anderen Zusammenhängen schon oft bei ihren Kolleginnen oder auch bei Lehrern erlebt hatte. Aber diese Sozialarbeiterin erhob sich nun von ihrem Stuhl, um im Nu meinen Glauben an die Menschheit wiederherzustellen. Mit in seine Richtung stechendem Zeigefinger ging sie auf ihn zu und brüllte noch lauter als er:»Sie arbeiten nicht und wollen mir sagen, was meine Arbeit ist? Raus mit Ihnen, sofort! Wenn Sie mit mir reden wollen, machen Sie vorher einen Termin!«

Ich war entzückt, diese zierliche junge Frau so mutig beim Herstellen der erforderlichen Ordnung erleben zu dürfen. Brüllender Bruder entfernte sich schweigend, und sie schloss energisch die Tür.

Es gibt ein Merkblatt für Beschäftigte in »Sozialrathäusern« aus dem Jahr 2001, das ernst gemeinte Ratschläge zum *Verhalten bei Gewaltandrohung oder Gewaltanwendung gegen Bedienstete* enthält und sehr bezeichnend ist für die hier beschriebene ungesunde Entwicklung:

» *Sprechzeiten nicht auf die Minute beenden, wenn ein Besucher zu spät kommt ... Besucher sofort begrüßen, nach ihren Wünschen fragen und mit Namen ansprechen;*
» *Verhalten bei tätlichem Angriff: ... Zur Vermeidung von Verletzungen sind in publikumsintensiveren Stellen Gegenstände, die als Waffe benutzt werden können (z.B. Scheren, schwere Aschen-*

becher, Brieföffner usw.), an einem für den Besucher nicht er-
reichbaren Ort aufzubewahren;
» *den Besucher ausreden, schimpfen, schreien lassen, ihn nicht un-*
terbrechen, möglichst zum Weitersprechen bzw. Wiederholen
veranlassen;
» *Verständnis für Erregung bzw. Verärgerung dem Besucher ge-*
genüber ausdrücken;
» *dem Gegenüber auf die Nasenwurzel blicken und nicht in die*
Augen starren;
» *Hände immer sicher halten;*
» *auf Distanz gehen, körperliche Nähe vermeiden (z.b. vom Be-*
sprechungstisch hinter den Schreibtisch wechseln, neuen Platz
vor dem Schreibtisch anbieten);
» *Bei Bedrohungen durch einen bewaffneten oder körperlich über-*
legenen aggressiven Besucher sollten alle Anweisungen befolgt
und Forderungen erfüllt werden;
» *darf der Täter nicht gereizt, erschreckt oder rückbedroht wer-*
den.

Unsere Sozialarbeiterin war in meinen Augen eine Heldin, die es
gewagt hatte, sich über die im obigen Merkblatt beschriebene
politisch korrekte Realitätsferne hinwegzusetzen, in der es üblich geworden war, die Existenz von Rangordnung zwischen
Menschen vehement zu leugnen. Gleichzeitig werden den städti-
schen Bediensteten hier Unterwerfungsgesten abverlangt wie
rangniederen Rudeltieren: nicht in die Augen sehen und passiv
erdulden.

Nicht nur ich, auch alle Familienmitglieder nickten ihr beifäl-
lig zu. Große Schwester Dolmetscherin übersetzte Vaters Zustimmung: »Das war Zeit, dass jemand ihm Respekt beibringt. Auf
mich hört er nicht, und ich schäme mich für sein schlechtes Benehmen.«

Die beiden Schwestern lebten als die jüngsten Kinder noch bei den Eltern. Salima besuchte ihrem Alter entsprechend die Grundschule, Aziza war wegen erheblicher kognitiver Defizite in der Sonderschule. Ich kannte Aziza von meinem ersten Besuch bei der Familie, als wir die Maßnahme mit der jüngeren Salima begannen. Aziza war übergewichtig, bewegte sich geistig und körperlich schwerfällig und wurde von allen Familienmitgliedern mit der Behauptung gehänselt, sie sei dumm. Auch Salima redete nur abfällig über ihre »dicke, dumme Schwester«. Aziza war aber im Herzen nicht dumm, es reichte nur im Kopf nicht für die geringen Anforderungen, die ihr individuell in der Sonderschule gestellt wurden.

Nachdem ich einige Monate mit Salima gearbeitet hatte, bei der sich erste kleine Fortschritte einstellten, sprach Aziza die Sozialarbeiterin an und wünschte sich, auch von mir gefördert zu werden. Ihr Wunsch wurde erfüllt und ließ sich terminlich nicht anders realisieren, als dass sie an einem Tag in der Woche direkt nach der Schule zu mir kam und alle wöchentlichen Förderstunden an diesem Nachmittag bei mir verbrachte. An unserem gemeinsamen Tag hatten wir also viel Zeit miteinander.

Mit ihren 13 Jahren konnte sie kaum lesen oder schreiben, im Rechnen bewegte sie sich bei Additionen und Subtraktionen zwar im Hunderterbereich, aber ohne Zehnersprung. In der Schule zeigte sie aggressive, trotzige Verweigerung Lehrern und Mitschülern gegenüber. Mangel an Verbündeten.

Mich konnte sie gut leiden, solange ich nicht mit ihr lernen wollte. Rechnen ging gerade noch, es sei denn, ich entwickelte Ambitionen über den Hunderterraum hinaus. Lesen ging sehr, sehr mühsam und nur mit kleinen, kurzen Wörtern: Haus, Maus …Wir fingen wieder mit dem Alphabet an wie in der ersten Klasse, aber Aziza weigerte sich, längere Wörter oder ganze Sätze zu lesen. Wie Melinda radebrechte sie umständlich und zeitraubend am Anfang längerer Wörter herum, um sie dann vermeintlich schlau einfach zu Ende zu erfinden. Statt zu lesen, wollte sie lieber mit mir reden und viel von meinem Leben wissen.

Unsere ersten Wochen fanden während des muslimischen Fastenmonats Ramadan statt, und Mittagessen war kein Thema. Aber zum Termin nach den muslimischen Fastenwochen brachte Aziza sich als Mittagessen ein großes Stück Streuselkuchen vom Bäcker mit, holte es statt Büchern aus der Schultasche und krümelte beim Abbeißen den Tisch voll. »Mir wäre es lieber, du hättest das schon im Bus gegessen«, nörgelte ich. (Sonderschüler über dem Grundschulalter wurden inzwischen in eigenen Schulbussen befördert und nicht mehr, wie vorher üblich, von städtisch finanzierten Taxis einzeln zu Hause abgeholt und wieder zurückgebracht.)

»Im Bus essen ist schlecht«, sagte sie würdevoll, »ich möchte am Tisch essen.«

Da hatte ich diese gute Idee. »Wenn du hier am Tisch essen möchtest, können wir ja zusammen essen«, sagte ich voller pädagogischer Berechnung.

Sie schenkte mir einen treuen Blick ihrer dunkel glänzenden Augen. »Möchten Sie ein Stück haben?«, fragte sie ernst und krümelte prasselnd Streuselpartikel auf den Tisch in dem Bemühen, ein Stück ihres Mittagessens für mich abzubrechen.

»Nicht doch«, wehrte ich ab, »ich möchte nichts von deinem Kuchen. Aber ich habe eine Idee ...«

Als sie fertig gegessen und wir gemeinsam Tisch und Fußboden von Krümeln befreit hatten, legte ich eine kleine Sammlung von Kochbüchern auf den Tisch. »Schau mal, ob hier etwas ist, das du nächsten Mittwoch essen möchtest«, sagte ich und sah ihr zu, wie sie blätterte. Sie sah sich die Farbfotos an und fragte: »Was ist das? Ist das Schweinefleisch?«

»Lies das Rezept«, schlug ich vor.

Und so fingen wir endlich an, dem geschriebenen Wort den

ihm gebührenden Klang zu geben. Es war ein langer, mühsamer Weg, der zwar nicht ganz zum Ziel führte, uns beiden aber immer wieder Freude machte. Aziza suchte sich nach dem Foto ein asiatisches Gemüsegericht aus. Am nächsten Mittwoch stand es dampfend auf dem Tisch. Sie war begeistert vom Geschmack, bedankte sich sehr bei mir und drückte ihre Freude darüber aus, dass ich sie wichtig genug genommen hatte, um für sie zu kochen. Und sie wollte gern am nächsten Mittwoch das Gleiche noch einmal essen.

»Gut«, sagte ich erfreut, »aber dann musst du auch etwas tun. Ich bin doch deine Lehrerin und nicht deine Köchin.«

Gern wollte sie für gutes Essen etwas tun, und das nächste Mittagsmahl entstand so: Aziza musste das Rezept vorlesen, und ich erklärte ihr, dass ich genau das machen würde, was sie las. Sie war einverstanden und strengte sich sehr an. Wenn sie fragte, half ich ihr beim Erschließen eines der schweren Wörter, aber sie fragte nicht gern und ließ einige Wörter einfach weg. Ich tat stur das, was ich von ihr hörte, und ließ im Kochtopf auch alles weg, was sie nicht vorgelesen hatte.

Als wir vor den vollen Tellern saßen, sagte sie: »Das sieht anders aus als letztes Mal.« Wir probierten und waren uns einig, dass es auch anders schmeckte, nämlich »irgendwie blöd«.

»So blöd schmeckt es, wenn man nicht ganz genau jedes Wort liest«, sagte ich lakonisch. Danach war Aziza einverstanden, an diesem Rezept das vollständige Lesen jedes Wortes zu üben.

»Wer nicht lesen kann oder schreiben, kann nie mehr genau dasselbe kochen«, grübelte sie beeindruckt und war bereit, ihr eigenes Kochbuch anzulegen.

Ihre niedere Position in der familiären Rangordnung verbesserte sich erkennbar, als sie anfing, bei mir erlernte Gerichte zu Hause nachzukochen. Bei meinen Hausbesuchen wurde deutlich, dass ihre jüngere Schwester ihr nun größere Achtung entgegenbrachte. Auch von den Eltern bekam sie Anerkennung. Und im Mathematikunterricht hatte sie eine Sternstunde beim Thema Bruchrechnung, weil sie beim Kochen mit dem Abmessen von Flüssigkeiten gelernt hatte, dass ein Achtelliter weniger ist als ein Viertelliter, obwohl die Acht eine größere Zahl ist als die Vier!

Sie kam manchmal mit Kochwünschen der Familie, wollte die besten Rezepte für Kuchen und Pizza lernen und übertraf dann laut Gemeinschaftsurteil bei einem Familienfest sogar die Pizza ihrer ältesten Schwägerin! Auch Azizas schulische Leistungen und besonders ihr problematisches Verhalten in der Schule besserten sich im Rahmen ihrer Möglichkeiten.

Möglichst in allen Sommerferien fuhr die Familie nach Marokko, wenn das Fahrgeld aufgebracht werden konnte. Die Monate vor den Ferien waren ausgefüllt mit Schnäppchenjagden auf der Zeil nach standesgemäßen Mitbringseln für die vielen Familienmitglieder, Nachbarn und Freunde in Marokko. Die Frührente des Vaters (wegen eines Leidens, das ihn in meiner Wahrnehmung allerdings nicht behinderte) reichte gut zu einem einfachen Leben, war aber zum Angeben zu knapp.

»Die denken in Marokko, wir sind reiche Leute«, klagte Aziza, »die glauben nicht, dass wir sparen müssen, und wollen große Geschenke.« Oft erzählte sie von Marokko, dem großen Haus mit Wohnungen und Läden, das Vater und Onkel gebaut hatten, mit Cousinen vertuschelte Nächte unterm blinkenden Sternenhimmel auf dem Flachdach, auf dem sie in warmen Sommernächten schliefen.

Gemeinsam schwärmten wir vom Leben im Süden. »Warum seid ihr eigentlich in Frankfurt, wenn ihr in dem großen Haus in Marokko leben könntet?«

»Ich weiß nicht, hier ist es auch gut. Mein Vater sagt, wir sollen hier zur Schule gehen. In Marokko haben wir nicht so viel Hilfe. Vielleicht gehen wir später zurück.«

Die geräumige Frankfurter Wohnung der Familie, in der viele Kinder groß geworden waren, lag in einem hohen Mietshaus mit verwahrlostem Treppenhaus und verpinkelt riechendem Fahrstuhl. Als es im Haus eine Schießerei und andere Gewalttaten gegeben hatte, beantragte der Vater eine Dreizimmerwohnung in einem anderen Stadtteil. Das hatte er ohnehin vorgehabt, weil sie nur noch zu viert waren: die Eltern mit den beiden Töchtern. Aziza durfte inzwischen schon dolmetschen, und als sie vom Gespräch mit der Sozialarbeiterin erzählte, fragte sie mich: »Was heißt: Recht auf eigenes Zimmer?«

»Wer hat das gesagt?«

»Die Frau vom Jugendamt. Sie sagt, wir brauchen vier Zimmer, jedes Kind hat Recht auf eigenes Zimmer. Aber mein Vater will drei Zimmer, Wohnungsamt bezahlt Wohnung nicht ganz, gibt nur Zuschuss.«

»Ich habe als Kind mit meiner Schwester auch ein Zimmer geteilt«, sagte ich, »das ist doch ganz normal.« Kindheitserinnerungen an nächtliche Kicherspiele erwachten – wie wir, wenn wir eigentlich schon schlafen sollten, gaaanz leise und heimlich aus dem eigenen zum Bett der Schwester schlichen, um sie im plötzlichen Überfall zu packen und zu erschrecken, ohne dass ein Ton laut werden durfte, damit die Eltern nichts merkten. Am schauerlichsten war es, wenn wir uns zufällig in der Mitte des dunklen Zimmers berührten, gleichzeitig auf dem Schleichweg zum Bett der gegnerischen Schwester.

Ich erinnerte mich an Schilderungen meiner Freunde von der griechischen Insel, wie sie als Kleinkinder mit allen Geschwistern in einem Bett geschlafen und sich gegenseitig einfallsreich vor dem Einschlafen gefoppt hatten – bis der Reihe nach derjenige sein eigenes Bett bekam, bei dem Geschlechtsreife sich ankündigte. Das eigene Bett als Ende der Kindheit.

Aziza erzählte ihre Schwänke geschwisterlicher Neckerei, und wir waren uns einig, dass die Sozialarbeiterin nicht genug vom wirklichen Leben verstand. Vielleicht war sie ja ein Einzelkind gewesen. Aziza erinnerte mich in vielem an die Nachbarinnen und Kafeneionfreunde von »meiner« Insel. Keinesfalls von ihrem Intellekt unterjocht, sondern im Einklang mit ihrem Herzen. Wie sie mich ansah aus weit offenen Augen, voll ruhigem Vertrauen in mich und auch immer mehr in sich. Wie eine dicke kleine Prinzessin, die durch ihre Augen mit dem Herzen sah. Mit dem Lesen war es schwierig geblieben, deshalb zeigte ich ihr viele Bilder als Redeanlass, denn auch in Wortschatz und Syntax war sie ein kaum beschriebenes Blatt. Manchmal sahen wir ihre Lieblingsserie im Fernsehen: »Eine himmlische Familie«. Eine amerikanische Pfarrersfamilie mit vielen Kindern in fernsehtauglichen Altersstufen. Alle leiden unter idealtypischen Mittelschichtproblemen, die in vorbildlichen Gesprächen gelöst werden. Und alle haben schrecklich gleichmäßige superweiße Zähne.

Zu Hause sah Aziza diese Serie jeden Nachmittag. Über mehrere Wochen übten wir »Inhaltsangabe« an dem Machwerk. Möglicherweise war ich der einzige aufmerksame Mensch in Deutschland, der sich in jenen Tagen die Serie ansah – wie konnte sonst niemandem auffallen, dass die Tagesportionen Familienschmalz nicht in der richtigen Reihenfolge gesendet wurden? Heute spielte die Mutter mit ihren einjährigen Zwillingen, morgen war sie noch mit ihnen schwanger, und übermorgen waren die Kleinen erst Babys. Da wunderte es mich noch weniger, dass sich tägliches Fernsehen negativ auf die Entwicklung logischen Denkvermögens auswirkt.

Aus einem Heimaturlaub kam Aziza mit besonderer Würde zurück. Auf ihre Veränderung angesprochen, druckste sie eine Weile herum, bis sie mir endlich die Neuigkeit verriet: Sie hatte in den Sommerferien geheiratet. Den Mann, den ihr Vater für sie ausgesucht hatte. Man hatte sie nicht gezwungen, sondern gefragt, und sie hatte gern zugestimmt. Sie zeigte mir Fotos von der Hochzeit, auf denen sie geschmückt war wie eine Königin. Ihr Mann war siebzehn, ein pfiffig lachender Junge, von dem sie liebevoll sprach. Er werde nach Deutschland kommen und wolle auch Deutsch lernen.

Aziza war noch Schülerin, anscheinend spielte der Familienstand in der Schule keine Rolle. Ich blieb ihre Lernhelferin, solange sie die Schule besuchte.

Wir sahen uns später wieder, als sie bereits Mutter ihres ersten Babys war. Ich kannte sie schon immer in bodenlangen Röcken, aber nun waren Haare und Ohren unter dem muslimischen Kopftuch unsichtbar.

»Aziza, was hast du denn da an?«

»Das habe ich wegen meinem Mann.«

»Zwingt er dich?«

»Nein, er ist gut zu mir. Deshalb habe ich das Kopftuch freiwillig, weil ich ihm dankbar bin, dass er mich nicht zwingt.«

»Och, Aziza, wie schade, dass ich deine schönen Haare nicht sehe.«

Tröstend strich sie mir über den Arm. »Wenn ich keine Lust mehr habe, trage ich kein Tuch mehr. Und Sie haben heute sehr schöne Frisur.«

»Ja, danke, könntest du übrigens auch haben ...«

Für mich war es enttäuschend, dass keines der Mädchen, die doch jahrelang von mir betreut worden waren, nach Beendigung der Maßnahmen von sich aus Kontakt zu mir suchte. Nur Aziza klingelte einmal bei mir, nachdem sie ihr erstes Baby hatte. Ich freute mich über ihren Besuch und gab ihr Tee und Kekse. Nach dem ersten Austausch über unser jeweiliges Befinden rückte sie mit dem Grund ihres Besuches heraus: Sie wollte sich von mir

Geld leihen, um in Marokko eine günstige Wohnung zu kaufen – als Absicherung für ihre Tochter.

»Aziza, ich habe kein Geld, das ich verleihen könnte. Ich kann mir für mich selbst keine Eigentumswohnung leisten.«

Aziza sah mich mit schimmernden Augen an und fragte: »Haben Sie noch Ihr Auto?«

Danach habe ich sie nur noch einmal gesehen, zufällig auf der Straße mit Mann und Eltern und ihrem zweiten Kind im Kinderwagen. Sie freute sich, zeigte mir die Kinder und erzählte, dass sie zwischen den Babypausen als Hilfskraft in einfachen Tätigkeitsbereichen arbeitete und deshalb nur teilweise staatliche Unterstützung in Anspruch nahm.

HEIMGESCHICHTEN

Serap

Bis Serap in meiner 8. Realschulklasse angemeldet wurde, stellte ich mir die Erziehung in staatlichen Heimen so ähnlich vor, wie seinerzeit von Charles Dickens geschildert: materielle und emotionale Armut. Aber Oliver Twists Zeiten sind schon lange vorbei.

Serap lebte in einem Mädchenheim in der Nähe unserer Schule, besuchte den Unterricht, wie und wann es ihr passte, und »nervte« sogar ihre Klassenkameraden mit aggressiven Ausbrüchen und Lügengeschichten. Sie versuchte oft, sich durch Andeutung intimer Unterleibsthemen aus Situationen herauszuschummeln, in denen Anforderungen an sie gestellt wurden. Periodenbeschwerden, Eisprungkrämpfe, überraschende Blutungen. Anfangs reagierte ich auch mit diskretem Zurückstellen meiner schulischen Zumutungen an sie, wenn sie sich so äußerte.

Als ich sie zufällig eines Morgens statt in der Schule in einer von der Schule wegführenden U-Bahn antraf, antwortete sie auf meine Frage, wohin sie zu dieser Tageszeit unterwegs sei: »Ich muss zum Gynäkologen.«

Mein Taktgefühl war inzwischen so abgehärtet, dass ich die

Frage wagte:»Was ist denn nicht in Ordnung mit dir und wie heißt der Gynäkologe?«

Worauf ihr einfiel:»Äh, ich habe mich versprochen, ich gehe zum Zahnarzt.« Dessen Namen wusste sie aber auch nicht.

Weil sie die Schule regelmäßiger schwänzte als besuchte, vereinbarte ich ein Gespräch im Heim – eines dieser teuren Gespräche mit drei hoch qualifizierten pädagogischen Fachkräften während deren Arbeitszeit, also mit einer um ihre ABM-Stelle bangenden pädagogischen Heimbetreuerin, der Heimleiterin, der Lehrerin – und der gelangweilten Klientin.

Die Lehrerin völlig entkräftet und entnervt nach sechs Stunden Unterricht, ohne Mittagspause, von Mittagessen ganz zu schweigen. Die Klientin satt und ausgeruht, denn für sie war gekocht worden, und sie hatte sich heute noch nicht angestrengt.

Das ansprechend eingerichtete Heim (Einzelzimmer mit kleinen Fernsehapparaten, große Terrasse mit Liegestühlen und Sonnenschirmen, gemütliche Aufenthaltsebenen, geräumige Küche in bunten Farben mit großem Gemeinschaftstisch) war voller munterer Mädchen, darunter auffällig viele dunkelhäutige Afrikanerinnen. Ich wechselte ein paar freundliche Worte mit einem herausgeputzten weißen Mädchen, blonde Dauerwellen und sonnengebräunte Haut, wie frisch aus dem Urlaub. Sie informierte mich über die Sonnenbank, auf der sie sich die Bräune geholt hatte.

In der nach leckerem Mittagessen riechenden Küche des Mädchenheims erwischte mich ein seltsam generationenübergreifendes Neidgefühl direkt im hungrigen Bauch: Warum die und nicht ich? Oder warum nicht wenigstens ich auch? Zwar halte ich Sonnenbänke heute noch für ungesund, aber ich hätte doch gerne die Zeit gehabt, mein äußeres Erscheinungsbild auch so geruhsam zu pflegen. Warum gab es kein Heim für überlastete Lehrerinnen, wo für mich gekocht und gesorgt würde, wo die Heimleiterin mich so liebevoll, wie sie es mit Serap tat, in den Arm nähme und mich nach meinem Tageskummer ausfragte und wo es ABM-Stellen gäbe für arbeitslose Pädagoginnen, die mich bei den Unterrichtsvorbereitungen so unterstützten wie sie es bei den Mädchen mit den Hausaufgaben taten? Und wo, wenn ich (so wie manche meiner Schüler es gern formulierten)»kein Bock« auf Schule hätte, angenehme Gespräche mit mehreren qualifizierten Helferinnen verabredet würden, die verständnisvoll und mit sorgfältiger therapeutischer Rücksichtnahme gemeinsam mit mir an meiner Motivation zur Wiederaufnahme meiner Tätigkeit arbeiten wollten – eben so, wie wir es im Zimmer der Heimleiterin mit Serap taten.

Als wir das lange Gespräch beendeten, ließ Serap sich das Zugeständnis abringen, sie wolle sich irgendwie überlegen, ob sie künftig regelmäßiger zur Schule kommen könne. Schließlich habe sie so viele private Probleme.

Ich blieb noch auf ein paar Worte zum Zwiegespräch mit der Heimleiterin. Mir war bekannt, dass zu den wunderbaren Bedingungen des Mädchenheims auch die Zahlung von Taschengeld gehörte. Jedem Mädchen standen monatlich 200 DM zu, natürlich nicht nur für die Sonnenbank, sondern auch für Fahrgeld, Schulartikel und persönlichen Bedarf.

»Wenn meine Tochter 200 DM Taschengeld von mir bekäme und ich würde erfahren, dass sie die Schule schwänzt – ich würde sofort das Taschengeld streichen und es ihr erst wieder geben, wenn sie auch ihre Pflicht als Schülerin erfüllt.«

Kummerfalten im Gesicht der Heimleiterin. Seufzen. »Sie meinen, ich sollte Serap kein Taschengeld geben. Mit meinem gesunden Menschenverstand meine ich das auch. Aber ich darf das nicht. Die Mädchen haben bei uns ein Recht auf Taschengeld. Einmal während meiner Tätigkeit habe ich das Geld in solch einem Fall einbehalten. Das Mädchen hat sich bei meinem Vorgesetzten beschwert, und ich bekam den schlimmsten Anpfiff meines Lebens; ich dachte schon, ich müsse mir Sorgen um meinen Arbeitsplatz machen. Taschengeldentzug ist diskriminierend und darf hier nicht sein.« In der Folgezeit schwänzte Serap weiter die Schule und machte auch sonst, was sie wollte. Warum auch nicht, wenn für sie keine Grenzen spürbar werden durften? Warum auch nicht, wenn die schlimmste Sanktion in der Wiederholung der 8. Klasse bestand?

Durch den Heimplatz war sie auch für die Zukunft besser versorgt als ein Kind aus durchschnittlichen Verhältnissen, das bei den Eltern wohnt. Die Mädchen durften nach Erreichen der Volljährigkeit nicht im Heim bleiben, aber das bedeutete, dass die Heimleiterin Wohnungen anmietete und einrichtete, wenn die Mädchen 18 Jahre alt wurden. Jede hatte dann ihre eigene kleine Wohnung, komplett mit Mobiliar und Geschirr, und wurde weiterhin mit Geld für Lebensunterhalt und Miete versorgt.

In unserem Gespräch erwähnte die Heimleiterin bekümmert, wegen Sparmaßnahmen könnten künftig keine neuen Möbel mehr für die 18-jährigen gekauft werden, sondern die Mädchen müssten sich mit Gebrauchtem zufriedengeben. Das fiele manchen sehr schwer. (Die Unterbringung von 18-Jährigen in eigenen Wohnungen bei monatlicher finanzieller Unterstützung besteht unverändert bis heute. Auch unbegleitete minderjährige Einwanderer werden so komfortabel untergebracht. Beim Unterrichten in der Volkshochschule im Bereich »Deutsch als Fremdsprache« kam ich in Kontakt mit einem negativ auffälligen jungen Afghanen, der seine hoffentlich zu einem Schulabschluss führende Fördermaßnahme seit dem Zeitpunkt schwänzte, zu dem er aus der Wohngemeinschaft für unbegleitete jugendliche Flüchtlinge in seine eigene Wohnung gelangt war. Den Deutschkurs besuchte er auch nur sehr flüchtig. Nun sitzt er ohne ausreichende Deutschkenntnisse und ohne Voraussetzungen für eine qualifizierte Berufsausbildung allein in seiner Wohnung. Seine Sozialkontakte hat er in der Moschee und ihrem Umfeld, und bei Behördenkontakten assistieren ihm Sozialarbeiter. So, wie ich ihn kennenlernen musste, sehe ich meine Steuergelder bei ihm überhaupt nicht gut angelegt, und ich mache mir Sorgen um das Realitätsbewusstsein der gesetzgebenden Verantwortlichen. Wo soll die Motivation zu Eigenleistung bei solch einem jungen Menschen herkommen?)

Anne und Berta

Anne aus Kenia, eine freche, selbstbezogene Analphabetin, die mit modischem Hütchen auf dem Kopf und Stöpseln vom Walkman in den Ohren unregelmäßig im Unterricht der 8. Hauptschulklasse auftauchte und nicht lesen lernen wollte, wohnte auch im Mädchenheim.

Gleichzeitig waren einige weitere kenianische Mädchen in unterschiedlichen Altersstufen an die Schule gekommen. Alle lebten jeweils mit ihren Müttern und mussten strengeren Maßstäben in Bezug auf Mithilfe im Haushalt und sittsamem Verhalten entsprechen, als sie deutschen Gleichaltrigen üblicherweise abverlangt wurden. Auch Anne hatte mit ihrer Mutter in einer Sozialwohnung gelebt und ohne Taschengeld im Haushalt geholfen, bis sie eine Sozialarbeiterin fand, die ihr für den Zauberspruch: »Meine Mutter misshandelt mich«, den Heimplatz besorgte – mit Recht auf Taschengeld und zeitgemäß liberaler Erziehungseinstellung: Die Jugendlichen wurden in ihrer Freizeitgestaltung nicht kontrolliert, sie durften abends ausgehen, und sie konnten Besucher haben. Das Mittagessen wurde von Betreuerinnen gekocht.

Berta aus Kenia war ein artiges, fleißiges Mädchen. Anfangs zumindest. Sie kam in Begleitung von Anne zu mir und sagte:

»Meine Mutter misshandelt mich. Ich möchte ins Heim.« In Annes Heim.

»Ich glaube dir nicht. Ich habe gesehen, wie lieb deine Mutter zu dir ist.«

Darauf Anne, Kaugummi kauend und im Rhythmus des quäkenden Walkmans zuckend: »Ich habe meine Sozialarbeiterin. Warum haben Sie meiner Freundin noch keine Sozialarbeiterin besorgt?«

»Wie bitte? Du meinst ...Warum teilst du dir eigentlich nicht deine Sozialarbeiterin mit deiner Freundin?«

Danach war Berta als Notfall in einem Aufnahmeheim außerhalb Frankfurts verschwunden. Von dort aus konnte sie nicht zur Schule kommen, aber ihre Mutter konnte. Sie stand im Lehrerzimmer und schrie völlig verstört nach Informationen über den Verbleib ihrer Tochter. Im Jugendamt sagte ihr niemand, wo Berta sich aufhielt, und die Schule war in entsprechender Interpretation von Datenschutz ebenfalls zur Auskunftssperre angehalten.

Um der bedauernswerten Mutter zu helfen, begann ich mit Unterstützung einer beherzten Kollegin, die Sozialarbeiterin telefonisch zu bearbeiten. Wie wurden die Aussagen der Mädchen überprüft? Konnten wir uns so irren mit unserer gegenteiligen Einschätzung der Mutter-Kind-Beziehung? Meine Kollegin hatte nach einem Hausbesuch den Verdacht, Annes Mutter bessere ihr Einkommen durch illegale Weitervermietung von Annes Zimmer an Landsleute auf, und bat die Sozialarbeiterin händeringend, Annes Mutter eine Beteiligung an den Heimkosten anzutragen. Nach langem Zögern tat sie das schließlich – und siehe da, Anne hatte spontan keine Angst mehr vor »Misshandlungen« ihrer Mutter und machte durchweg einen zufriedenen Eindruck, wenn sie sich in der Schule sehen ließ. Sie ließ durchblicken, die Freunde ihrer Mutter seien sauer gewesen, weil sie sich nach Annes Rückkehr eine andere Bleibe suchen mussten.

Ich muss zugeben, dass ich bei der Bearbeitung der Sozialarbeiterin nicht immer im Zustand verständnisvoller Akzeptanz ihrer Weltsicht bleiben konnte. Als Berta nach einigen Tagen aus dem Heim der Notaufnahme wieder zurückgekommen war und ich das Gespräch mit ihr suchte, sagte sie:»Die Sozialarbeiterin hat gesagt, meine Lehrerin ist schuld daran, dass ich nicht im Heim bleiben darf.«

Vielleicht war diese Sozialarbeiterin einfach unbedarft, aber welche Dramen hätte sie anrichten können, wenn Berta zu den aggressiven Schülerinnen gehört hätte? Doch die behielt zu meiner Erleichterung ihren freundlichen Draht zu mir.

Manuel

Wer nach den Geschichten von Anne, Berta und Serap zur Schlussfolgerung kommt, in Frankfurt würden beliebig Heimplätze verteilt an alle, die gerne im Heim leben möchten, der irrt sich.

Ich war Manuels Klassenlehrerin ab dem 5. Schuljahr. Schon in der ersten Klassenkonferenz teilten einige Kolleginnen meinen Verdacht, Manuel würde zu Hause geprügelt. Auch hatten Klassenkameraden angedeutet, er fehle in der Schule, bis blaue Flecken nicht mehr auffällig seien.

Er war der Älteste von ungewöhnlich vielen Geschwistern und musste sämtliche aushäusigen Erledigungen bewältigen, weil seine von Kindergeld und Sozialhilfe lebende Mutter wegen der vielen Kleinkinder die Wohnung nicht verlassen wollte.

Bei meinem ersten Hausbesuch öffnete sie am späten Mittag im Nachthemd die Tür, umwuselt von der Kinderschar, alle so teigig blasshäutig, als hausten sie ganzjährig in Draculas Gruft. Ja, Manuel müsse ihr bei der Versorgung seiner Geschwister helfen und er müsse einkaufen gehen, sie könne die Kinder nicht mitnehmen und sie wolle sie nicht unbeaufsichtigt in der Wohnung lassen. Ungefragt sprach sie von ihrer Abneigung gegen Prügelstrafe und ließ Manuel beteuern, er sei nie geschlagen worden. Es gab an Frankfurts Stadtrand ein Heim, das ideal für Manuel gewesen wäre. Unbelastet von häuslichen Überforderungen hätte er dort altersangemessen die Wochentage verbringen können. Außerdem hätte er die Möglichkeit gehabt, an den Wochenenden bei seiner Familie zu sein. Wenn er das wollte.

Für Manuel war ein Sozialarbeiter zuständig, der weniger leichtfertig über Heimplätze verfügte als seine oben erwähnte Kollegin. Nach gemeinsamen Hausbesuchen und Gesprächen zuckte er schließlich bedauernd die Schultern und meinte, in manchen Fällen sei es eben leider so, dass erst gehörig Blut fließen müsse, ehe wirklicher Handlungsbedarf bestehe.

Während der Jahre als seine Lehrerin konnte ich nicht verhindern, dass Manuel seine gut in ihm angelegten Möglichkeiten in ihr Gegenteil verwandelte und zugewandte, intelligente Reaktionen aufgab zugunsten abwehrender, aggressiver Strategien.

DATENSCHUTZ

Mit dem Datenschutz hat Vater Staat völlig unnötig besondere Hindernisse in der Kommunikation zwischen Schülern und Erwachsenen geschaffen, die meine Arbeit als Lehrerin erschwerten und Einflussnahme von Eltern auf ihre Kinder unmöglich machten. Wir wurden in der Schule angewiesen, die Noten von Klassenarbeiten nicht mehr in die Notenlisten des Klassenbuchs einzutragen, sondern in gesonderte Klassen-Notenbücher. So sollten Schüler vor unbefugten Blicken auf ihren Leistungsstand geschützt werden.

Dazu gehörte auch die Anweisung, Noten nicht mehr auf Elternabenden oder mit der Klasse zu besprechen. Hier sollten nun die Mitschüler voreinander geschützt werden. Vor Einführung von Datenschutz waren die Stunden, in denen Klassenarbeiten zurückgegeben und besprochen wurden, oft sehr fruchtbare Stunden gewesen, in denen verständlich gemacht werden konnte, welche Kriterien zu welcher Note führten. Der gute Aufsatz eines Klassenkameraden war schon immer ein packenderes Beispiel als die Vorlage der Lehrerin. Und jetzt vorlesen, ohne die Note zu sagen? Die Schüler lösten meinen ministeriell verursachten Konflikt, weil sie sich natürlich die Noten zeigten. Eigentlich hätte ich das verhindern müssen, aber ich war es schon gewohnt, mich bei pädagogischen Verhaltensweisen, die dazu geeignet waren, soziale Lernprozesse bei den Schülern zu fördern, immer wieder in illegalen Räumen zu bewegen.

Die berühmten Einträge ins Klassenbuch durften wir seitdem nicht mehr ins Klassenbuch schreiben. Ein großer Verlust für mich, die ich bei Vertretungsstunden immer gerne in der Eintragsspalte des auf dem Lehrertisch liegenden Klassenbuchs geschmökert und die Formulierungen gewürdigt hatte, die den Schreibwerkzeugen meiner gepeinigten Kollegen in der höchsten Wut entschlüpft waren.

An anderer Stelle ist die Datenschutzbarriere zwischen Schule und Polizei erwähnt. Schüler mit kriminellen Tendenzen wussten, dass die Erwachsenen keine Informationen austauschen durften, und spielten damit. Sie wussten auch, dass Lehrerinnen und Lehrer aus Datenschutzgründen Schultaschen von Schülern nicht durchsuchen durften. Auch nicht nach Diebesgut oder Waffen.

Ein echter Clou wartet bis heute auf Eltern, deren Kind mit 18 Jahren volljährig wird, aber noch zur Schule geht: Die Lehrer ihres Kindes dürfen ihnen dann keine Auskünfte mehr geben – es sei denn, sie haben eine Einverständniserklärung des Kindes dabei. Die Eltern sind aber verpflichtet, ihr Kind während seiner Ausbildung bis zum 27. Lebensjahr nach ihren Möglichkeiten finanziell zu unterstützen. Das Kind kann seine Eltern dazu verklagen.

Ich kannte ein verstörtes Elternpaar, beide waren Akademiker, das bitter unter den Folgen seines gut gemeinten antiautoritären Erziehungsstils leiden musste, als die Tochter qua Gesetz zur Erwachsenen wurde. Diese Tochter, Gymnasiastin, zeigte sich zu Hause gewalttätig, zertrat bei Auseinandersetzungen mit den Eltern schon mal Möbelstücke oder Türen, und die Eltern hatten den schwarzen Peter, wenn Nachbarn wegen Ruhestörung die Polizei holten.

Die Eltern schickten ihre Tochter in die Schule, bezweifelten aber irgendwann, ob es sich beim morgendlichen Weg des Mädchens tatsächlich um den Schulweg handelte. Folglich suchte der Vater das Gespräch mit der Klassenlehrerin, die ihm leider weder über Leistungsstand noch über Regelmäßigkeit des Schulbesuchs seiner Tochter Auskunft geben durfte. Der vergebliche Versuch, ihrer Tochter die erforderliche Einverständniserklärung abzuringen, kostete die Eltern eine weitere wertvolle Tür ihrer Altbauwohnung.

EMANZIPATION

Aus Griechenland zurückgekehrt, fand ich mich Anfang der 1980er-Jahre zunächst als Inhaberin einer halben Lehrerstelle zur Förderung der Deutschkenntnisse bei ausländischen Schülern wieder. Nachmittagsunterricht in einer Realschule, zusammengewürfelte Gruppen von teilweise über 30 Förderbedürftigen. Einige Schüler fühlten sich wie bestraft, als müssten sie nachsitzen.

Der erste Eindruck im Klassenraum war so ähnlich wie in einem griechischen Kafeneion, mit Ausnahme eines Mädchens, das ein Kopftuch trug wie die alten Frauen auf der Insel, nur anders gebunden, nämlich vollständig Frisur und Ohren bedeckend. Meist schwarzhaarige, dunkeläugige Jungen, viele in schwarzen Lederjacken, einige mit schwer aussprechbaren Namen. Breitbeinig saßen sie an ihren Tischen und redeten lieber miteinander in ihren Sprachen als mit mir auf Deutsch.

Ein schmerzlicher Unterschied zum Kafeneion lag in der Art, wie manche mich ansahen. Messerscharfes, aggressives Starren traf mich, verächtlich und vulgär, als sei ich eine aufreizende Stripperin und sie besonders eklige Kundschaft. So hatten mich Schüler bislang nicht angesehen.

Als Frau in Deutschland geboren und aufgewachsen zu sein

erscheint mir heute als glücklicher Umstand. Ein Privileg, die Zeiten miterlebt zu haben, in denen so öffentlich Vorstellungen von Gleichberechtigung zwischen Männern und Frauen entwickelt werden konnten, dass gesetzliche Änderungen daraus folgten, die mir viele Freiheiten ermöglichen, von denen Frauen in südlichen und erst recht in muslimischen Ländern bislang nur träumen können.

Ich konnte einen Beruf erlernen und eigenes Geld verdienen, ich durfte selbst entscheiden, wen ich heirate und ob ich mich wieder scheiden lasse. Ich kann mich für eine Abtreibung entscheiden, ohne deshalb kriminalisiert zu werden. Ich kann uneheliche Kinder haben, ohne dass deshalb ich oder die Kinder gesellschaftlich geächtet werden. Nachteile und Ungerechtigkeiten gibt es leider immer noch, aber die sind in diesem Zusammenhang zu vernachlässigen. Ich kann mit anderen Frauen oder auch ganz alleine in alle Restaurants und Bars gehen und habe beruflich zumindest formaljuristisch die gleichen Möglichkeiten und Rechte wie ein Mann – kurz, ich bin nicht mehr festgelegt auf die ins Haus verbannten tradierten Frauenrollen als dem Mann untergeordnete Kindergebärerin und Familienversorgerin. Und fast das Beste: Ich bin nicht angewiesen auf eine Umgebung, die mich mit lähmend kleinkarierten moralischen Normen fesseln möchte oder das gar darf.

Natürlich gibt es noch viel zu tun, um wirkliche Gleichberechtigung zu erreichen. Frauen sind einerseits immer noch in vielen Bereichen benachteiligt, und es hat andererseits gut meinende Gesetze zu ihrer Förderung gegeben, für die mir die Männer leidgetan haben. Da ist schon mal, wie mein Mathematiklehrer früher gern sagte, das Brot auf die geschmierte Seite gefallen – zum Beispiel bei Scheidungsregelungen, durch die mancher Mann völlig verarmt in einer Dachkammer hausen muss, während die Geschiedene mit den Kindern im ehemals gemeinsamen Haus mit

Garten lebt, ohne je wieder zu arbeiten. Aber es heißt ja, diese Gesetze seien geändert worden.

In meiner Sozialisation war es auch ein Glück, dass ich anerzogene Scham wieder verlernen durfte: Scham über widerspenstige eigene Gedanken und Pläne ebenso wie Schamhaftigkeit wegen meines Körpers. Als wir in den 1970er-Jahren erstmals im Freundeskreis in die Sauna gingen, war das für keinen von uns selbstverständlich, das kostete anfangs Überwindung. Auch Nacktbaden wollte gelernt sein, es gab wieder erst mal Hemmungen, aber auch das wurde gut. Endlich fühlten wir uns noch mal freier, erwachsen. Den Verklemmungen unserer Eltern entwachsen. Das Schwimmen ohne Bikini-Oberteil: keine rutschenden, hemmenden Träger, uneingeschränkte Bewegungsfreiheit. Warum nur hatten seit Jahrhunderten die Frauen sich aus Gründen der Schicklichkeit mit Kleidungsstücken zu quälen, die ihre Bewegungsfreiheit behinderten? Reifröcke, Korsette und allerlei einschränkendes Zeug wie zum Beispiel Hauben, die zeigten, ob die Trägerin verheiratet oder Witwe war? Wie gut, dass diese Zeiten Vergangenheit waren.

In meiner Vorstellung wäre es mit uns und einer generellen gesellschaftlichen Emanzipation wie auf einer aufsteigenden, himmelwärts gerichteten Linie kontinuierlich freiheitlich aufwärtsgegangen. Wir würden immer mehr unnötige Zwänge verlernen, und für unsere Kinder würde Verklemmtheit wahrscheinlich keine Rolle mehr spielen. Männer und Frauen würden sich zukünftig in gegenseitigem Verständnis immer mehr annähern.

Doch seit Anfang der 1980er-Jahre sah und sehe ich meine anfangs schwer erkämpften, inzwischen selbstverständlich gewordenen Freiheiten wieder ernsthaft bedroht. Das »Oben ohne«-Sonnenbaden war mir zur erholsamen Gewohnheit geworden. Ganz in der Nähe meiner Frankfurter Wohnung gab es einen Park, klein und gemütlich, ehrwürdige alte Riesenbäume, dicke steinerne Kunstwerke spien mit feinen Wasserfontänen Regenbogen zwischen schreiende, im Nassen planschende Kinder. Ein großer Spielplatz, ein Areal zum Rollschuh ahren und verstreute Zonen, in denen es ruhiger war, in denen Menschen sich auf Decken in der Sonne aalten und lasen. Hunde durften nicht in den Park, und Grillen war verboten. Auf einem ruhigen Liegeplatz ließ ich mich nieder, um einen friedlichen Nachmittag zu verbringen, in der Sonne lesend und meiner blassen Städterinnenhaut einen Urlaubsfarbton gönnend. Oben Ohne.

Doch bald entwickelte sich folgende Szene: Eine gruselige Wahrnehmung ließ der Sonnenbadenden sowohl Gänsehaut als auch den Verdacht wachsen, sie werde von jemandem in feindlicher Absicht ausgespäht. Die Oben-ohne-Besonnte setzte sich auf und schaute in die Richtung, aus der sie sich attackiert fühlte. Auf einer Parkbank saßen Männer in Häkelkäppis und langen Gewändern und glotzten sie in einer Mischung aus Feindseligkeit und Lüsternheit unverwandt an.

In einem arabischen Land hätte sie sich nicht oben ohne in die Sonne gelegt. (Auch nicht in den Schatten.) Nun war sie aber nicht im Ausland, sondern in ihrem Land. Aber das hatte sich verändert, hier waren jetzt Menschen, die von emanzipatorischen Lernprozessen nichts wussten und die ganz so aussahen, als wollten sie auch nichts davon wissen. Resigniert vor der Übermacht der dunkel starrenden Augen, zog sie ihr T-Shirt über und widmete sich wieder ihrem Buch.

Eine neue Störung ließ sie sich aufsetzen. Rauch. Grillqualm. Gestank verbrennenden Fleisches. Eine kleine Menschenmenge, bestehend aus dunkelhaarigen Männern, in dunkle Stoffbahnen bodenlang verpackten Frauen und lärmenden Kindern, bewegte sich um mehrere qualmende Grille herum und nahm einer lesend in der Sonne Liegenden, die sich zurzeit vegetarisch ernährte und die zudem gerade dabei war, sich das Rauchen abzugewöhnen, jede Möglichkeit, sich hier noch wohlzufühlen. Wut ergriff die Lehrerin. Überall stand deutlich auf Schildern im Park: Grillen verboten. In Deutschland hielten wir uns an Regeln, die bisher immer für alle gegolten hatten. Wem das nicht klar war, der sollte sich doch bitte daran gewöhnen. Sie tat etwas, das sie bis dahin noch nie getan hatte: In dieser guten alten Vor-Handy-Zeit ging sie zur Telefonzelle vor einem Eingang zum Park und rief bei der Polizei an. In dem Park, in dem ausdrücklich Grillen verboten sei, qualmten mehrere Grills, und sie fühle sich erheblich gestört. Ob die Polizei …?»Ach, lassen Sie doch den Leuten ihren Spaß«, sagte der Polizist und legte auf.

Innerhalb und außerhalb der Schule schockierten mich die ersten Begegnungen mit muslimischer Kleiderordnung. Welch unfassbaren Rückschritt bedeutete es für mein emanzipiertes Weltbild, die Mädchen und Frauen zu sehen, die ihre Schönheit mit sackartig den Körper versteckender Kleidung und unterschiedlich gebundenen Kopftüchern verdeckten, unter denen kein Härchen hervorlugte. (Die Variante, die wir inzwischen in Deutschland sehen müssen, bodenlang schwarz vermummte Gestalten, die wie Gevatter Tod kein Gesicht mehr zeigen, diese Variante war damals hier noch nicht aufgetaucht.)

Die übereinstimmenden Erklärungen muslimischer Schülerinnen auf mein Nachfragen nach Sinn und Grund dieser Kleidung ließen sich so zusammenfassen: Eine anständige Frau provoziert den triebhaften Moloch im Manne nicht durch sichtbare weibliche Reize.

Echt? Männer leiden unter triebhaften Anfällen, nur aus dem einzigen Grund, weil sie die Frisur einer Frau sehen? Die Frauen müssen sich also verstecken, weil muslimische Männer durch den bloßen Anblick normal westlich gekleideter weiblicher Gestalten sonst haltlos ihren Trieben ausgeliefert sind? Soll ich das glauben?

Ja, sagten die Mädchen.

Wie? Die Männer haben das Problem, aber sie hängen es den Frauen an? Warum binden sich die Männer denn nicht Tücher vor die eigenen Augen, anstatt ihre Frauen zu vermummen? Die Mädchen lachten verlegen. Sie verstehen das nicht, sagten sie.

Ich erzählte ihnen eine Weisheit aus dem tibetischen Buddhismus: Wenn dich die Steine und Dornen auf deinem Weg stören, könntest du ihn mit Leder überziehen. Du kannst auch den ganzen Planeten mit Leder überziehen, damit dich nichts mehr stört. Oder du machst dir Schuhe.

Das gefiel den Mädchen, aber sie sagten trotzdem: Sie verstehen das nicht. Unsere Männer wollen keine Schuhe.

Ich verstand es wirklich nicht. An welchem Punkt war die Gegenwart in die Vergangenheit gerutscht?

Das Auffällige an den Jungen war ihr Verhalten – feindseliges Anstarren der Lehrerin, kehliges, heiseres Herausbellen von Behauptungen, Forderungen und manchmal auch Drohungen. Heftige, raumgreifende Gestik, vor der ich zurückweichen, vermutlich eingeschüchtert zurückweichen sollte. Sie wollten sich von niemandem Aufgaben geben oder Vorschriften machen lassen. Auch hier der schmerzliche Rückschritt für mich: In Extremfällen kamen mir diese Einwortsätze bellenden Machos wie ungezähmte Rudelwesen vor, die meinen Rangordnungsplatz angriffen, den Platz meiner beruflichen Qualifikation, den Platz als Erwachsene, der höfliche Ansprache zustand.

Ich hielt ihnen stand, und sie taten schließlich, was ich ihnen auftrug, aber wir befanden uns in einem permanenten Zustand zähen geistigen Ringens. Niemand gebot ihnen wirklich Einhalt. Manche verschleierte Mutter lief in demütigem Abstand so hinter ihrem Sohn her, wie sie auch hinter ihrem Mann lief. Im Kollegenkreis viel Resignation und seltsam unklare Anmutungen, so als täten wir Verbotenes, wenn wir uns über die mächtigen Emotionen empörten, mit denen uns manche Schüler wie Naturkatastrophen überschwemmten.

Es schien ein ungeschriebenes Gesetz zu geben, nach dem wir nicht mit Ablehnung auf die Zumutungen reagieren durften, die im Zusammenhang mit eingewanderten kulturellen Vorstellungen standen. Sich über den türkischen Kollegen beschweren, der im Türkischunterricht die Schüler mit Büchern bewarf und der als Bestrafung kleine Geldbeträge einkassierte, die er nicht zurückgab und von denen er auch nichts für die Schüler kaufte? Undenkbar, das ungeschriebene Gesetz zwang uns, den Kollegen mit anderen, sozusagen gastfreundlicheren Maßstäben zu messen als einen deutschen Lehrer.

Wie den Schüler reglementieren, der zu mir schrie:»Wenn ich dich totmach, sitz ich näher bei meim Allah!« Warum hatte ich auch an sein unantastbares Ehrgefühl gerührt mit der Zumutung, seinen hingeschmierten Text noch einmal leserlich abzuschreiben? Erstaunt fragte ich nach Allahs Interesse an meinem Tod, und Cem brüllte, immer noch mitten in seiner Wut, Allah gebe jedem Moslem, der einen Ungläubigen »alle mache«, einen Ehrenplatz an seiner Seite. Allerdings auch erst nach des Moslems Tod.

Cem und seine Freunde hatten es bisher mit Ehrlichkeit nie besonders genau genommen, wir hatten immer wieder Probleme bei den Versuchen, unsere Vorstellungen von Wahrheit deckungsgleich zu bekommen. Sie griffen gern erfundene Geschichten aus der Luft, einfach, weil ihnen das momentan so in den Kram passte. Geriet eine Situation unpassend zu der Geschichte, leugneten sie anschließend mit der gleichen Vehemenz, mit der sie sie vorher erfunden hatten. Mit meinen Versuchen, ihr System von Dichtung, Wahrheit und Lüge zu durchschauen, prallte ich bei meinen muslimischen Schülern auf die undurchdringliche Wand des von ihnen so interpretierten Islam. Sie erklärten mir, in ihrer Religion dürften »Ungläubige« angelogen werden, die Wahrheit sei ausdrücklich für Glaubensbrüder reserviert.

Also rechnete ich Cems Ausführung in den Bereich »Dichtung« und versuchte mich in beschwichtigenden religiösen Hinweisen, dass heutzutage alle Götter letztlich Sinnbilder der Liebe seien; es sei doch unwahrscheinlich, dass ausgerechnet Allah so mittelalterlich denke. »Mittelalterlich, das ist viele hundert Jahre her ... Und wer soll dir denn Schreiben beibringen, wenn du mich totmachst? Du weißt, wir haben jetzt schon Lehrermangel an der Schule.«

Kräftezehrendes pädagogisches Neuland für mich, von außen keinerlei Hilfe, nicht mal Verständnis für die Erlebnisse aus meiner Arbeitswelt. Im Gegenteil, alte Freundinnen und Freunde baten um Themenwechsel, wenn ich von meinen Erlebnissen in der Schule erzählen wollte. Meine Erfahrungen erschienen ihnen unglaubwürdig, oder sie konnten nicht einmal die Schilderung meiner Realität ertragen, die ich täglich bewältigen musste.

»Du solltest dich mal hören, wie du redest«, sagte besonders Ute, eine Freundin, die sich mit wissenschaftlicher Pädagogik befasste, »man könnte meinen, du bist ausländerfeindlich.« Unsere Freundschaft dünnte aus, wir sahen uns kaum noch, und ich vermutete, Ute sei auf dem Rückzug, weil sie sich ihr politisch korrektes Denken nur erhalten konnte, wenn sie die politisch absolut unkorrekten Szenen meines Schul- und Großstadtalltags ausklammern konnte. Ich war aber so zum Bersten angefüllt mit den unglaublichen Begebenheiten, die ich täglich zu verarbeiten hatte, dass ich darüber sprechen musste.

Meine hilfreichste Gesprächspartnerin war Gerti, eine Studienfreundin, die inzwischen auch mit Hauptschülern arbeitete. Wir verbrachten Zeit mit dem Austausch unserer jeweiligen belastenden Erlebnisse, ertrugen so wechselseitig die Erfahrungen der anderen und genossen dabei den Zustand, unter uns zu sein, frei reden zu dürfen ohne die mahnenden Korrekturversuche der politisch Korrekten, deren Wertvorstellungen nicht von Kontakten zu problematischen Einwanderern erschüttert waren. Diese politisch Korrekten wären wahrscheinlich nur gierig auf mein Erlebnis mit dem bulligen deutschen Vater gewesen, der sich nach einem Elternabend der 9. Klasse die weiß gespannten Fingerknöchel auf meinem Lehrerpult weich zu klopfen versuchte bei seiner Beschwerde über die von mir bereitgestellten Arbeitsblätter in Geschichte: Drittes Reich. Die Nazis hätten nicht so viele Juden umgebracht, wie ich den Schülern weismachen wolle. Ich war allein mit dem aufgebrachten, breitschultrigen, meinen Argumenten und eigenem Nachdenken unzugänglichen Kerl in der dunklen, verlassenen Schule. Draußen nur der leere, unbeleuchtete Schulhof.

Gerti hatte nach einem Elternabend der erwachsene Bruder eines arabischen Schülers im Flur der leeren, winterdunklen Schule aufgelauert, hatte sich bedrohlich vor ihr aufgebaut und versucht, Zugeständnisse für bessere Noten im nächsten Zeugnis zu erpressen. Mit diesem Erlebnis hätte Gerti bei den politisch Korrekten leider nur böse Ermahnungen einkassieren können.

Nur halb im Scherz entwickelten wir gemeinsam den Begriff »Sozialethnologie der Hauptschüler«, immer in dem Bestreben, uns nicht von den negativen Emotionen unserer Schüler anstecken zu lassen, nicht selbst aggressiv auf die Hassbereitschaft unserer Schüler zu reagieren. Wir bemühten uns zu verstehen, was das eigentlich für Wesen waren, die uns Schulmorgen für Schulmorgen herausforderten und erschöpften. Und wir kamen zu dem Schluss, dass sie im Vergleich zu uns so anders strukturiert waren, dass sie eventuell eher ein Fall für ethnologische als für pädagogische Betrachtungen seien. Ethnologen untersuchten bis dahin Gewohnheiten und Wertvorstellungen von Eingeborenenstämmen in abgelegenen Teilen des Planeten.

Die Sozialethnologie, die wir, bezogen auf Hauptschüler, gesprächsweise für unsere witzige Erfindung gehalten hatten, ist schon lange Realität geworden. Ernst zu nehmende Wissenschaftler betreiben ethnologische Studien an Randgruppen in deutschen Großstädten, wie sie es früher bei exotischen Menschengruppen in fernen Kontinenten taten.

Die Freundschaft mit meiner alten Freundin Ute wurde wieder dicker, als sie von der Staatsbürgerpflicht getroffen wurde, Schöffin zu sein, Schöffin am Jugendgericht! Konfrontiert mit schroffen, trotzigen, groben Jugendlichen, die eher in für Zuhörer nervtötender Emotion zu Hause waren als in analytischem Denken, suchte Ute ausdrücklich meine Nähe. Gebeutelt von Begegnungen mit unbelehrbar kampfbereit aggressiven Jugendlichen, die verächtlich auf die gesetzlichen Vorgaben des deutschen Staates herabsahen, war Ute über die Maßen erzählbereit. So wie ich nach einem Unterrichtstag. Wir trafen uns oft, tauschten uns aus und waren uns einig wie selten zuvor.

Mit dem Ende ihrer Schöffentätigkeit schwächelte unsere Freundschaft aber wieder. Ohne Kontakt zu den jugendlichen Delinquenten konnte Ute ihre Erlebnisse am Jugendgericht verdrängen und fand zurück zu ihrem vorbildlich politisch korrekten linksliberalen Denken.

Dafür hatte ich Verständnis, glaubte ich doch auch immer wieder meinen eigenen Erfahrungen nicht. Kaum war ich nachmittags zu Hause, zweifelte ich an meinen Erinnerungen. Verstieg mich in realitätsferne Unterrichtsvorbereitungen, in denen ich die unvorstellbar schwachen Kapazitäten meiner Schüler überschätzte. Wusste nichts mehr davon, dass Schüler im 9. Schuljahr wie Kleinkinder mit dem Ausmalen fertiger Vorlagen mit Filzstift zufrieden waren, dass sie diese in meinen Augen stupide Tätigkeit eigenverantwortlicher kreativer Gestaltung vorzogen. Vergaß, dass sie ein im 5. Schuljahr eingeübtes, rigides Rechtschreibspiel im 9. Schuljahr immer noch geradezu liebten und täglich inständig darum baten, es spielen zu dürfen. (Nach gängigen pädagogischen Vorstellungen hätten sie sich bereits im 5. Schuljahr mit diesem von mir erdachten Spiel unterfordert fühlen müssen.) Weil ich immer wieder dazu neigte, meine Schüler mit mir selbstverständlichen Geringfügigkeiten zu überfordern, ging ich dazu über, nach Schulschluss im leeren Klassenraum meinen Unterricht vorzubereiten. Hier fiel es mir leichter, mich auf realistische Anforderungen und minimalistischen Spracheinsatz zu beschränken, wodurch ich die Schüler auch erreichen würde.

Wichtig waren nicht nur klar verständlicher sprachlicher Ausdruck, sondern auch inhaltlich klare Ansagen, Regeln, Vorschriften, die zu verbindlichen, einverständlichen Abmachungen führen konnten. Nur, was nützten klare Ansagen in der Schule, wenn nicht die allerkleinste Druckmöglichkeit bereitstand, um diejenigen anzuspornen, die sich nicht disponiert fühlten, der Abmachung zu folgen?

Zu meiner pädagogischen Emanzipation fehlte mir so etwas wie beispielsweise der Schlüssel zum Tor, mit dem wir den Schulparkplatz zur Straße hin abschließen konnten. Diesem Schlüssel würde ich den Namen geben: »Konsequenzen zeigen dürfen und können«. Als ich nach Schulschluss vom Parkplatz fahren wollte, hatte ein Kollege das Tor offen gelassen, und ein Passant führte seinen Hund zwischen den Lehrerautos Gassi. Ich bat ihn, das Schulgelände zu verlassen, aber er tat so, als sei er taub. Da brauchte ich nur mein Auto auf die Straße zu fahren, auszusteigen und mit dem klirrenden Schlüsselbund so auf das Tor zuzugehen, als wollte ich es von außen versperren – und schon zerrte er eifrig seinen Hund auf den Bürgersteig und entfernte sich.

Wo war dieser Schlüssel, mit dem zum Beispiel die muslimischen Schüler reglementiert werden konnten, die zu den Abschlussfeierlichkeiten des Ramadan schulfrei bekamen und trotzdem während der Unterrichtszeit in ihren Sonntagsanzügen im Schulhof herumlungerten, glitzernde Placken auf die Bodenplatten spuckten und ihre andersgläubigen Mitschüler verhöhnten, weil die eben nicht schulfrei hatten?

Oder für die Eltern und Schüler, die ohne Erlaubnis schon vor den Schulferien in Urlaub verschwanden, wenn die Straßen noch nicht so voll und die Flugtickets billiger waren?

Oder für manche Ärzte, die anscheinend massenhaft Atteste ausstellten an Schülerinnen und Schüler, die offensichtlich nicht krank waren, aber dem Unterricht fernblieben?

Eine Kollegin, die in einer berufsvorbereitenden Maßnahme »Textiles Gestalten« unterrichtete, hatte das seltene Glück, einen echten Auftrag zu erhalten, der früher wahrscheinlich ein Schlüssel zur Motivation ihrer Schülerinnen gewesen wäre: Stickereien, mit denen die örtliche Kirche geschmückt werden sollte. Leider passte dieser Schlüssel nicht. Die muslimischen Schülerinnen weigerten sich vehement, an christlichen Symbolen zu arbeiten. Sie verwiesen auf ihren Prediger in der örtlichen Moschee, der den Umgang mit Christlichem mit Verboten belegt habe. Ein Zeichen missverstandener muslimischer Emanzipation?

Aus einem 6. Schuljahr hörte ich von einer anderen Ausformung des Wunsches nach Gleichberechtigung: Nichtmuslimische Schülerinnen wollten ebenfalls Kopfbedeckungen im Klassenraum tragen, bunte Tücher und kleine Hütchen. Das fanden sie chic, und es war ihnen ernst. »Wenn die Kopftücher dürfen, dürfen wir auch was auf den Kopf!«

KLINIK

Eines Tages der Zusammenbruch. Rien ne va plus, ohne Hoffnung auf Gewinn, nur Weinen oder fühllose Starre. Warten auf einen freien Platz in einer Klinik, in der nach psychotherapeutischen Ansätzen gearbeitet wird. Medikamente konnten nicht die Lösung sein. Mich dopen, um die schulische Alltagsgewalt ertragen zu können? Nein, danke. Patienten aus ganz Deutschland in der Klinik, vorwiegend Lehrer, Sozialpädagogen, Krankenschwestern, Polizisten, Ärzte. Wir alle ausgebrannte Helfer, von denen einige sich noch nach Wochen ihrer Begabung rühmten, gut für andere sorgen zu können. Für sich selbst zu sorgen war ihnen bislang nicht geläufig. Stattdessen erwarteten sie von sich Höchstleistungen in einem beruflichen Umfeld, dessen absurden Anforderungen sie nie gerecht werden konnten und in dem sie immer wieder in demütigender Ohnmacht an einseitigen Vorschriften verzweifelten, die ihnen sämtliche Verpflichtungen zuschanzten und ihrer Klientel offenbar alle Rechte gaben – einschließlich des Rechtes, sie zu verhöhnen. Klinikärzte, die nicht genug Zeit für ihre schwer kranken Patienten hatten. Polizisten, die unter der Gesetzeslage litten, die sich lange Nasen von jugendlichen Gewalttätern zeigen lassen mussten – tagelang gejagt, überführt, festgenommen und anschließend vom Richter gleich wieder freigelassen. Von ihren Arbeitsbedingungen und ihrer Klientel gedemütigte Sozialarbeiter. Überarbeitete, überforderte Krankenschwestern, die sich von ihren Bettlägerigen vorgeführt fühlten, wenn die während der Besuchszeiten nach ihnen klingelten, um zu befehlen: »Bring Wasser für Blumen« oder »Gib Handtuch aus Schrank«, während das Krankenzimmer rappelvoll mit palavernden Verwandten war, die sie hätten bedienen können. Die Schwestern spürten, wie solche Patienten sie zur Demonstration situativer Machtausübung missbrauchten. Einer verlangte, die Schwester solle das Bett frisch beziehen. Sie verwies ihn auf morgen früh, wenn ohnehin frisch bezogen würde, denn die Bezüge seien doch noch sauber. Daraufhin verschüttete er absichtlich seine Suppe auf dem Bett, und die Schwester war nun durch die Vorschriften verpflichtet, seinen Wunsch zu erfüllen. Ein Pfleger schilderte, wie Obdachlose sich gerne vor das Eingangsportal des Krankenhauses legten und schrien, sie seien krank und hätten Schmerzen. Qua Gesetzeslage mussten sie daraufhin aufgenommen, gebadet, rasiert, gefüttert und gebettet werden, auch wenn man genau wusste, dass dieser Patient nur simulierte, um den »Service« genießen zu können.

Viele meiner Mitpatienten schämten sich ihres Zusammenbruchs. Einer war heimlich da. In der Familie und am Arbeitsplatz gab er vor, er sei erst im Urlaub und dann auf Fortbildung.

Einige sehr junge Menschen lernte ich hier kennen, die ihr eigenes Leben nicht gestalten konnten, die sich seit Jahren in psychosomatischen Kliniken aufhielten, immer mal zwischen zwei Klinikaufenthalten ein paar Wochen bei den Eltern lebten und sich nicht in der Lage sahen, einen Schul- oder Universitätsabschluss hinzulegen, einen Beruf zu erlernen oder sich um eine eigene Wohnung zu kümmern. Sie nutzten die Klinik eher wie ein Hotel, ließen sich versorgen, blieben unauffällig und machten ganz den Eindruck, als sei dies ihr Lebenskonzept für die Zukunft.

Ich war dankbar, mich für wenige Wochen versorgt und entlastet zu wissen und mir von Leidensgenossen spiegeln zu lassen, wie gesundheitsschädlich es sein kann, immer allen Anforderungen entsprechen zu wollen. Vielleicht konnte ich künftig mein Leben friedlich oder gar glücklich gestalten und meine Begabungen entfalten, statt sinnlos meine Fantasie beim täglichen Stellungskrieg im Klassenzimmer dafür zu verbrauchen, mit persönlichem Witz die Aggressionen meiner Schüler zu neutralisieren. Sinnlos musste ich meine Kräfte aus dem Grund verausgaben, weil die Gesetzeslage in meinem Land eine wirkungsvolle Reglementierung ausufernder Schüler nicht zuließ. Statt angesichts der veränderten Schülerschaft unsere bisherigen pädagogischen Vorstellungen zu überdenken, wurde in meinem Land die Abschaffung der Hauptschule diskutiert. Dabei mussten doch alle Insider wissen, was sich an den Gesamtschulen abspielte, die sich nicht gegen die Aufnahme der entsprechend problematischen Schüler wehren konnten. Sie mussten weiterhin wissen, dass Hauptschüler teilweise als Analphabeten aus dem gemeinsamen Unterricht der Grundschule hervorgingen. Welche Verbesserung konnte dann die Mischung von Schnell-, Langsam- und Überhauptnicht-Lernern in integrierten Gesamtschulklassen bringen?

Hauptschulklassen für die Öffentlichkeit in additiven Gesamtschulen verschwinden zu lassen – das wäre verbale Augenwischerei, bei der lediglich das Wort »Hauptschule« in behördliche Schubladen versenkt würde.

Aber was sollte aus mir werden? Meine Kräfte waren verpufft, mit Schulklassen würde ich demnächst nicht arbeiten können. Leider war es nicht möglich, mit den Therapeuten über meine berufliche Zukunft oder aktuelle Erlebnisse in der Schule zu sprechen. Wir bewegten uns in grundsätzlichen Bereichen psychischer Strukturierung, ich hatte auch grundsätzlich hilfreiche Einsichten, aber die Zeit wurde knapper, und ich hätte gerne eine Vorstellung davon entwickelt, in welche Bereiche der Arbeitswelt ich mich nach dem Klinikaufenthalt orientieren konnte.

Eine neue Mitpatientin wurde vorgestellt, eine sehr junge Frau mit Baseballkappe verkehrt herum auf dem wuscheligen Haar, Hosenboden nach Art der Hip-Hopper in Kniehöhe, Pulloverärmel lang über die Hände hinausbaumelnd, schlaffe Körperhaltung, nicht begabt zu Blickkontakt. Kaugummi knatschend. Eine mir im damaligen Zustand unerträgliche, typische Gestalt einer Schülerin, die auf Anhieb Schwierigkeiten im Unterricht machen würde. Bockig, überheblich, höhnisch, gehässig – und ich stünde da mit meinem auf Minimum geschrumpften Lehrerinnenrepertoire, um freundlich dieses Wesen so zu beeinflussen, dass es, ohne auszurasten oder mich mit Flüchen zu bespucken, seinen Walkman abstellt und einen Bleistift in die Hand nimmt.

Dieses Mädchen in der Klinik sehen und weinen war zu dem Zeitpunkt das mir einzig zur Verfügung stehende Verhalten. Danach ein kleines Gespräch mit einem Therapeuten: »Was soll ich nur nach der Klinik machen? Ich bin noch nicht so weit, wieder in der Schule zu arbeiten. Ich kann es nicht mal aushalten, die neue Patientin anzusehen, und das nur deshalb, weil sie mir als Schülerin begegnen könnte.«

»Tja, das wird sich finden. Wir entlassen hier möglichst alle Patienten als arbeitsfähig, wir brauchen schließlich die Erfolgsquote für die Krankenkassen.«

Am nächsten Tag sah ich die neue Patientin nicht beim gemeinsamen Frühstück in dem hellen, naturholzgetäfelten Speiseraum mit Blick auf die verschneiten, sanften Hügel der Voralpen. Im Lauf des Vormittags wurden wir informiert, dass die junge Frau wegen eklatanter Regelverstöße sofort wieder aus der Klinik entfernt worden war. Sie war gegenüber einer Therapeutin ausfallend geworden und hatte versucht, die ausdrücklich verbotenen Drogen Alkohol und Zigaretten einzuschmuggeln. Also auch hier. Strafen. Sanktionen. Konsequenzen. Vielleicht hätte ich nicht weinen müssen über die hauptschülerinnenähnliche äußere Erscheinung der neuen Patientin, wenn es je in meiner Macht gestanden hätte, eine Schülerin für sie verständlich zu sanktionieren.

Erneutes Gespräch mit dem sehnsüchtigen Wunsch, mich von dem Therapeuten verstanden zu fühlen. »Versuch doch mal, dir vorzustellen, du müsstest jetzt sechs Wochen diese problematische Frau behandeln, die sich an keine Regeln halten will. Und du hast keine institutionelle Möglichkeit, spürbare Grenzen zu setzen. Vielleicht würde sie dich sogar wegen Diebstahl anzeigen, wenn du ihr die Drogen wegnimmst. Unerträglich, oder? Und doch überschaubar, sechs Wochen sind nur sechs Wochen, aber ich habe jeden Schüler jahrelang in einer Klasse und keine Möglichkeit, ihn ernsthaft spüren zu lassen, dass er sich an meine Regeln oder die Regeln der Schule zu halten hat.«

Ein Achselzucken und die Worte: »Schon in der Bibel steht: Im Schweiße deines Angesichts sollst du dein Brot verdienen.«

Leider habe ich nie herausgefunden, ob der Therapeut mit diesem Spruch bei mir als Humorist punkten wollte oder ob er ihn im Ernst für therapeutisch wertvoll gehalten hat.

HERKUNFTSKULTUR

In meiner Herkunftskultur wird ein Menschenbild gepflegt, dessen höchstes Glück in der individuellen Selbstverwirklichung liegt. Wir haben eine Denkkultur entwickelt, in der wir hinterfragen, statt fraglos hinzunehmen. Das Denken von Schülern in allen Schularten soll auf dem Hintergrund einer »Ja, aber«-Struktur geprägt werden, die wir »kontroverses Denken« nennen und der man nachsagt, sie schule den angestrebten Wert »Kreativität«. »Meinungsfreiheit« wird zu Recht als hoher Wert gehandelt, und aus unterschiedlichen Gründen berufen wir uns auf »pädagogische Freiheit«.

Individuelle Selbstverwirklichung verspricht einen hohen Grad an persönlicher Freiheit, die bezahlt werden muss mit dem Verlust der vermeintlichen Sicherheit, die im umgekehrten Fall ein Leben innerhalb rigider, unumstößlicher gesellschaftlicher Regeln zu bieten scheint.

In meiner Herkunftskultur haben wir Denkstrukturen eingeübt, die uns selbstverständlich auch eigene gesellschaftliche Regeln ständig hinterfragen und eventuell auch abschaffen lassen. Wir dürfen auch über Religionen und Religiöses scherzen.

Als Individuen dürfen und müssen wir uns selbst ständig neu

erfinden, und zwar in allen Lebensbereichen: Wir gestalten nicht nur unser Äußeres so, dass wir uns möglichst von »der Masse« unterscheiden, sondern streben auch im Denken und in der Lebensführung Wege zur Dokumentation unserer jeweiligen Einzigartigkeit an. In der idealtypischen westlichen Herkunftskultur zeigen wir Menschen die grundsätzliche Tendenz, unsere Selbstdarstellung der Außenwelt zu präsentieren, sie in die Außenwelt zu projizieren und dies immer wieder ausgerichtet nach wechselnden modischen Richtungen. Diese permanente Selbsterfindung und der damit verbundene Glaube an die Bedeutung der individuellen Freiheit können durchaus zu Verachtung von jeglichem Regelwerk führen.

Das konnten wir am Beispiel der Politikerin Claudia Roth und ihrer vehementen Kritik (»menschenverachtend«, »ausländerfeindlich«) an einer Berliner Schule beobachten, die den alleinigen Gebrauch der deutschen Sprache auf dem Schulgelände als eine neue Regel ihrer Schulordnung festschrieb – wohlgemerkt, einer Schule, deren Klientel vorwiegend aus Schülern bestand, die bislang der deutschen Sprache nur unzureichend mächtig waren und daher dringenden Übungsbedarf hatten. Die Denkstrukturen der Politikerin waren vermutlich von der Wertvorstellung der individuellen Selbstbestimmung so stark besetzt, dass sie nicht mehr in der Lage war, eine sinnvolle Verhaltensregel als solche zu erkennen. Leider ist sie absolut kein Einzelfall. (Übrigens waren die Schüler der Berliner Schule nach einem Jahr Verpflichtung zum Deutschsprechen auf dem Schulgelände sehr zufrieden mit dieser verbindlichen Sprachregelung. Sie berichteten Journalisten, wie viel friedlicher der Umgang türkischer und arabischer Gangs auf dem Schulhof miteinander geworden sei, seit sie voneinander die Gesprächsinhalte verstehen könnten. Vor Einführung des verbindlichen Deutschsprechens auf dem Schulhof hätten sie oft vermutet, die »anderen« schmiedeten aggressive Pläne gegen sie – aber heute könnten sie problemlos mithören, dass es sich durchweg um harmlose Pausenthemen handele.)

Wir sind bisher davon ausgegangen, der mündige Bürger müsse zur Sicherung des Wertes der individuellen Freiheit nicht nur die Unsicherheit der permanenten Selbsterfindung aushalten können, sondern auch die Unsicherheit der Einsamkeit, die zeitweise damit in Verbindung steht, den eigenen Weg suchen zu dürfen, statt sich fraglos als Angehöriger einer Gruppe definieren zu müssen.

Aber dabei haben wir diejenigen nicht bedacht, die solch eine regelarme Situation nicht aushalten können oder wollen, die sich stattdessen schmerzlich nach dem festen Halt sehnen, den eindeutige Regeln und verbindliche Gruppenzugehörigkeit ihnen bieten könnten. Verschiedene spirituelle Sekten bieten die vermeintliche Sicherheit eines solchen Halts an: Unumstößliche Regeln für Kleidung, teilweise auch für Ernährung, und besonders wichtig: Regeln für das Verhalten und für das Denken. Je fester man sich in das Regelgerüst einmauert, desto sicherer ist man vermeintlich nach innen und nach außen geschützt, nämlich sowohl vor äußeren Anfechtungen, die zu kritischen Gedanken führen könnten, als auch vor möglicher eigener substanzloser Haltlosigkeit, die uns ohne das Regelgerüst eventuell umfallen lassen könnte.

Militante Organisationen bieten ihren Mitgliedern aus ähnlichen Gründen die Sicherheit fester Regeln und Glaubenssätze. Eine Ursache für die zahlreicher werdenden Übertritte junger Menschen zum Islam liegt sehr wahrscheinlich genau in dem Angebot der verbindlichen Verhaltensregeln, die das Gefühl nähren, man wisse, wo man hingehöre: Denk-, Kleidungs- und Verhaltensregeln, mit deren Einhaltung man sich erleichtert aus der Zumutung eigenständiger Lebensgestaltung befreien kann. Kritischen Nachfragen weichen diese Konvertiten oft mit dem Hinweis aus, ihre Religion verbiete ihnen, sich mit abweichendem Gedankengut zu befassen. Auch damit scheinen sie sich sicherer zu fühlen als bei individuellem, eigenverantwortlichem Denken und Erfahren. Zum Islam konvertierte junge Frauen loben das sie neuerdings verhüllende Kopftuch, weil sie damit der sie verunsichernden Außenwelt ihre Integrität als sittenstrenge Frau einschließlich einer Sicherheit und Stärke versprechenden Gruppenzugehörigkeit demonstrieren können. Im Glauben, auf der »richtigen« Seite zu sein, mauern sie sich hinter auswendig gelernten Statements ein und werden unzugänglich für hinterfragende Kommunikation mit der Welt außerhalb der Gruppe.

Die Brisanz der Begegnung zwischen fragloser Gruppenzugehörigkeit oder in manchen Fällen sogar einem Zustand der Verschmelzung mit der Gruppe und individueller Freiheit kann ich erst heute benennen. Während meiner Tätigkeit als Lehrerin bis 1998 waberten solche konfliktreichen Begegnungen für mich schmerzlich spürbar und kräfteraubend in den Klassenzimmern, aber ich konnte damals noch nicht erkennen, was die entsprechenden Schüler gegeneinander aufbrachte. Zu lähmend überlagerten die einzig auf Individualismus geprägten Wertvorstellungen meiner Herkunftskultur meine persönliche und meine pädagogische Wahrnehmung.

Nun ist es an der Zeit, neue Lernziele dergestalt zu formulieren und umzusetzen, dass die Nachteile fragloser Unterordnung unter fragwürdige Gruppenwerte als Unterrichtsthema sich nicht nur auf »Nationalsozialismus«, sondern ausnahmslos auf alle Organisationen beziehen, die auch nur im Verdacht stehen, faschistoides Gedankengut zu verbreiten.

SCHULPSYCHOLOGIN

Tagesordnungspunkt einer Lehrerkonferenz: Die neue Schulpsychologin stellt sich vor. Um den langen Tisch sitzen eng etwa dreißig erschöpfte Lehrerinnen und Lehrer, einige nähern sich sichtbar dem Pensionsalter. Es ist eine Viertelstunde nach Schulschluss, keine Zeit, um wenigstens noch einen Kaffee zu trinken, wenn es schon kein Mittagessen gibt. Die neue Schulpsychologin, eine jüngere Frau mit offenbar noch intaktem Energiehaushalt, erscheint schwungvoll zu Konferenzbeginn und beantragt als Erstes, als Tagesordnungspunkt Nr. 1 behandelt zu werden. Sie habe nicht so viel Zeit. Wir auch nicht, aber wir sind nach sechs Stunden Unterricht zu schwach zum Widerspruch.

Sie setzt sich bequem und in Szene, verliert ein paar Worte über ihre Ausbildung und erklärt uns ihr Konzept: Ihr Bezirk als Schulpsychologin ist so groß, und es gibt in ihm so viele Schüler, dass sie gar nicht erst anfangen wird, sich mit ihnen zu beschäftigen. Die Lehrer sind zuständig für die Schüler, und sie ist ab heute zuständig für die Lehrer, die sich mit ihren Problemen an sie wenden können. Das ist im Großen und Ganzen schon ihr Konzept. Keine Schüler, nur Lehrer. Einige lachen ungläubig, aber sie meint es ernst.

Ich will ihr ins Wort fallen und hole schon tief Luft, aber Klaus Dieter, der in zweiter Reihe hinter mir an dem viel zu kleinen Konferenztisch sitzt, drückt mir die Hand auf die Schulter. Ich sehe ihn an, und er schüttelt nur resigniert den Kopf, zeigt auf die Armbanduhr. Ich verstehe. Es hat keinen Zweck, sich von der Psychologin Unterstützung zu erhoffen, ich soll keine Zeit mit fruchtlosen Diskussionen verplempern. Klaus Dieter neigt den Kopf zu mir und flüstert:»Die macht es richtig. Die wird überleben.«

ZUR FRAGE DER AKTUALITÄT

Es ist etwa zwanzig Jahre her, seit ich anfing, meine Erlebnisse aufzuschreiben. Normalerweise müsste man sich deshalb fragen, ob dieser Text nicht veraltet ist – aber leider ist das Gegenteil der Fall. Die Situation in den Schulen hat sich vielerorts verschärft, und sowohl auf Bundes- als auch auf Kommunalebene hat sich das Prinzip Realitätsverleugnung weiter ausgebreitet und macht eine effektive pädagogische Einflussnahme immer weniger möglich.

Weil ich gern unterrichte, sofern meine Schüler sich innerhalb sozialverträglicher Regeln verhalten, und weil ich mich nach Jahren wieder weitgehend von den schulischen Strapazen erholen konnte, bin ich nun als Lehrerin im Ruhestand hin und wieder in der Erwachsenenbildung als Kursleiterin im Bereich »Deutsch als Fremdsprache« tätig.

Viele der Erwachsenen in den regulären Kursen erinnern mich an die Schülerinnen und Schüler in den Intensivkursen, die sich freundlich und wohlerzogen verhielten. Au-pair-Mädchen aus Nepal oder der Ukraine, Ehefrauen von japanischen Geschäftsleuten, Kleinunternehmer oder Angestellte aus China, ein Banker aus Island, ein Student aus Kanada, Einwanderer aus Afrika, aus der Türkei, aus Indien, aus Südamerika. Jeder von ihnen hat sich aus persönlichen Gründen auf den Weg gemacht und ist in Frankfurt angekommen. Sitzt in einem Klassenraum, schaut mich mit großen Augen an und ist im Normalfall bereit, die Geheimnisse der deutschen Sprache zu enträtseln.

Unterrichten ist mit zurückhaltenden Erwachsenen weitaus angenehmer als mit entgrenzten Jugendlichen, aber die nicht vorhandenen oder wachsweichen Regeln unseres deutschen Sozialstaates haben auch hier negative Einflüsse auf diejenigen Teilnehmenden, denen Leistungsstreben nicht in ihre Wiege oder, genauer gesagt, in ihre (schichtenspezifische) Sozialisation gelegt wurde: Kursteilnehmern mit geringem Einkommen werden mindestens 600 Unterrichtsstunden (inklusive Fahrtkosten vom Wohn- zum Unterrichtsort) aus diversen Steuertöpfen, meist durch das Bundesamt für Migration, bezahlt – das sind sechs Kurse zu je 100 Unterrichtsstunden, normalerweise genug, um einen fremdsprachlichen Alltag bewältigen zu können.

Einige Teilnehmende an diesen Kursen sind erst seit kurzer Zeit in Deutschland, andere, meist türkische oder marokkanische Mitbürgerinnen und Mitbürger, haben es fertiggebracht, schon sehr viele Jahre in Frankfurt zu leben, ohne sich deshalb um die deutsche Sprache bemühen zu müssen. Diese Teilnehmer sitzen auch nicht unbedingt in den Kursen, weil es ihr besonderer Wunsch ist, Deutsch zu lernen, sondern weil der deutsche Staat inzwischen geringfügige Deutschkenntnisse verlangt, wenn weitere Angebote (wie etwa die Einbürgerung) beansprucht werden.

Am Ende der 600 Stunden gibt es eine kleine Prüfung, in der den Kandidaten nicht etwa fehlerfreie Sprachanwendung abverlangt wird, sondern sie sollen im mündlichen Prüfungsteil nur zeigen, ob sie die Situation verstehen und sich in ihr verständlich machen können. Die Kandidaten, die diese Anforderungen nach 600 Stunden nicht bewältigen, bestehen also die Prüfung nicht. Nun sollte man meinen, dass sie zur Kasse gebeten werden, um wegen mangelnder Leistungsbereitschaft die Auslagen des Bundesamts für Migration zurückzuzahlen. Aber so denken wir in Deutschland nicht mehr, und deshalb werden allen lernstörrischen Kandidaten nach der ersten versemmelten Prüfung weitere 300 Unterrichtsstunden finanziert. Selbstredend inklusive Fahrtkosten. Die Kursgebühren werden auch von solchen Kurs»teilnehmern« nicht zurückverlangt, die gar nicht erst oder nur sehr selten in ihren Kursen erscheinen.

Die sozialstaatliche Verhätschelung, mit der einer bestimmten Klientel systematisch Leistungsbereitschaft und Eigeninitiative abtrainiert wird, reicht also inzwischen noch weiter über den bisher üblichen schulischen Rahmen, der hoffentlich zu niederschwelligen Schulabschlüssen führen soll, hinaus bis in die Erwachsenenbildung.

Seit 2016 gibt es besondere Deutschlernkurse für die Einwanderer, die aufgrund ihrer fehlenden Vorbildung bzw. mangelhafter kognitiver Möglichkeiten auch vorerst nicht an Integrationskursen für Langsamlerner teilnehmen können. In 300 Unterrichtsstunden werden sie alphabetisiert und erlernen einige Grundbausteine zu Kommunikation und hoffentlich anschließender Teilnahmefähigkeit in einem ihren kognitiven Möglichkeiten entsprechenden Integrationskurs (von weiteren 600 bis 900 Unterrichtsstunden). Die Organisation vonseiten der Deutschunterricht anbietenden Institutionen ist meines Wissens vorbildlich, die Kursleitungen sind qualifiziert.

In einem solchen Kurs für »Flüchtlinge« habe ich seit September 2016 unterrichtet. Abgesehen von den stark begrenzten Lernmöglichkeiten der meisten Teilnehmenden fielen mir noch andere Unterschiede zu früheren Kursen auf, in denen ich bisher unterric htet hatte. Als Handy-Klingelton hörte man bei vielen den lang gezogenen kehligen Ruf eines Muezzins, der übrigens auch automatisch zu den Gebetszeiten ertönte. Die Teilnehmer versicherten mir bedauernd, der Ruf zum Gebet ließe sich nicht abstellen und sei auch ohne ihr Zutun auf die Handys geraten.

Ein Teilnehmer hatte nach einigen Wochen einen kleinen Gebetsteppich in der Schultasche und wollte es sich damit im Klassenraum zum Gebet gemütlich machen. Ich bat ihn, zum Beten in den Flur zu gehen, und konnte beobachten, wie sein Beispiel andere in Zugzwang brachte. Sollten sie neben ihm knien und mitbeten? Also zeigen, dass sie auch gute Moslems sind? Kann ich neuerdings wissen, was sich wirklich unter den Teilnehmenden abspielt? Sind eventuell sogar islamistische Spitzel darunter?

25 Teilnehmende standen auf der anfänglichen Teilnehmerliste. Weil einige Teilnehmer von vornherein nicht erschienen, wurde die Liste nach wenigen Wochen reduziert auf 15 Teilnehmer. Von diesen blieben bis Januar 2017 noch vier bis sechs willig und meist erfolgreich mitarbeitende Deutschlerner erhalten. In ihren Unterkünften sehen sie teilweise noch die aus dem Kurs Entschwundenen, die sich weiter in Frankfurt aufhalten, aber anscheinend Besseres zu tun haben, als ausgerechnet Deutsch zu lernen. Ein pfiffiger junger Mann erschien nach wochenlanger Abwesenheit wieder in unserem Deutschkurs. Auf meine Frage: »Was hast du gemacht? Du warst viele Wochen nicht hier«, antwortete er freundlich lachend: »Ich lernen Türkisch!«

»Wie? Türkisch?«

»Ja, ich habe Arbeit. Alle türkisch! Jetzt Arbeit fertig – lernen wieder Deutsch.«

Er war dann aber bald wieder verschwunden.

Medien berichten, wie dringend nötig es sei, »Geld in die Hand zu nehmen«, um die Integration der Einwanderer zu ermöglichen. Das sehe ich auch so, aber ich sehe mehr Hände, die mit Geld in Kontakt kommen könnten als nur die staatlichen: Die geduldeten Einwanderer und anerkannte Asylsuchende bekommen finanzielle Zuwendungen zum Lebensunterhalt, Kindergeld sowieso. Es wäre doch einfach, den Deutschkursschwänzern die Kurskosten von ihren Zuwendungen wieder abzuziehen. Deutschkurse würden nur bei regelmäßiger Teilnahme bezahlt.

Ich wette, bei solchem Verfahren wären dem Deutschkurs die 25 Teilnehmer erhalten geblieben – aber nicht nur, dass derartiges Vorgehen im zeitgenössischen Deutschland undenkbar ist, sondern ich nehme auch an, dass ich mich allein mit diesem Gedanken bei vielen Mitbürgern unbeliebt machen könnte.

Noch gravierender erscheint mir allerdings die sukzessive Auflösung bisher gültiger europäischer Kulturstandards und -traditionen durch die Ignoranz und Entscheidungsverschiebung vonseiten der Politik.

In Frankfurt/Main saß Anfang des Jahres 2015 eine Burkaträgerin in einem Deutschkurs. Für mich als frei denkende Frau ist es schmerzlich, die schnell wachsende Anzahl der islamischen Kopftücher in Frankfurt zu sehen, deren Trägerinnen immer öfter so bodenlang gekleidet sind wie ihre Glaubensgenossinnen in Saudi-Arabien. Nicht alle, manche toppen ihr sexy westlich-modisches Outfit mit auffälligem Kopftuch wie ein Fanal ihrer Gruppenzugehörigkeit, gern auch mit Sonnenbrille als oberstem Schmuck auf dem Aufbau. (Trägt man eigentlich wahren Glauben nicht eher im Herzen als auf dem Kopf?)

Nun gibt es eine Diskussion darüber, ob die Steigerungsformen des Kopftuchs, wie etwa die Burka, nicht verboten werden sollten. Immer wieder führen Befürworter der Frauenzuhängung als Argument an, sie hätten bisher noch keine Burkagestalt in ihrer Umgebung gesehen. Aha, denke ich, wenn ich das lese oder höre, dieser Mensch lebt also abgeschottet. Vielleicht sollte er öfter mal U-Bahn fahren. Oder in weniger schicken Stadtvierteln spazieren gehen.

Nicht selten sehe ich ungefähr seit dem Jahr 2014 Mädchen im

Grundschul- oder Kindergartenalter, die unter hinderlicher Verhüllungsmode ernst in die Welt schauen. (Aus meiner Anschauung im Deutschunterricht gibt es lediglich einen einzigen praktischen Grund, der für das Kopftuch spricht: frau kann darunter ihr Handy ans Ohr klemmen und telefonierend weiterhin beidhändig tätig sein. Deshalb sollte man aus Gründen der Gleichbehandlung von Prüfungskandidaten das Kopftuch wenigstens in Prüfungssituationen nicht zulassen – denn kann man wissen, ob nicht die eine oder andere üppig bekopftuchte Kandidatin sozusagen einen kleinen Mann im Ohr mitgebracht hat?)

Das Frankfurter Burkaproblem manifestierte sich just zu der Zeit, als viele Politiker im Hinblick auf das Phänomen »Pegida« in verschiedenen Medien jammerten: »Warum sprechen die Bürger nicht zuerst mit ihren Abgeordneten, warum gehen sie mit Beschwerden auf die Straße, ohne vorher uns Politiker anzusprechen?«

Wo unsere Politiker recht haben, haben sie recht, dachte ich mir, ging im Februar 2015 im Frankfurter Stadtparlament zu einer Ausschusssitzung der Dezernate Bildung und Integration und trug mein Anliegen vor: Wir brauchen besonders in Schulen ein Verbot aller gesichtsverdeckenden Bekleidungsformen und dürfen nicht dulden, dass Frauenmissachtung sich in »Moden« der Vermummung manifestiert, die für unseren Kulturraum nicht nachvollziehbar religiös begründet werden. Grenzt es im christlichen Rahmen nicht an Gotteslästerung, Gottes wunderbare Schöpfung als so verkehrt zu interpretieren, dass sie verdeckt und versteckt werden muss? Sind wir – bei aller Kritik an unseren Kirchen – nicht ein christliches Land?

Besonders beim Spracherwerb ist eine ungehinderte Kommunikation zielführend. Einwanderer, die meist keinen oder kaum Kontakt zu Deutschen haben, sollen im Kurs Vertrauen entwickeln können, um alles erzählen zu wollen, was ihnen wichtig ist.

Nur wer sich mitteilen will, wird die Fremdsprache erlernen. Wer aber kann Lehrpersonen vertrauen, die Vermummte im Unterricht dulden? Und wer kann den Menschen vertrauen, die vermummt im Unterricht sitzen? Kann außerdem ein Mensch, sollte er »freiwillig« unter einem Sack stecken wollen, tatsächlich den Wunsch nach Kontakt zur Umwelt haben?

In den Deutschkursen sitzen immer mehr Flüchtlinge, die vor dem brutalen Islamismus in ihren Heimatländern geflohen sind. (Ich habe erlebt, dass ein Teilnehmer mir nach dem Unterricht heimlich einen Zettel zusteckte, auf dem stand: »Ich bin nicht Moslem mehr.« Er hatte Angst, das vor muslimischen Kursteilnehmern zu sagen, die mir nicht mal besonders strenggläubig vorkamen. Er ging davon aus, sein Leben sei in Gefahr, wenn bei Moslems seine Lossagung vom Glauben bekannt würde.)

Inzwischen sitzen auch viele Christen in den Kursen, die von islamistischer Verfolgung und Vernichtung bedroht waren und die entsprechend traumatisiert sind. Der Deutschkurs ist für die meisten ihr erster Berührungspunkt mit dem Deutschland, von dem sie sich Schutz erhoffen. Nach meiner Erfahrung hatten Einwanderer und Flüchtlinge vor ihrem ersten Deutschkurs meist ausschließlich kommunikative Kontakte zu Landsleuten und anderen Ausländern. Entsprechend schauen sie uns KursleiterInnen und die Wertvorstellungen, die wir vertreten, als repräsentativ für ihre Wahlheimat Deutschland an – und da fällt uns nichts Besseres ein, als sie als Erstes mit Kursteilnehmern zu konfrontieren, die kein Gesicht zeigen? Die Burka ist für uns aufgeklärte Europäer ein Symbol islamistischer Gewalt gegen Frauen und in der christlichen Symbolik, in der ich aufgewachsen bin, erinnert ihr gesichtsloses, schwarzes Erscheinungsbild zum Schaudern gruselig an die Abbildungen des alten Gevatters Tod.

Nur der einzige Vertreter einer kleinen, konservativen Gruppierung unterstützte in dieser Ausschusssitzung meine Bitte um ein Verbot islamisch oder sonst wie begründeter Vermummung im Allgemeinen und besonders in Unterrichtssituationen.

Im Ausschuss für Bildung und Integration saßen auch einige Politiker und Politikerinnen mit Migrationshintergrund, von denen ich annehme, dass sie in Deutschland leben, weil ihnen Lebensumstände und Gesetzeslage hier besser gefallen als in ihren Herkunftsländern. Die Dezernentin für Integration sprach mit Akzent und unbedeutenden, aber wahrnehmbaren grammatikalischen Mühen. Ihrem Internetauftritt aus dem Jahr 2007 entsprechend ist sie »vor 20 Jahren aus dem Iran geflohen«. (Wie konnte sie vergessen, wie sich die Frauen dort vom modisch westlichen Erscheinungsbild in schwarze Krähen verwandeln mussten? Kennt sie den Film »Persepolis« nicht, wunderbar gestaltet von der ebenfalls geflohenen Iranerin Marjane Satrapi? Und wovor ist sie eigentlich geflohen, wenn sie nun als verantwortliche Frankfurter Politikerin das Tragen einer Burka auf deutschem Boden für unbedenklich erklärt?)

Mein Anliegen wurde von der Bildungsdezernentin und Vertreterinnen des Dezernats für Integration folgendermaßen abgebügelt: Die Begegnung mit Burka tragenden Kursteilnehmern müsse auch von Einwanderern toleriert werden, die durch Erlebnisse mit militanten Islamisten traumatisiert seien. Manche Flüchtlinge seien schließlich auch durch Uniformen traumatisiert worden und müssten sich trotzdem daran gewöhnen, dass Polizisten in Deutschland Uniform trügen. Auf keinen Fall wolle man zur Unsichtbarkeit verkleideten Burkaträgerinnen den Zugang zu Deutschkursen verwehren, zeigten sie doch mit ihrem lobenswerten Interesse für die deutsche Sprache eine Integrationsbereitschaft, die unbedingt zu unterstützen sei. (Hallo? Sollte das Interesse für die Sprache des Landes, in dem man leben möchte, nicht eine Selbstverständlichkeit sein?)

Man stelle sich den richtigen Gang der Dinge so vor, dass im

Unterricht eine Atmosphäre des Vertrauens aufgebaut werden solle, in deren Rahmen kritische Gespräche möglich würden, die eine Burkaträgerin zwangsläufig zu der Einsicht führten: Die Burka sei überflüssig und könne von ihr abgelegt werden. (Ende des Problems, Anfang von Kostümchen, Jeans und wehenden Haaren?)

Da ich offensichtlich Berührungsängste mit islamischen Bekleidungsvorschriften hätte, solle ich mich vom dem Dezernat für Integration zugeordneten Amt für multikulturelle Angelegenheiten beraten lassen, wie ich erstens meine islamophoben Vorurteile überwinden könne und wie zweitens im Unterricht die vertrauensvolle Atmosphäre herzustellen sei, in der eine Burkaträgerin dann nicht mehr anders könne, als auf die Burka zu verzichten.

Gespannt darauf, wie die amtliche Beratung aussehen würde, habe ich tatsächlich einen Termin mit dem persönlichen Referenten der Dezernentin für Integration gemacht, wartete am Verabredungsort jedoch vergeblich auf ihn. Er hat mich kommentarlos versetzt, und ich habe nie wieder von ihm gehört. (Ich nehme an, er ist möglicherweise dauerhaft unabkömmlich beim Gemeinschaftsgrübeln über einem Konzeptentwurf: »Umbenennung der Fogen politischer Entscheidungen zu pädagogischen Problemen bei gleichzeitiger Beauftragung von Deutschkursleitungen zu integrationsrelevantem Kompetenzmanagement«. Oder so ähnlich.)

Als ich diese Bemerkung zu dem von mir fantasierten »Konzeptentwurf« notierte, war sie nur als scherzhafte Auflockerung des Textes gedacht. Aber die Realität von Politikern, die ihre schwer lösbaren Probleme gern an Schulen und Pädagogen weiterreichen, hat mich später, im August 2017, wieder einmal eingeholt: Der Klett-Verlag lud Kursleitende zur Vorstellung neuer Unterrichtsmaterialien für den Deutschunterricht mit Erwachsenen ein. Im Einladungsschreiben heißt es: *Das Gesamtprogramm Sprache der Bundesregierung sieht eine Sprachförderung aus einem Guss vor: Deutsch-als-Zweitsprache-Unterricht, Ausbildungs- und*

*Arbeitsmarktintegration sollen von Anfang an Hand in Hand ge-
hen und enger als bisher verzahnt werden. Das Hauptgewicht dieser
Umgestaltung liegt auf den Schultern der Kursleitenden, die ihren
Unterricht den neuen Konzepten und Rahmenbedingungen anpassen müssen.)*

Im Februar und im März 2015 habe ich auf der Besuchertribü-
ne des Frankfurter Stadtparlaments die monatlichen Stadtverord-
netenversammlungen durchlitten, in denen Redner anscheinend
vorwiegend zu quälend langatmiger Egopflege und parteispezifi-
scher Lobhudelei auftreten dürfen. Seit Juli 2014 waren Monat
für Monat bereits schriftliche Anträge zu einem Burkaverbot
schweigend von einer Versammlung zur nächsten vertagt worden.
Abgestimmt hatten die Parteien längst – bereits schon, als ich in
der Ausschusssitzung sprach. Fast alle hatten *gegen* ein Verbot
der Gesichtsvermummung gestimmt: CDU, SPD, Grüne, Linke,
Piraten – sie alle freuten sich anscheinend schon auf ein zukünfti-
ges Straßenbild, nach dem es in Frankfurt aussehen könnte wie in
Saudi-Arabien. Schüler, Lehrer, Verkäufer – wer möchte, darf
sich ihres Erachtens unter gesichts- und ganzkörperverbergenden
schwarzen Stoffbahnen tummeln. (Wer kann dann übrigens noch
wissen, ob er es mit zugehängten Männern oder Frauen zu tun
hat, die eventuell sogar bewaffnet sind? Anfang 2017 gab es in
Pakistan einen brutalen Anschlag, bei dem der islamistische At-
tentäter »als Frau verkleidet« war. Es ist unwahrscheinlich, dass
er ein Kostümchen getragen hat.)

Eine Diskussion war zumindest laut Tagesordnungen vorgesehen, und ich hätte gern gehört, wie und ob die offenbar vielen
Burka-Befürworter ihre Abstimmungsentscheidung begründen
könnten – aber sie konnten es offenbar gar nicht!

Nach neun Monaten Herumdruckserei wurde zu meiner Ver-
blüffung das Nein zum Burkaverbot wortlos durchgewinkt. Das
für mich übelste öffentlich sichtbare Symbol der Frauenverach-

tung wurde von der Stadtverordnetenversammlung so totge-
schwiegen, so aus der Wahrnehmung ausgeschlossen wie die
Frauen selbst, die in ihrer islamischen Lebenswirklichkeit aus der
Öffentlichkeit verschwinden, indem ihnen Burkas übergestülpt
werden.

Betrachten wir die Stadtverordnetenversammlung als Mikro-
kosmos, so können wir sehen, wie auch im Makrokosmos Bundesregierung die Verantwortung für die Folgen fragwürdiger politischer Entscheidungen gern auf die Bevölkerung verlagert wird:
Das Volk erhielt ja bekanntlich 2015 von der Bundeskanzlerin
höchstselbst den pädagogischen Auftrag, möglichst ehrenamtlich
die Integration von sehr vielen Hunderttausenden, teilweise ille-
gal in die BRD gelangten Einwanderern irgendwie zu schaffen.
»Wir schaffen das.« Das klingt gut. Noch viel besser wäre es allerdings, wenn Regierung und Behörden es in den Jahren, die seitdem vergangen sind, geschafft hätten, klare Regeln für das Gelingen dieses Schaffens zu definieren und dazu ein praktikables
Instrumentarium zu ihrer Durchsetzung zu entwickeln.

EPILOG:
UMDENKEN IST
GEBOTEN

Anhand der Beschwörungsformel »Wir schaffen das« lässt sich hier gut die Reihe der Beispiele beschließen, die in den vorangegangenen Kapiteln verdeutlichen sollten, warum es mit der Integration so schnell nicht klappen kann. Denn wer wurde letztlich von der Kanzlerin angesprochen? Einwanderer? Das halte ich für unwahrscheinlich, die Einwanderer waren 2015 ja noch ganz neu in Deutschland, da hätte es also heißen müssen: »Ihr schafft das.« Waren Einwanderer und Deutsche gemeint? Das halte ich für genauso unwahrscheinlich, die Rede richtete sich ausschließlich an Deutsche, die Einwanderer sprachen ja noch kein Deutsch.

Also handelt es sich um folgenden Sachverhalt: Durch eine politische Entscheidung entstand das große Problem, viele Hunderttausende bildungsferne junge Männer aus muslimischen Kulturkreisen irgendwie in Deutschland unterzubringen und hoffentlich zu integrieren. Mit »Wir schaffen das« wurde die Verantwortung für solche Integration der deutschen Bevölkerung aufgeladen.

»Das«, was da geschafft werden soll, ist als Phänomen nicht neu, aber diese Interpretation von »Integration«, an die wir uns fast schon gewöhnt haben, bleibt leider immer noch ein großer Irrtum mit grundfalschen Voraussetzungen, denn Integration liegt seit alters in der Verantwortung derer, die sich als Neuankömmlinge an einem Ort niederlassen. Sie müssen danach schauen, welche Sitten und Gebräuche die ansässige Bevölkerung für wichtig hält, und danach müssen sie sich richten, wenn sie akzeptiert werden möchten. Natürlich sollen die Alteingesessenen den Neuen dabei behilflich sein, und spätestens seit 2015 kann man nicht mehr daran vorbeisehen, mit wie viel Herzensengagement in Deutschland geholfen wird – aber niemand kann ohne eigene Mitwirkung integriert werden, genauso wenig wie niemand ohne eigene Mitwirkung ausgebildet werden kann.

In meiner beruflichen Biografie habe ich »das« schon vor Jahren nicht schaffen können, weil von Anfang an, als die ersten muslimischen Fundamentalisten aus der Türkei nach Deutschland einwanderten,[5] unsere Verantwortlichen in Politik und Pädagogik beharrlich alle auftauchenden Probleme übersahen oder leugneten.[6] So wird bis heute unsere Denkrichtung von in den vergangenen Jahren eingefahrenen Gleisen bestimmt, auf denen wir den Einwanderern bedingungslos in einem ihre Wertvorstellungen akzeptierenden Entgegenkommen und fast unbegrenzter materieller Versorgungsbereitschaft begegnen. Dies gilt sowohl für politische als auch für pädagogische Bereiche, für die ich im Folgenden nur einige Beispiele nenne:

» die rechtliche Gleichstellung von Einwandernden mit deutschen Bürgern, auch was ihr Recht auf staatliche Versorgung angeht. Hier wird seit vielen Jahren eine Diskussion darüber

---

5   Die das teilweise deshalb taten, weil im Zuge der damaligen Säkularisierungsbestrebungen das muslimische Kopftuch in der Türkei abgeschafft werden sollte.
6   Nachzulesen bei Necla Kelek, Samuel Schirmbeck, Alice Schwarzer, Basram Tibi und vielen anderen.

vermieden, ob die sozialstaatlichen Zuwendungen nicht für sehr viele der Zuwanderer der eigentliche Auslöser für ihre Aufenthaltsbestrebungen besonders in Deutschland sind;

» das Recht abgelehnter Asylsuchender, die Bundesrepublik Deutschland kostenlos auf Gewährung von Asyl zu verklagen, wobei »die Beklagte«, also die BRD, nach europäischer Rechtslage automatisch das Verfahren zahlen muss;

» kostenlose Deutschkurse (die auch »Integrationskurse« genannt werden, weil die Deutschlehrer nicht nur Sprachwissen vermitteln, sondern auch Bereitschaft zu Integration und Teilnahme an der Arbeitswelt fördern sollen);

» Rücksicht auf muslimische Ernährungsgewohnheiten: kein Schweinefleisch in (Schul-)Kantinen, in immer mehr Fällen inzwischen gesteigert zu alleiniger Verwendung von als »halal« zertifizierten Lebensmitteln;

» Rücksicht auf muslimische Fastenbräuche: keine Schulausflüge oder Schwimmbadbesuche während des Fastenmonats. (In einigen Flüchtlingsunterkünften durfte auf Druck muslimischer Bewohner im Sommer das Abendessen von den ehrenamtlichen Flüchtlingshelfern erst nach Sonnenuntergang ausgegeben werden, denn im Fastenmonat essen regelkonforme Moslems nur zwischen Sonnenunter- und -aufgang. Offenbar war es ihnen nicht zuzumuten, ihr Tablett zur regulären Abendessenausgabe abzuholen und bis zum ihnen genehmen Zeitpunkt beiseitezustellen);

» muslimische Schülerinnen und Schüler haben an muslimischen Feiertagen schulfrei;

» Duldung religiös begründeter muslimischer Verhüllungsmoden von Kopftuch bis Burka;

» Einrichtung muslimischer Gebeträume in öffentlichen Gebäuden und bei Veranstaltungen (z. B. Buchmesse Frankfurt/ Main);

» Finanzierung von muslimisch begründeter und durch den Sozialstaat stillschweigend geduldeter Polygamie;
» Islamunterricht an Schulen;
» teilweise Boni in Einschätzung und Strafmaß bei Gewaltverbrechen (z. B. »Ehren«-Mord) aufgrund religiöser bzw. kultureller Wertvorstellungen;
» Rücksicht auf muslimische Empfindlichkeiten: Christliche Kreuze werden abgehängt, Weihnachtsmärkte sind in vorauseilender Untertänigkeit in »Wintermarkt« umgetauft worden, Kunstwerke wurden verhüllt oder entfernt, weil auf ihnen Nacktheit zu sehen war, an der sich Moslems stören könnten;
» Sanktionen und Strafen an deutschen Schulen oder auch durch Gerichte sind in den Wahrnehmungsstrukturen gewaltbereiter oder gewalttätiger Schüler nicht als ernst zu nehmend erkennbar. Bisher ist es nicht gelungen, Sanktionen entsprechend zu verschärfen.

Diese Liste könnte fortgesetzt werden, aber der Tenor ist deutlich genug, und ich bin hier nicht um Vollständigkeit nach wissenschaftlichen Kriterien bemüht.

Wir können festhalten, dass wir uns weder politisch noch institutionell Schülern und Einwanderern gegenüber als richtungweisende Autoritäten präsentieren. Eher haben wir uns, besonders auch mithilfe der meisten Medien, darin geübt, statt Probleme in Angriff zu nehmen, die sie bezeichnenden Wörter verschwinden zu lassen oder neue Begriffe zu erfinden, um hinter ihnen alte Probleme zu verstecken, wie zum Beispiel bei dem Plan, Hauptschulen abzuschaffen, um Hauptschüler dann unter der Bezeichnung »Gesamtschüler« in Gesamtschulen verschwinden zu lassen. Nach Meinung der Planer wären so mit dem Verschwinden von Hauptschulen auch die Probleme mit auffälligen Verhaltensweisen von Hauptschülern verschwunden. Ich erinne-

re auch an den Versuch, den soziologisch einwandfreien Begriff
»Unterschicht« in die vermeintlich neutralere Bezeichnung »Pre-
kariat« zu verwandeln. Dabei können Gesellschaften unter sozio-
logischen Gesichtspunkten sehr wohl als in soziale Schichten
geteilt gesehen werden – relevant sind dabei hauptsächlich Un-
ter- und Mittelschicht –, und wir können davon ausgehen, dass
Integration in ähnliche, also vergleichbare Gesellschaftsschich-
ten sehr wahrscheinlich gelingen kann (siehe *Cicero,* Juli 2017,
S. 89ff.: »Bildung überwindet Grenzen. ... Wissen und nicht die
Religion ist das größte Hindernis bei der Integration von Einwanderern.«)

Ein Kriterium für Schichtenzugehörigkeit ist der Sprachgebrauch. In meiner Lehrerausbildung wurde mir beigebracht,
dass Mittel- und Unterschichtangehörige in ihrer jeweiligen Landessprache unterschiedliche Sprachcodes verwenden. Für das
Bildungsbestreben von Unterschichtangehörigen bedeute dies
zusätzliche Erschwernisse, weil sie nicht nur die Mittelschicht-
codes, in denen Bildung nun einmal vermittelt wird, wie eine
Fremdsprache neu erlernen müssten, sondern sie würden durch
den elaborierteren Sprachgebrauch auch ihrer Zugehörigkeit sozusagen zu ihrer Heimatschicht, der Unterschicht, entfremdet.
Unterstellt wurde dabei eine inhaltliche Gleichwertigkeit des
Sprach- und Lebensausdrucks in Mittel- und Unterschicht. Vielleicht sind solche Informationen eine Ursache dafür, dass Erwachsene in schulischen Zusammenhängen oft den respektlosen,
von Flüchen, Drohungen und Fäkalausdrücken durchsetzten
Sprachgebrauch von Schülerinnen und Schülern stoisch ignorie-
ren. Hier sehe ich vertane Möglichkeiten, Schüler zum Erlernen
differenzierter Sprachverwendungsmöglichkeiten und eines rei-
cheren Wortschatzes zu motivieren. Meines Wissens gibt es keinen Weg zu Bildungsmöglichkeiten für Menschen, die auf der
alleinigen Anwendung des Sprachgebrauchs der Unterschicht

beharren. Sie müssen sich darauf einlassen können, Wortschatz und grammatikalische Sprachstrukturen der Mittelschicht zu erlernen und zu verwenden (siehe Kapitel »Deutschunterricht«).

(Hier möchte ich mir die kleine Zusatzbemerkung gestatten, dass Unterrichtende und auch Sozialarbeiter sich durch Rückfragen vergewissern sollten, was ihre Klientel momentan überhaupt an verbaler Zuwendung bewältigen kann. Oft sind die Kenntnisse der deutschen Sprache bei Schülern und Eltern so rudimentär, dass sie den elaborierten Redefluten, mit denen ihre Staatsdiener sie überschütten, keinesfalls folgen können. Je gutmütiger ein Redender strukturiert ist, desto eher scheint er nach dem Prinzip zu funktionieren: Wer mich verständnislos ansieht, auf den rede ich schneller, länger und lauter ein.)

Vernachlässigt wurde bis heute die Frage nach unterschiedlicher intrinsischer Leistungsmotivation, auch in Korrelation zu Schichtenzugehörigkeit. Stillschweigend vorausgesetzt wird stattdessen, dass alle Schülerinnen und Schüler in ihrem Inneren eine Lern- und Leistungsbereitschaft in die Schule mitbringen, allerdings mit der Einschränkung, dass bei einigen diese selbstverständliche Bereitschaft deshalb nicht erkennbar sei, weil sie im Inneren der Persönlichkeitsstruktur irgendwie verschüttet wurde. Engagierten Pädagogen sollte es nun gelingen, diese brachliegende Lern- und Leistungsmotivation zutage zu fördern.

Nach meinen Erfahrungen plädiere ich dafür, wenigstens die Möglichkeit eines Denkversuchs in die Richtung zuzulassen, dass eventuell auch Menschen existieren, die nicht wirklich lernen wollen. Oder können. Bislang müssen wir Lehrerinnen und Lehrer davon ausgehen, dass wir die alleinige Schuld und Verantwortung tragen, wenn Schüler sich unserem pädagogischen Einfluss verweigern. Es ist richtig, wenn wir in unseren Bemühungen nicht nachlassen – aber wenn dies langfristig einseitig bleibt, wenn

Schüler keinerlei Bereitschaft zur Mitarbeit zeigen, sollten sie Konsequenzen erfahren. Konsequenzen nicht im Sinne demütigender Strafen, sondern in Vorbereitung auf das Leben außerhalb des Schonraums Schule; denn Schülerinnen und Schüler, die einen Beruf erlernen und arbeiten möchten, werden dort selbstverständlich auf Konsequenzen treffen: Im Falle mangelnder Bereitschaft zur Mitarbeit würden sie den Ausbildungs- bzw. Arbeitsplatz verlieren. Möchten wir die uns Anvertrauten etwa ohne Vorwarnung in solche Fallen laufen lassen?

Für die Entwicklung von Leistungsmotivation haben die Segnungen des Sozialstaates kontraproduktive Auswirkungen bei den Menschen, die sich, aus welchen Gründen auch immer, eher zum Nehmen als zum Geben hingezogen fühlen. Teilweise kann man sogar davon ausgehen, dass durch sozialstaatliche Zuwendungen und Fürsorge vielen Menschen alle ursprünglich vorhandenen Impulse zu Eigenverantwortung und Eigenleistung sozusagen abtrainiert werden. Sie erlernen durch tägliche Erfahrung, dass sie ohne Gegenleistung vom Staat versorgt werden mit Geld, Wohnung, Gesundheitsfürsorge, bei Bedarf auch Dolmetscher und vieles mehr. So verlernen die Menschen ihre Eigenverantwortung, werden passiv und erwarten staatliche Versorgung, statt aktiv und selbstständig ihr Leben zu gestalten.

Negativ verstärkend wirken sich hier wahrscheinlich kulturell bedingte Denkgewohnheiten aus, die dort entstehen können, wo Anerkennung von rigider Gruppenzugehörigkeit und entsprechenden Rangordnungsstrukturen abhängt. (In Deutschkursen mit erwachsenen Einwanderern seit 2016 habe ich außerdem Menschen kennengelernt, die in ihren Herkunftskulturen nicht gelernt haben, Entscheidungen zu treffen. Auch nicht in Kleinigkeiten. »Möchtest du ein rotes oder ein weißes Bonbon?« – »Sagen Sie!« Selbstständig entscheiden ging nicht, sie waren nach meiner Beobachtung obrigkeitshörig, sogar mir, ihrer um sie bemühten Lehrerin, gegenüber.)

Nach meiner Erfahrung besetzt besonders bei denjenigen Hauptschülern, deren Persönlichkeitsstruktur sich nach Kriterien von Rangordnung ausrichtet, ihre Selbstbehauptung und Selbstdarstellung alle ihre inneren Orte, an denen bei anderer Ausrichtung normalerweise Lernen stattfinden könnte. Bis heute wird bei Diskussionen über Schulsysteme, ihr Funktionieren und ihre Ergebnisse, die Betrachtung solcher Persönlichkeitsstrukturen vernachlässigt, und so wird nicht gesehen, dass schulisches Lernen nur bei Personen gelingen wird, die sich mental öffnen können. Wer sich, wie man bei vielen Hauptschülern beobachten kann, auf kampfbereite Selbstdarstellung kapriziert, der macht sich dadurch dicht gegen Einflüsse von außen, die ihm unter anderem auch die Lächerlichkeit seines großspurigen Auftretens spiegeln könnten (siehe Kap.: Geschichtsunterricht und Pädagogik).

Bei solchen Persönlichkeiten versagt bisher sowohl unser Schulsystem als auch unsere Rechtsprechung, meines Erachtens allein schon deswegen, weil wir nicht nur stur davon ausgehen, alle Menschen teilten grundsätzlich ähnliche gesellschaftliche Wertvorstellungen, sondern weil uns darüber hinaus noch die Angst peinigt, wir machten uns der Diskriminierung schuldig, sobald wir irgendwelche Unterschiede zwischen Menschen benennen. So bleiben wir bisher blind gegenüber der Not der Machos, die doch eigentlich hilflos ihren traditionellen, kulturellen Wertvorstellungen ausgeliefert sind. (Ahmad Mansour hat in seinem Buch *Generation Allah* nachvollziehbar dargelegt, wie durch pädagogische und politische Blindheit »diese Jugendlichen ihre starren Ansichten immer kompromissloser vertreten, dass sie zum Dialog nicht mehr bereit sind und Meinungsfreiheit überall dort ablehnen, wo es um ihre Religion geht. Wer wachsam hinhört, kann erfassen, wie viele Jugendliche latent bis offen mit dem Salafismus sympathisieren, für wie viele von ihnen Demokratie etwas ›Schmutziges‹ ist.«[7])

Auf Rangordnung fixierten Persönlichkeiten sollte man nach meiner Erfahrung freundlich, bestimmt und autoritär begegnen. Zur Not auch mal kurz unfreundlich. Als Lehrerin mache ich die Ansagen und kann ihnen so helfen, sich auf ihrem Rangordnungsplatz zu beruhigen und die Situation zu akzeptieren. Tue ich das nicht, zeige ich mich zu entgegenkommend und eventuell sogar unsicher, entfache ich ziemlich sicher den Kampfgeist im Rangordnungsdenker, der mich nun für ein Weichei hält, und ich finde mich in einer Situation wieder, in der ich mit ihm um meinen Platz kämpfen muss. (In der Sicht entsprechender Gemüter ist übrigens auch der deutsche Staat ein Weichei, weil er sich entgegenkommend zeigt und gibt, ohne im Ausgleich dafür etwas für sich zu fordern.)

Nun befinde ich mich als Lehrerin leider in dem kräfteraubenden Zwiespalt, dass ich in meiner Ausbildung gelernt habe, autoritäres Auftreten sei pfui – aber in meiner Lehrerinnenrolle muss ich doch auch genug Autorität ausstrahlen, um respektiert zu werden. Bisher ist meine Autorität gegenüber Schülerinnen und Schülern meine ganz alleinige Privatsache. Verfüge ich sozusagen als angeborene Eigenschaften über genug Charisma, Witz, Reaktionsvermögen und gegebenenfalls auch Stimme, dann werde ich mich in den Schülergruppen durchsetzen können.

Warum aber ist keinerlei institutionelle Unterstützung meiner Autorität vorgesehen? Warum gibt es in Schulen kein Personal, das für Sanktionen zuständig ist? Lehrer könnten unterrichten und notwendiges Sanktionieren den dafür zuständigen Personen überlassen.

---

7   Ahmad Mansour: »Generation Allah«, S. Fischer Verlag 2015, S. 194.

Besonders bei schon polizeibekannten Schülern wäre es eine Vereinfachung für diese Schüler und ihre Lehrer, wenn im Unterricht aggressiv und renitent ausufernde Schüler in einen Sanktionsraum überstellt und dort beaufsichtigt werden könnten (von staatlichem Personal) – eventuell sogar in manchen Fällen in Zusammenarbeit mit der Polizei, die sich auf die entsprechenden Schüler sicherlich positiver auswirken würde als die augenblicklichen Handlungsbehinderungen von Erziehenden durch immer ausgeklügeltere Datenschutzbestimmungen, die sich kontraproduktiv auf pädagogische Arbeit auswirken. Der Präsident der Deutschen Polizeigewerkschaft verweist ebenfalls auf die Notwendigkeit institutioneller Rückendeckung für Unterrichtende: »Wir müssen diejenigen, denen wir einen großen Teil der Erziehung und Bildung unserer Kinder anvertrauen, mit der notwendigen Autorität und Durchsetzungskraft ausstatten, um diese Aufgaben zu erfüllen.«[8]

Unsere Lehrerausbildung ist nicht mehr zeitgemäß und sollte die neuen Herausforderungen durch eine veränderte Schülerschaft berücksichtigen. Als ich selbst als »Lehrerin auf Probe« ausgebildet wurde, lernte ich einen älteren Ausbilder kennen, der sagte: »Immer langsam, auch für Pädagogik und Unterrichtsgestaltung gibt es Moderichtungen. Aber es gibt keine absolute Wahrheit und kein hundertprozentiges Richtig!«

In der Lehrerausbildung lernen wir, akribisch ausgearbeitete Unterrichtsvorbereitungen anzufertigen, und werden nicht selten mit so vielen Anforderungen und zu verarbeitenden Informationen überhäuft, dass wir davon schon fast traumatisiert sind. Aber das ist meist noch nicht genug: Oft erfahren wir derart überzoge-

---

8 Rainer Wendt: »Deutschland in Gefahr. Wie ein schwacher Staat unsere Sicherheit aufs Spiel setzt«, Riva Verlag 2016, S. 185.

ne Kritik von unseren Ausbildern, dass wir bis ans Ende unserer Berufstätigkeit allergisch auf Hospitationen reagieren. Viele meiner Kolleginnen und Kollegen agieren deshalb lieber hinter geschlossenen Klassenzimmertüren, dabei wäre es wichtig, dass wir in der Praxis gegenseitig voneinander lernen, was nachahmenswert ist, und auch, was man besser bleiben lassen sollte. Stattdessen können wir bis ans Ende unseres Berufslebens bei Bedarf Lernstoff im Minutentakt aufteilen und anbieten. Dies geschieht in äußeren Formen, die den jeweiligen Denkmoden des Zeitgeists entsprechen, also bei uns seit den 1970er-Jahren möglichst in fortschrittlicher Sitzordnung: unbedingt Gruppentische!

Hufeisenförmige Anordnung der Tische geht gerade noch.

Frontale Sitzordnung: pfui!

Frontalunterricht: erst recht pfui!

Die Schülerinnen und Schüler sollen möglichst alles selbst erarbeiten. Dabei sollen sie zwar Konzentration üben, aber es soll alles auch immer Spaß machen. (Als ich selbst Lehrerinnen und Lehrer ausbildete, fand ich es bei Hospitationen immer wieder im Wortsinn komisch, die Kinder in der »richtigen« Sitzordnung, also an Gruppentischen, teilweise mit dem Rücken zum Lehrer sitzen zu sehen, wenn der in einer leider doch notwendigen frontalen Phase etwas erklärte. Ebenso komisch fand ich die Gruppenarbeitsphasen, wenn rangordnungsorientierte Schüler beteiligt waren: Dann befahl regelmäßig der Tisch-Alpha, wer zu schreiben hatte und dominierte auch sonst. In der Eigentlichkeit der Pädagogik stellt man sich aber vor, Gruppenarbeit erziehe zu Teamfähigkeit.)

Unter Unterrichtenden kann es neuerdings auch Thema sein, ob Schülerfehler überhaupt korrigiert werden sollten. Das hat in der Grundschule beim Schreibenlernen zu der »Methode« geführt, die Kinder sehr lange einfach nach Gehör schreiben zu lassen. Man fürchtet um ihre positive Lernmotivation, die beeinträchtigt werden könnte, wenn sie mit »falsch« und »richtig« konfrontiert würden. Ich fürchte um die verschwendete Lebenszeit der betroffenen Schulklassen und ihrer Lehrerinnen und Lehrer und halte diese Methode für so wenig zielführend wie etwa eine gut gemeinte Gesangsausbildung, bei der man die Opernsänger in spe im ersten Jahr unkorrigiert falsche Töne singen ließe, weil eine Korrektur ihnen möglicherweise die Motivation nehmen könnte.

Was könnten wir also tun?

Als Voraussetzung zielführender Veränderungen sollten wir es unbedingt wagen, über die Verbote politischer Korrektheit hinauszudenken, und uns von der Angst befreien, die Formulierung und Durchsetzung klarer Richtlinien könnte verwechselt werden mit diskriminierenden, ausländerfeindlichen, rassistischen oder gar faschistischen Intentionen.

Unbedingt wichtig ist permanente Arbeit am Spracherwerb, ohne den weiterführende Kommunikation nicht gelingen kann. Unterrichtende sollten darauf bestehen, dass die Schülerinnen und Schüler die deutsche Sprache in verständlichen Sätzen unter Verzicht auf Fluchwörter benutzen.

Langwierige institutionelle sozialpädagogische Förderung ohne Konsequenzen darf nicht so wie bisher weiter bestehen. Den Fördergedanken wollen wir selbstverständlich beibehalten, aber er ist auch abhängig vom Willen zur Mitarbeit des Geförderten. Bei mangelnder Mitarbeit sollte die Förderung eingestellt werden. Den ansonsten endlos Geförderten würde dadurch eher die Einsicht in die Gesetzmäßigkeiten von Ursache und Wirkung ermöglicht, und sie würden nicht durch das Wegsehen ihrer Bezugspersonen zu noch eklatanteren Verhaltensauswüchsen provoziert, mit denen sie versuchen, ihre Grenzen zu spüren.

Die Finanzierung sozialpädagogischer Förderprojekte sollte

sich auf das Projekt oder die Trägerorganisation beziehen und nicht auf Klienten. So könnte man Endlosförderung von unwilligen Klienten vermeiden, mit der sich bisher Träger und Sozialarbeiter ihre Existenz sichern müssen, denn bislang fließt nur für die momentan aktuell Betreuten Staatsgeld zum Träger. Würde die Maßnahme eingestellt, fiele dieses Geld weg – meines Erachtens ein Hauptgrund für die oben erwähnte kontraproduktive Endlosförderung (siehe Kapitel »Rangordnung«).

Die Finanzierung außerschulischer Förderangebote zur nachträglichen Erlangung von Haupt- und Realschulabschlüssen muss überprüft werden: Oft richten sich Hauptschüler schon während ihrer Regelschulzeit gemütlich darauf ein, dass sie weiter gefördert und auch finanziert werden, wenn sie ohne Abschluss die Schule verlassen. Solche Fördergelder, auch zum Lebensunterhalt, sollten zurückgezahlt werden müssen, wenn sie in einer festgelegten Zeit nicht zum Abschluss geführt haben.

Für den regulären Schulbesuch könnte gelten: Bei unregelmäßigem Schulbesuch und Verweigerung der Mitarbeit kann Kindergeld und/oder Hilfe zum Lebensunterhalt, bei staatlich Alimentierten auch in Raten einbehalten werden.

Bisher müssen bei »Schulschwänzern« Bußgeldverfahren eingeleitet werden, die teilweise durchaus Wirkung zeigen, allerdings keinesfalls dann, wenn, wie ich erfahren musste, die Begleichung durch das Sozialamt vorgenommen wurde. (An dieser Stelle möchte ich es wagen, einen kühnen Gedanken zu platzieren: Sollten wir nicht die Selbstverständlichkeit und auch die Staffelung nach Kinderzahl überdenken, mit der in Deutschland Kindergeld gezahlt wird? Wäre es nicht zielführender, mit diesem Geld staatliche Einrichtungen zur Betreuung und Förderung von Kindern und Jugendlichen auszustatten?)

Unser fragwürdiges Prinzip des Rechtes auf Teilhabe muss auf seine Richtigkeit überprüft werden. Es scheint kontraproduktive

Auswirkungen auf die Leistungsbereitschaft zu haben und fördert außerdem bei vielen Erwerbstätigen wütende Kritik am Sozialstaat. Ich möchte nur den Aspekt »Recht auf Taschengeld« bei Heimkindern und betreuten kriminellen Jugendlichen hervorheben (siehe Kapitel »Verantwortung«, »Rangordnung«, »Heimgeschichten«). Wieder schlage ich vor, in Fällen von mangelnder Mitarbeit den Geldhahn zuzudrehen.

Bei rangordnungsorientierten Schülern dürfen wir uns durchaus immer mal autoritären Unterrichtsstil zugestehen, weil das der Umorientierung dieser Schüler förderlich wäre; denn erst wenn sie die Lehrperson respektieren, werden sie sich von ihr beeinflussen lassen.

Wir wissen aus menschlich und wissenschaftlich glaubwürdigen Quellen, dass gelungener Unterricht zuallererst von der positiven Beziehung zwischen Schülern und Lehrperson abhängt. Dies müsste besonders für den Umgang mit rangordnungsorientierten Schülern Eingang in die Lehrerausbildung finden, dergestalt, dass, bei aller Würdigung eventueller Vorteile der bisherigen Vorgehensweise, der Fokus erweitert wird von alleiniger Wissensvermittlung zu förderlicher Beeinflussung von Gruppenprozessen. Angehende Lehrerinnen und Lehrer sollten üben, wie sie in einer Lerngruppe gute Stimmung herstellen können, wie sie ihr Verhalten und ihre Wortwahl so strukturieren, dass sie nicht selbst Anreize zum Fehlverhalten ihrer Lerngruppe liefern: So werden von Unterrichtenden gern Anweisungen in verneinter Form gegeben, etwa: »Seid nicht so laut!« Die Schüler verstehen dann »laut«. Sinnvoll wäre die Anweisung: »Seid bitte leise.« (Diese Anregung gilt übrigens auch außerhalb pädagogischer Situationen für jeden anderen Bereich von Kommunikation.)

Angehende Lehrer sollten auch lernen, über welche Sinneskanäle Wahrnehmung funktionieren kann und wie sie demgemäß ihre unterschiedlich strukturierten Schülerinnen und Schüler ansprechen könnten. Sie sollten lernen, zumindest ihren Klassenraum so zu gestalten, dass er Signale zu friedlichem Verhalten sendet – statt Aggression anzustacheln. (Ich erinnere an das Plakat »So bin ich glücklich« im Kapitel »Äußerlichkeiten«.) Sie sollten nicht nur in ihre eigene emotionale Befindlichkeit horchen können, sondern auch befähigt werden, eigene Aggressionen zu erkennen, abzufangen und zu neutralisieren. In der Lehrerausbildung sollten die künftigen Lehrerinnen und Lehrer auch lernen, mögliche kulturell geprägte Unterschiede in Verhalten und Lernbereitschaft ihrer Schülerschaft wahrzunehmen und möglichst in sozial verträgliche Bahnen zu lenken.

Aber alles, was zu gelungenem Unterricht beitragen kann, und alles, was die Lehrerausbildung auf den neuesten Stand bringen könnte, wird nur funktionieren, wenn Lehrpersonen gleichzeitig institutionelle Sanktionsmöglichkeiten im Repertoire haben dürfen, die es ihnen zum Beispiel erlauben, aggressive Schüler vorübergehend (oder auch dauerhaft) aus der Lerngruppe zu entfernen. Es wäre wünschenswert, dass die Vertrauensperson des Lehrenden und Unterrichtenden getrennt von einer strafenden Person existierte. (Generell reicht für viele Schüler das Wissen schon aus, dass eine angedrohte Strafe verwirklicht werden kann, um sie nicht ausufern zu lassen. In der momentanen Situation, in der Schulen kaum institutionelle Unterstützung erfahren, ist hier unbedingte Zusammenarbeit von Schulleitungen und ihren Kollegien gefragt. An den Schulen, an denen ich Pädagogische Tage durchführte, wurde regelmäßig über den fehlenden »Strang« geklagt, an dem alle ziehen sollten. Wo hingegen das Kollegium sich untereinander und auch mit der Schulleitung über Unterrichtsgestaltung und Konsequenzen für Fehlverhalten von Schülern einig war, herrschte meist ein durchaus positives Arbeitsklima.)

Für Brennpunktschulen kann ich mir jeweils einen Security-Raum vorstellen, in dem nicht ein verwuschelter Sozialarbeiter die Delinquenten freundlich nach familiären Problemen befragt, sondern kompakte Security-Menschen überwachen, dass ein Schüler einen ihm gestellten Auftrag auch ausführt.

Ohnehin sollten wir konsequenter über Security an Schulen sprechen. Eine Portugiesin erzählte mir, wie entsetzt sie war, als sie feststellte, wie ungeschützt deutsche Schulen sind. In Portugal stünden schon in Grundschulen Wächter am Schultor, das bei Unterrichtsbeginn verschlossen würde. Wer während der Unterrichtszeiten das Schulgebäude verlassen oder betreten möchte, kann das nur mit Erlaubnis der Direktion.

In Deutschland sind Anfänge eines Umdenkens in Richtung verstärkter Schutzmaßnahmen an Schulen feststellbar – aber auch hier müssen sich die Schulleitungen und Kollegien politisch alleingelassen fühlen, weil sie jeweils nach ihrem Ermessen nur für ihre eigene Schule ein Schutzkonzept diskutieren, beschließen und durchführen können.

Als ich nach meinem Zusammenbruch in einer Klinik für Psychosomatik mit Betroffenen aus verschiedenen Berufsgruppen auf die ungeschützten beruflichen Bedingungen schaute, unter denen wir zu leiden hatten und haben, musste ich erkennen, dass unsere jeweiligen berufsbezogenen Methoden, aber auch die allgemeine Gesetzeslage nicht mehr kompatibel waren mit allen Menschen, die inzwischen in unserem Land lebten.

Die Probleme sind seitdem größer geworden. Deshalb kann ich es als einzelne Person nicht schaffen, praktikable Verbesserungsvorschläge aus dem Hut zu zaubern, die effektive und dauerhafte Problemlösung versprechen. Wir bräuchten dazu mindestens eine Arbeitsgruppe engagierter Pädagogen und Politiker, die allerdings bereit sein müssten, bestehende Realitäten wahrzunehmen, statt kindisch darauf zu beharren, die Welt so zu sehen, wie sie sie gerne hätten. Wir hätten in einer solchen Arbeitsgruppe deshalb keine Verwendung für weltfremde Politiker und Politikerinnen wie diejenigen, die es als böswillige Diskriminierung geahndet sehen möchten, wenn Polizisten Abkürzungen zur Bezeichnung von Personengruppen (»NAFRI«) verwenden oder wenn in einer Berliner Schule die alleinige Verwendung der deutschen Sprache auf dem Schulgelände als Regel festgelegt wird. Bei ihnen würde ich abwarten, ob sie noch von selbst darauf kommen, dass wir Menschen das nun mal so machen: Wir erleichtern uns die Kommunikation im Alltag mit Abkürzungen, und wir finden es normal, wenn in jedem Land die Landessprache gesprochen wird.

Wenn ich Regeln für unsere Arbeitsgruppe aufstellen dürfte, würde ich darauf bestehen, dass als Teilnahmevoraussetzung jedes Gruppenmitglied ein mindestens sechswöchiges Praktikum in einer deutschen Großstadt als Streifenpolizist oder als Lehrer in einer Brennpunktschule oder als U-Bahn-Kontrolleur oder als Security in einer Flüchtlingsunterkunft abgeleistet haben müsste (bekannte Politiker und Politikerinnen allerdings inkognito und ohne Dienstfahrzeug: Die Fahrt zum Praktikumsplatz wäre ihnen nur in öffentlichen Verkehrsmitteln erlaubt).

So könnten »wir« »das« eventuell schaffen: Wenn wir anfangen, die Realitäten in unserem Land genau anzuschauen, und wenn wir damit aufhören, die Abschaffung von Grenzen und Kontrollen mit Freiheit zu verwechseln.